El Tallador del Diamante

El Buda y sus estrategias para dirigir
tus negocios y tu vida

Por
Gueshe Michael Roach

Traducido del inglés por
Isidro Gordi y Marta Moll

Ediciones Amara. Ciutadella de Menorca

Título original: *The Diamond Cutter*
Publicado por cortesía de Gueshe Michael Roach

Quinta edición en castellano
www.edicionesamara.com

© *The Diamond Cutter, The Buddha on Strategies for Managing your Business and your Life* by Gueshe Michael Roach, 1999.

Publicado por vez primera en español en el 2001
por Ediciones Amara. Ciutadella de Menorca

© de esta traducción: 2001 Isidro Gordi
© diseño de la portada: Federica Mahieu

ISBN de la obra: 978-84-95094-52-0
Depósito legal: ME.579/2015

Tiro y Retiro
08980 Sant Feliu de Llobregat

Contenido

Introducción del traductor

En su primer libro Gueshe Michael Roach nos llevó al *Jardín*, un precioso cuento iniciático que nos permitió conocer el pensamiento de algunos de los mejores filósofos y meditadores budistas de todos los tiempos. Ahora el escenario no es un lugar imaginario en el desierto, sino Manhattan, el mundo puro y duro de los negocios, en este caso relacionados con el diamante, el símbolo budista del más elevado estado espiritual. Con la ayuda del *Sutra de El Tallador del Diamante* —enseñanza del mismo Buda—, Gueshe Michael Roach demuestra la aplicabilidad de la filosofía budista a nuestra forma de vida, y cuánto necesitamos unas pautas renovadas para enfrentarnos a las vicisitudes de los negocios y asuntos en los que estamos inmersos.

Aunque, aparentemente, sea un libro para mejorar el modo de hacer negocios, no nos llevemos a engaño: las enseñanzas más profundas del Budismo, las que tratan de la naturaleza última de la realidad —potencial escondido— enfatizan, precisamente, que las apariencias engañan. Los medios hábiles de Gueshe Roach sacan a la luz el inmenso caudal de sabiduría escondida en este libro, que nos servirá para mejorar el gran negocio en el que todos estamos inmersos: el de nuestra vida y muerte.

Es posible que, tras una lectura superficial, el lector crea que este libro va destinado a aquellos que siguen el modelo capitalista americano, pero éste sería un craso error: "Manhattan" está en la oficina o tienda de tu pequeño pueblo, en los centros comerciales de una gran urbe, en las fábricas de los polígonos industriales de grandes y pequeñas ciudades, y en nuestra propia vida interior desde que nos levantamos por la mañana hasta que nos acostamos por la noche. Este libro nos enseña a transformar nuestro Manhattan particular en un Paraíso.

Un agradecimiento a Marta Moll y a María Rodríguez por su encomiable labor y paciencia en la finalización de este precioso trabajo.

Isidro Gordi
Son Gall,
Ciutadella de Menorca. Febrero 2001

Prefacio

El Buda y los negocios

Durante los diecisiete años que van de 1981 a 1998, tuve el honor de trabajar con Ofer y Aya Azrielant, propietarios de la Corporación Internacional Andin del Diamante, y el núcleo de la plantilla de la firma que levantó una de las mayores empresas de diamantes y joyas del mundo. Se empezó el negocio con un crédito de cincuenta mil dólares y dos o tres empleados, entre los que me encontraba yo. Cuando lo dejé, para consagrarme al instituto de adiestramiento que fundé en Nueva York, nuestras ventas sobrepasaban los cien millones de dólares anuales y tenía más de quinientos empleados en oficinas de todo el mundo.

A lo largo de mis días en el negocio del diamante llevé una doble vida. Siete años antes de unirme al negocio me había graduado con honores en la Universidad de Princeton tras recibir la Medalla Presidencial al Estudiante (de manos del presidente de los Estados Unidos en la Casa Blanca), y el Premio Becario McConnell de la Escuela Woodrow Wilson de Asuntos Internacionales de Princeton. Una beca de esta escuela me permitió viajar a Asia para estudiar con lamas tibetanos en la sede de Su Santidad el Dalai Lama. De este modo, empecé a educarme en la sabiduría antigua del Tíbet, lo cual culminó en 1995, cuando me convertí en el primer americano que completaba los veinte años de estudios y exámenes rigurosos necesarios para obtener el antiguo título de *gueshe*, o experto en conocimiento budista. Desde que me gradué en Princeton viví en monasterios budistas en los Estados Unidos y en Asia, y en 1983 tomé los votos de monje budista.

Una vez conseguido un fundamento estable en el adiestramiento de monje budista, mi maestro principal, Khen Rimpoché, o "Abad Precioso", me animó a entrar en el mundo de los negocios. Me dijo que, aunque el monasterio era un lugar idóneo para aprender las grandes ideas de la sabiduría budista, una ajetreada oficina americana sería el "laboratorio" perfecto para comprobar la validez de estos ideales en la vida real.

Al principio opuse resistencia ante la perspectiva de dejar la quietud de nuestro pequeño monasterio. También me intranquilizaba la imagen que yo tenía del hombre de negocios americano: avaricioso, implacable y sin escrúpulos. Pero un día, tras oír una inspiradora charla de mi maestro dirigida a unos universitarios, le dije que seguiría su consejo y buscaría trabajo en el mundo de los negocios.

Unos años antes, en el monasterio, durante mi meditación diaria, había tenido una visión, y desde aquel entonces había sabido en qué negocio elegiría trabajar: con toda seguridad tendría que ver con diamantes. No tenía conocimiento alguno acerca de estas gemas preciosas y, francamente, ninguna atracción hacia las joyas. Nadie en mi familia había estado implicado tampoco en este negocio. Como Cándido el inocente, pues empecé a visitar una tienda de diamantes tras otra, para que me aceptaran como aprendiz. Pretender entrar en el negocio del diamante de ese modo es tan difícil como hacerlo en la mafia: el comercio del diamante en bruto es una sociedad muy secreta y cerrada, tradicionalmente restringida a miembros de la misma familia. En aquellos días, los belgas controlaban los diamantes más grandes, los de un quilate o más; los israelitas tallaban la mayoría de las piedras pequeñas; y los judíos hasídicos del Distrito de los Diamantes de Nueva York, en la calle Cuarenta y Siete, prácticamente dirigían el mercado americano al por mayor.

Se ha de tener en cuenta que el inventario, incluso el de la mayor casa de diamantes, puede guardarse en unos contenedores parecidos a cajas de zapatos. Y que es imposible detectar un hurto de millones de dólares en diamantes: te pones uno o dos puñados en el bolsillo y sales por la puerta, ya que no existe un detector de metales capaz de distinguir las piedras. Así pues, la mayoría de las empresas emplean a hijos, sobrinos o primos, pero nunca a un joven irlandés que desea jugar con diamantes.

Recuerdo que visité unos quince talleres diferentes para pedir un empleo de aprendiz, pero me echaron de todos ellos de modo contundente. Un viejo relojero de una ciudad vecina me aconsejó intentar hacer algún curso de clasificación de diamantes en el Instituto Gemológico de América en Nueva York: un diploma y conocer a alguien en clase que pudiera echarme un cable me facilitaría el conseguir un empleo.

En el Instituto conocí al Señor Ofer Azrielant, que asistía a clases para clasificar los diamantes de elevada calidad conocidos como piedras "inversión" o "certificadas". Distinguir un diamante certificado, extremadamente valioso, de una piedra falsa o tratada entraña ser capaz de localizar diminutos agujeros, u otras imperfecciones de la medida de la punta de una aguja al mismo tiempo que, para confundir las cosas, docenas de motas de polvo aterrizan sobre la superficie del diamante, o en las lentes del microscopio mismo. Así pues, los dos estábamos allí para aprender a que no nos levantaran la camisa.

Al instante me impresionaron las preguntas que Ofer formulaba al maestro, así como el modo en que examinaba y desafiaba los conceptos que le presentaban. Me determiné a convencerle para que me ayudara a encontrar trabajo. Así que intenté entablar amistad con él. Un par de semanas después —el día en que terminé mis exámenes finales de clasificación de diamantes en los laboratorios de GIA de Nueva York— me las arreglé para entrar en su oficina a pedirle un empleo.

Por suerte, justo en ese momento abría una sucursal en

América tras haber fundado una pequeña empresa en Israel, su hogar. De modo que llego a su oficina para suplicarle que me inicie en el negocio del diamante.

—Haré todo lo que me pidas, dame tan sólo una oportunidad. Arreglaré la oficina, limpiaré los cristales de las ventanas, lo que quieras.

Y él me dice:

— ¡No tengo dinero para emplearte! Pero haré una cosa: hablaré con el propietario de esta oficina, Alex Rosenthal, y veremos si entre los dos te podemos pagar. En este caso podrías hacer recados para nosotros.

Así que empiezo como chico de los recados, a siete dólares la hora; un graduado de Princeton que se arrastra por el Distrito del Diamante durante los húmedos veranos de Nueva York y las nevadas de invierno, transportando bolsas de lona repletas de oro para ser fundido y diamantes para engastar en anillos. Ofer, su esposa Aya, un brillante joyero del Yemen llamado Alex Gal y yo nos sentábamos alrededor de una mesa alquilada clasificando diamantes según sus niveles, dibujando nuevas piezas y buscando clientes.

Los cheques eran muy escasos, y a menudo se retrasaban, momento en el que Ofer contactaba con sus amigos de Londres para suplicarles más créditos. Pronto tuve lo suficiente para comprar mi primer traje de hombre de negocios que llevé diariamente durante meses. A menudo trabajábamos hasta pasada la medianoche; después yo viajaba varias horas para regresar a mi pequeña habitación en un monasterio de la comunidad budista asiática de Howell, en Nueva Jersey. Tras algunas horas volvía a estar en pie para coger el autobús y regresar a Manhattan.

Cuando nuestro negocio creció un poco nos trasladamos a la parte alta del distrito de los joyeros, y emprendimos el valiente paso de contratar a un joyero artesano, que se sentaba solo en la gran habitación, nuestra "fábrica", haciendo nuestros primeros anillos de diamantes. Al poco tiempo me dieron la confianza suficiente para poder ver realizados mis deseos: sentarme con un paquete de diamantes y empezar a clasificarlos según su nivel. Ofer y Aya me propusieron ser el responsable de la recién formada sección de compra de diamantes (que entonces formábamos yo mismo y otra persona). Me entusiasmó el proyecto, y me lancé de lleno.

Mi lama tibetano me había impuesto una norma para ir a trabajar a la oficina: mantener en secreto que era budista. Tenía que llevar mi pelo de un largo normal en vez de ir con la cabeza rapada, vestir con ropa normal, y cualquier principio budista que aplicase en mi trabajo lo tenía que hacer en secreto, sin ningún aviso ni alboroto. Tenía que procurar ser un sabio budista por dentro y un hombre de negocios americano ordinario por fuera.

Sin que nadie lo supiera, pues, emprendí la labor de dirigir la sección según principios budistas. Con los Azrielants acordé una condición en las reglas del juego: yo sería responsable de cualquier aspecto de la División del Diamante y de conseguir beneficios saludables por las piedras, pero, a cambio, debía tener toda la autoridad en lo relativo a emplear o despedir, al sueldo y los aumentos, a las horas que mi gente trabajaba y sobre quién tendría los diferentes cargos. Mi único deber era servir el producto a tiempo y producir buenas ganancias.

Este libro es la historia de cómo construí la División del Diamante en Andin International, partiendo de la nada, hasta llegar a una operación a escala mundial que generaba muchos millones de dólares al año. Y todo sobre la base de principios extraídos de la antigua sabiduría del Budismo. No lo hice solo, ni se siguieron únicamente mis puntos de vista, pero puedo afirmar que para la mayoría de las decisiones y políticas de nuestra sección durante mi cargo como vicepresidente se siguieron los principios que encontrarás en este libro.

A modo de resumen: ¿cuáles son dichos principios? Los

podemos dividir en tres.

El primer principio es que *el negocio debería ser próspero*: tendría que producir dinero. Existe una idea predominante en América y en otros países occidentales de que tener éxito y ganar dinero es, en cierto sentido, incorrecto para los que pretenden llevar una vida espiritual. Según el pensamiento budista, no es el dinero en sí lo que es erróneo o malo. La verdad es que alguien con recursos puede beneficiar más al mundo que alguien que no los tiene. Más bien, la clave es *cómo* se gana el dinero; es decir, si entendemos de dónde viene, *cómo hacer que continúe viniendo,* y si *tenemos una actitud sana con respecto a él.*

La idea clave es ganar dinero de un modo limpio y honesto, entender con claridad de dónde viene, para que no deje de hacerlo, y mantener una perspectiva sana hacia él mientras lo tenemos. Si lo logramos, ganar dinero es totalmente compatible con llevar una forma de vida espiritual; de hecho, se convierte en parte de la vida espiritual.

El segundo principio es que *deberíamos disfrutar el dinero.* Debemos aprender a mantener el cuerpo y la mente sanos mientras ganamos dinero. La actividad de crear riqueza no debería agotarnos, física o mentalmente, hasta el punto de no poder disfrutarla. Un hombre de negocios que arruina su salud, al hacerlo frustra la razón misma de hacer negocios.

El tercer principio es que, *al final, debes poder mirar a tu negocio y decir sinceramente que los años dedicados a él han tenido algún sentido.* Todo negocio en el que nos implicamos, y de hecho nuestra vida, tiene un final. Y en la parte más importante del negocio —al final, cuando miramos atrás a todo lo que hemos conseguido— deberíamos ver que hemos conducido nuestra vida y negocio de modo que hayan tenido un significado duradero, que hayan dejado una buena estela en nuestro mundo.

Para resumir, el objetivo de hacer negocios y de la antigua sabiduría budista y, de hecho, de toda empresa humana, es enriquecernos, conseguir prosperidad, tanto externa como interna. Sólo podemos disfrutarla si mantenemos un alto grado de salud física y mental. Y a lo largo de nuestra vida debemos buscar los medios para hacer que esta prosperidad sea cada vez más significativa.

Esta es la lección que hemos extraído de la División del Diamante de Andin International, y que cualquiera puede aprender y aplicar sin importar su origen ni creencias.

Primer Objetivo

Ganar Dinero

Capítulo uno

De dónde viene la sabiduría

En el antiguo idioma de la India, esta enseñanza se denomina *Arya Vajra Chedaka Nama Prajna Paramita Mahayana Sutra.*

En la lengua del Tíbet, se denomina *pakpa sherabkyi paroltu chinpa dorje chupa shejawa tekpa chenpoy do.*

En lengua española, se denomina *El Tallador del Diamante, un Antiguo y Elevado libro del Camino de la Compasión, Un Libro que Enseña la Sabiduría perfecta.*

¿Qué diferencia hay entre este libro de negocios y cualquier otro que hayas podido leer? Lo que difiere es la fuente de lo que aquí trataremos: un libro antiguo de sabiduría budista denominado el *Tallador del Diamante*. Lo que da comienzo a este capítulo es el principio de ese libro. Escondida en *El Tallador del Diamante*, se encuentra la antigua sabiduría que utilizamos para hacer de Andin International una empresa con más de cien millones de dólares de ventas al año. Al principio, es bueno saber algo acerca de este importante libro, reconocer el papel que ha jugado a lo largo de la historia de la parte oriental del mundo.

El Tallador del Diamante es el libro impreso más antiguo del mundo. El Museo Británico tiene un ejemplar que data del año ochocientos sesenta y ocho, unos seiscientos años antes de la Biblia de Gutenberg.

El Tallador del Diamante es una crónica escrita de una enseñanza que impartió el Buda hace unos dos mil quinientos años y que, al principio, fue pasando de boca en boca hasta que, cuando se inició la escritura, se inscribió en grandes hojas de palmera. Estas eran frondas duraderas de palmera sobre las cuales primero se inscribían rasgando las palabras del libro mediante una aguja y después se esparcía polvo de carbón sobre las rasgaduras. En el sur de Asia aún se encuentran libros inteligibles hechos según este procedimiento.

Las hojas sueltas de palmera se podían unir de dos maneras. En ocasiones, con un punzón, se perforaba un agujero en el centro del montón de hojas y éstas se unían con un cordel; otras veces se envolvían con una tela.

El Buda enseñó *El Tallador del Diamante* en sánscrito, el antiguo idioma de la India que, según se cree, tiene unos cuatro mil años. Cuando hace aproximadamente mil años el libro llegó al Tíbet, se tradujo al tibetano. Allí, durante siglos, ha sido esculpido en bloques de madera e imprimido en largas tiras de papel hecho a mano, cubriendo el bloque con tinta y presionando el papel con un rodillo sobre el bloque. Esas largas tiras de papel se envuelven con telas brillantes de color azafrán o granate, una reminiscencia de los días de las hojas de palmera.

El Tallador del Diamante se difundió también en otros países de Asia, incluyendo China, Japón, Corea y Mongolia. A lo largo de los últimos veinticinco siglos se ha reimpreso en sus respectivos idiomas incontables veces, y su sabiduría se ha transmitido en un linaje ininterrumpido, de labios de los maestros de cada generación al oído de los estudiantes de la siguiente. En Mongolia, el libro se consideraba tan importante que cada familia conservaba con mucho cuidado un ejemplar en el altar de su hogar. Una o dos veces al año se invitaba a monjes budistas locales para leer el texto en voz alta a la familia, y así impartir las bendiciones de su sabiduría.

La sabiduría que se halla en *El Tallador del Diamante* no

es fácil de adquirir. La enseñanza original, como muchas otras del Buda, está oculta bajo un lenguaje muy místico que sólo un maestro vivo puede desvelar usando las extraordinarias explicaciones que se han escrito a lo largo de los siglos. En tibetano, tenemos tres de estas explicaciones, cuya antigüedad abarca desde el siglo once al dieciséis. Y lo que es más importante, recientemente hemos localizado otro comentario a este trabajo, mucho más reciente y fácil de entender. Durante los últimos doce años, un grupo de colegas y yo mismo hemos estado implicados en el *Asian Classics Input Project*, un proyecto dedicado a preservar los libros antiguos de la sabiduría tibetana. Durante los últimos mil años, esos libros han estado protegidos en los grandes monasterios y bibliotecas del Tíbet, apartados de guerras e invasores gracias a la gran pared natural de las montañas del Himalaya. Todo esto cambió con la invención del avión, y en mil novecientos cincuenta y nueve el Tíbet fue invadido por la China comunista.

Durante la invasión y ocupación, que aún dura, fueron destruidos más de cinco mil bibliotecas y colegios monásticos que conservaban estos grandes libros. Tan sólo un puñado de ellos fueron transportados por los refugiados que hicieron el peligroso viaje a pie a través del Himalaya, cerca del Monte Everest. Para tener una idea de la destrucción, imagina que un poderoso país ha atacado los Estados Unidos y ha quemado prácticamente todos los colegios, universidades y libros de sus bibliotecas. Los únicos libros que quedan son los que llevan en sus manos los refugiados que pretenden llegar a Méjico caminando durante varias semanas.

El *Input Project* ha enseñado a refugiados tibetanos de los campamentos de la India a mecanografiar libros en peligro de extinción y a conservarlos en disquetes. Hoy ya están organizados en CD-Roms o en la Red, desde donde son distribuidos gratuitamente por todo el mundo a miles de eruditos. Hasta el momento, y tras viajar a diferentes rincones del mundo para localizar los libros que nunca llegaron a salir del Tíbet, hemos archivado unas ciento cincuenta mil páginas de manuscritos impresos a partir de bloques de madera.

En San Petersburgo, Rusia, en un lugar oculto en medio de una polvorienta colección de manuscritos, tuvimos la fortuna de encontrar un ejemplar de un comentario maravilloso de *El Tallador del Diamante,* que unos antiguos exploradores que visitaron el Tíbet habían llevado a Rusia. Dicho comentario se denomina *La Luz del Sol en el Sendero a la Libertad,* y fue escrito por un gran lama tibetano, Choney Drakpa Shedrup, que vivió entre 1675 y 1748. Por casualidad este Lama provenía del monasterio tibetano donde yo completé mis propios estudios: Sera Me. Su apodo, a lo largo de los siglos, ha sido el de "Lama Choney" o "Lama de Choney", una zona en el este del Tíbet.

En este libro usaremos las palabras originales de *El Tallador del Diamante*, junto con el texto de *La Luz del Sol en el Sendero a la Libertad*. Es la primera vez que este importante comentario se ha traducido al inglés y al español. Junto a una selección de estos dos notables trabajos, incluiremos explicaciones que se han transmitido oralmente a lo largo de los últimos veinticinco siglos, tal y como las he recibido de mis propios Lamas. Por último, añadiré anécdotas de mi vida en el misterioso mundo del negocio internacional de diamantes, para demostrar el modo en que los secretos de esta antigua sabiduría pueden fomentar el éxito tanto en tu vida como en tus negocios.

Capítulo dos

Cuál es el significado del título del libro

El título *El Tallador del Diamante* contiene una buena cantidad de sabiduría secreta, y antes de explicar cómo alcanzar el éxito con esta sabiduría, es preciso examinar su sentido. Miremos la explicación que proporciona el Lama Choney sobre el largo título:

El texto raíz empieza con las palabras: "En el antiguo idioma de la India, esta enseñanza se denomina el Arya Vajra…" Estos son los equivalentes a cada una de las palabras sánscritas del título: **Arya** significa "elevado", **vajra** "diamante", **Chedaka** es "tallador" y **Prajna** significa "sabiduría". **Param** significa "al otro lado" e **ita** es "ido" —los dos juntos significan "perfección". **Nama** significa "denominado". **Maha** quiere decir "mayor", y se refiere a la "compasión", **yana** significa "sendero". **Sutra** se traduce como "libro antiguo".

La palabra más importante para explicar cómo tener éxito en la vida y en el trabajo es "diamante". Según el antiguo modo tibetano de concebir el mundo, el diamante representa un potencial que está escondido en todas las cosas: normalmente se le conoce como "vacuidad". El hombre de negocios que sea plenamente consciente de ese potencial comprende la clave para conseguir el éxito, tanto en términos financieros como personales. Explicaremos este potencial con mucho más detalle en el siguiente capítulo; por ahora, nos basta con saber que el potencial de todas las cosas se parece a un diamante de tres maneras.

En primer lugar, el diamante puro es lo que se acerca más a una sustancia física que sea totalmente clara. Piensa, por ejemplo, en una gran lámina de cristal como las que vemos en una puerta giratoria que da a un patio exterior. Si la observas de frente, el vidrio parece claro —tan claro que ha habido casos de personas que lo han roto porque no lo ven. Si se observan horizontalmente, tanto éste como otros tipos de vidrio tienen un color verdoso. Dicho color es producido por el efecto acumulado de diminutas porciones de impurezas de hierro esparcidas por todo el cristal, y es muy obvio cuando se observa una gran masa de vidrio.

El diamante es diferente. En el negocio clasificamos el valor de los diamantes por su *carencia* de color, y los incoloros son los más raros y valiosos. Los clasificamos como "D", lo cual es una especie de error histórico. Cuando se inventó el sistema moderno de clasificación de diamantes, ya existían muchos otros sistemas competidores. La letra "A" se usaba para referirse a un diamante muy fino o incoloro, las mejores piedras que le seguían se denominaban "B", y así con el resto del alfabeto.

Desgraciadamente, la idea que cada empresa tenía de lo que representaba "A" y "B" era diferente, lo cual podía ser muy problemático para los clientes. Un "B" prácticamente incoloro podía ser el "B" de un medio amarillo para otra empresa. De este modo, el diseñador del nuevo sistema decidió empezar denominando "D" a la mejor piedra, la incolora.

Si observases una ventana de vidrio hecha de un diamante D (si pudiera existir uno tan grande), sería totalmente clara. Si la mirases a *través de su longitud* resultaría *igual de clara*. Esta es la naturaleza de algo totalmente claro y puro. Si existiera una pared hecha de diamante entre tú y otra persona, sin luz que se reflejara en su superficie, *no se podría ver el diamante en absoluto.*

El potencial para tener éxito que se halla escondido en

El Tallador del Diamante es, precisamente, como esa hoja cristalina de diamante. Siempre está presente, todo objeto y persona a nuestro alrededor tiene dicho potencial, y si se domina conduce al éxito personal y en los negocios. La ironía de nuestra vida es que, aunque dicho potencial impregna todo lo que nos rodea, es invisible: sencillamente, no somos capaces de verlo. El objetivo de *El Tallador del Diamante* es enseñarnos a hacerlo.

El diamante es significativo de una segunda manera: es lo más duro del universo. A excepción de otro diamante, no hay nada que pueda rayarlo: si se mide su dureza con la escala de Knoop, el diamante es tres veces más sólido que el mineral más duro que le sigue: el rubí. Y los diamantes sólo pueden rayar a otro cuando este último tiene una dirección "blanda".

Así es como, en realidad, se "tallan" los diamantes. Aunque un diamante no se puede rayar, se puede "tallar", o dividir a lo largo de una superficie plana parecida a un trozo de madera cuando se secciona con un hacha. Para tallar un diamante, se cogen pequeños restos, resultado de haber tallado otro diamante, o en caso contrario se coge un trozo de diamante en bruto que no sea lo suficientemente puro como para convertirlo en una gema, y se tritura hasta hacerlo polvo.

El polvo de diamante se filtra con cuidado a través de una serie de estrechos tamices o una malla de hierro hasta que se vuelve muy fino, y se almacena en una pequeña botella de cristal. Seguidamente, se prepara un gran plato plano de duro y pesado acero y se le hacen incisiones, dibujando estrechas líneas en la superficie hasta que se ha creado una red de finas hendiduras. Después se cubre éste con un buen aceite, generalmente de oliva, aunque cada tallador tiene su propia receta secreta para obtener la mezcla adecuada. El plato de acero se fija a un astil conectado a un motor en una mesa pesada y reforzada con fuertes puntales de acero, para evitar cualquier tipo de vibración cuando el disco tallador empiece a girar, a cientos de revoluciones por minuto. El polvo de diamante se vierte después sobre el aceite hasta formar una pasta grisácea.

En ocasiones el diamante en bruto no parece más que un guijarro fangoso, un poco de cristal claro atrapado bajo una veta de piel externa del color del agua con la que has lavado los platos o de aceite. Si tienes un mal día, esta piel, de hecho, puede extenderse por toda la piedra, lo cual significa que has llegado hasta la mitad del camino sólo para descubrir que la pieza de diamante bruto por la que pagaste tanto carece de valor alguno.

El guijarro se fija a una pequeña cavidad, como una tacita diminuta, denominada "dop", y ésta se fija a un asidero parecido al brazo suspendido de un tocadiscos antiguo. La piedra se fija al "dop" con una cola especial que no se aflojará cuando, al tallarlo, el diamante se caliente.

Cuando empecé de aprendiz con un maestro tallador cuyo nombre era Sam Shmuelof, la piedra se solía pegar con una pasta hecha de asbesto y agua. Tan pronto como la piedra se calentaba, el asbesto se contraía y secaba, envolviendo de modo perfecto al diamante en la "dop". Hacíamos la pasta mascando asbesto. Esto era antes de que se descubriera que incluso una pequeña cantidad de éste puede provocar un cáncer. Recuerdo a un tallador que desarrolló un gran tumor cerca de su garganta de este modo.

Se pone en marcha el motor y el disco gira, sin la menor traza de vibración: alinear el disco en algunas de las viejas maquinas talladoras de diamantes podía llevar horas. El tallador se sienta en un taburete, parecido a la silla de un bebé, y se curva sobre el disco. Coge el asidero que sostiene la piedra en bruto y la acerca ligeramente al disco giratorio.

El diamante es más duro que el acero, por ello si el tallador fuerza demasiado un vértice afilado de la piedra en bruto, empezará a tallar al disco mismo. Hace balancear la piedra suavemente contra el disco y luego acerca el asidero al ojo. En la otra mano sostiene una lente de aumento de tallador denominada "lupa". Un tallador experimentado hace bailar la piedra hacia su rostro, comprobando el progreso del "tallado" (o pulverizado) del diamante, y lleva la piedra de nuevo al disco con un suave movimiento, varias veces por minuto. Parece una animadora de un partido en Estados Unidos cuando hace oscilar el bastón.

Cuando uno levanta la piedra para comprobarla, la frota con una toalla que lleva sobre el hombro y limpia el aceite y la pasta de diamante que se ha adherido a su superficie. En un minuto o dos, el disco ha creado un punto diminuto y plano en el diamante lo que será tu "ventana" hacia el interior de la piedra. Echas una ojeada con la lupa para comprobar si hay manchas o hendiduras en su interior, puesto que estás intentando situarlas de forma que sean trituradas o, al menos, ubicadas del modo más inocuo posible, hacia el borde del diamante, mientras la piedra va adoptando la forma final. Una mancha negra en la punta afilada de un diamante, por ejemplo, se reflejará en las facetas del fondo de la piedra, dando la apariencia de un grupo de manchas, cuando en realidad sólo hay una; esto haría que la gema terminada apenas valiese nada.

El proceso de mirar a través de la ventana e intentar imaginar con exactitud la orientación de la gema acabada es parecido a planear convertir un trozo de mármol en una escultura aprovechando lo mejor posible las áreas naturales de color y textura. Planear tallar una gran piedra puede implicar bruñir un número de ventanas en la corteza y estudiarla durante semanas, o incluso meses, esbozando modelos geométricos que conseguirán la talla máxima de la piedra desde su estado en bruto.

Las pequeñas manchas negras que en ocasiones se ven dentro de un diamante son, muy a menudo, otros pequeños cristales de diamante que al crecer han quedado atrapados dentro de un cristal mayor. Los diamantes son carbón ordinario que el calor intenso en un conducto volcánico ha derretido, y que han sido sometidos a una presión extrema en la profundidad de la tierra, lo cual ha alterado la estructura atómica del carbón puro y lo ha convertido en un diamante. Los diamantes diminutos pueden crecer gracias a diversas circunstancias y formarse, por ejemplo, en el punto preciso de impacto cuando un meteorito que contiene carbón choca con la Tierra, creando un cráter de buena medida con algunas joyas diminutas en el centro.

Los preciosos pequeños "diamantes con diamantes" pueden aparecer bien como máculas negras o, si son alineados en el eje adecuado, formar una bolsa invisible dentro de la piedra en bruto. De cualquier modo, son un gran problema para el tallador, ya que crean áreas diminutas de tensión dentro de la piedra. Cuando ésta se acerca al disco y el tallador empieza, siguiendo su plan, a dar forma a los bordes o facetas de la gema, el diamante casi parece resistirse al proceso.

A pesar del aceite, al entrar en contacto con el acero la piedra empieza a chirriar con un sonido histérico. Los locales de talladores del Distrito del Diamante de la Calle Cuarenta y Siete de Nueva York son habitaciones grisáceas, tenuemente iluminadas, en las plantas superiores de edificios que canalizan diamantes por valor de billones de dólares hacia los Estados Unidos y los fabricantes de joyas. Imagina una hilera tras otra de talladores, cada uno curvado sobre su disco tallador, forzando los lados planos del diamante hacia el disco de acero mientras éstos protestan. Cada piedra chirría como un freno en mal estado, y en medio de este ciclón de ruido están los talladores sentados, acostumbrados al caos, con los ojos en paz, en profunda concentración.

La fricción entre la piedra y el disco provoca tanto calor que el diamante en bruto brilla con un profundo color carmesí fluorescente capaz de quemar igual que un ascua. Cuando el calor llega a la bolsa de tensión que rodea una inclusión interna, la piedra puede explotar, desprendiéndose del disco a gran velocidad, y lanzar trozos diminutos por toda la habitación. Si es una piedra grande, estarás contemplando cientos de miles de dólares salir disparados bajo el aspecto de polvo de diamante.

¿Por qué es significativo que un diamante sea el material más sólido del universo? Piensa en algo que sea "lo más": lo más alto, lo más corto, lo más largo, lo más delgado, lo más grande. Nuestra mente lucha contra este concepto porque, en realidad, no existe nada que sea tan alto que no se le pueda añadir otro centímetro; ni nada tan corto que no se le pueda quitar un trozo.

El potencial escondido del que hemos hablado es absolutamente real, de un modo en que ninguna cosa física lo es. Es la naturaleza más elevada que algo puede tener, la verdad absoluta de toda persona y objeto. Por naturaleza, la dureza del diamante es lo más cerca que cualquier objeto del universo puede llegar a lo absoluto: es lo más duro que existe. Así pues un diamante es significativo de un segundo modo: como metáfora indicativa de lo que es absolutamente verdadero.

Piensa en los pequeños trozos de diamante esparcidos por el suelo de un taller de talladores cuando uno se ha desprendido del disco. Nos recuerda la tercera cualidad importante de un diamante. Atómicamente, cada diamante es muy simple: carbón puro sin adulterar. El carbón que se encuentra en la mina de un lápiz y el carbón de un diamante están hechos de la misma sustancia. Los átomos de carbón de una mina de lápiz se han unido en forma de planchas sueltas, como hojas de pizarra o capas de hojaldre. Cuando arrastras la punta del lápiz por un papel, esas capas se desprenden y esparcen por su superficie. Lo denominas "escribir con lápiz".

Los átomos de carbón puro de un diamante se han unido de modo diferente, con una simetría perfecta en todas sus direcciones, lo cual impide la existencia de láminas sueltas del material, y ésto es lo que hace del diamante lo más duro. Lo interesante es que cada diamante está hecho del mismo carbón con la misma estructura atómica, lo cual significa que cada molécula de diamante, internamente, es idéntica a cualquier otra.

¿Qué tiene esto que ver con el potencial escondido de las cosas? Ya señalamos que cada objeto del universo, desde las cosas inanimadas como piedras y planetas, hasta las cosas animadas como las hormigas y humanos, tienen su propio potencial escondido, su propia naturaleza última. Lo que queremos señalar aquí es que cada ejemplo del potencial, cada ejemplo singular de naturaleza última, es exactamente igual a otro. De nuevo, en este sentido, el potencial escondido de las cosas, esa cualidad en ellas que te puede traer éxito interno y externo, es como un diamante.

Es por esta razón que el título del libro contiene la palabra "diamante". Un diamante es perfectamente claro, casi invisible, y el potencial escondido de todo lo que nos rodea es igual de difícil de ver. Los diamantes se acercan mucho a algo absoluto, a lo más sólido que existe, y el potencial escondido de las cosas es su verdad pura y absoluta. Cada fragmento de diamante existente en cualquier lugar del universo es idéntico a cualquier otro; es cien por cien puro diamante, y este es también el caso del potencial escondido de las cosas: cada ejemplo del potencial es igual de puro, igual de realidad absoluta, que cualquier otro.

¿Por qué denominamos al libro "El *Tallador* del Diamante"? Algunos antiguos traductores al inglés de este trabajo, de hecho, omitieron esta parte del título al no comprender lo crucial que era para el significado del libro. Tenemos que mencionar brevemente que hay dos maneras de ver el potencial escondido de las cosas, su naturaleza última. Una de estas maneras consiste en "ver" dicha naturaleza por medio de leer explicaciones al respecto, como las que se encontrarán en este libro, y sentarse y pensar en ellas hasta entenderlo y poder usarlo. La segunda manera es entrar en un profundo estado de meditación y "ver" el potencial, esta vez directamente, con el ojo de tu mente. Ver el potencial de este último modo es mucho más poderoso, aunque cualquiera que entienda únicamente sus principios también lo puede usar con éxito.

Quien ha visto directamente este potencial comprende, poco tiempo después, que ha visto lo último. Mentalmente busca algo con que poder compararlo, y lo que, en el mundo ordinario, se acerca más al potencial último es el diamante, lo más sólido. Pero éste sólo remotamente se puede comparar al potencial escondido del que estamos hablando, y que describiremos con más detalle en los siguientes capítulos. Es así porque dicho potencial es algo que de verdad es último. El diamante, pues, es una metáfora totalmente inadecuada en este sentido, y por ello es "tallado" o superado por el poder de lo que realmente es último. Por esto el libro antiguo se denomina *El Tallador del Diamante*: nos enseña un tipo de potencial que es más absoluto que el diamante, lo más sólido, lo que más se acerca a lo absoluto en el mundo normal que nos rodea.

Si todo esto te resulta difícil, no te preocupes. El objetivo de *El Tallador del Diamante* no es otro que ayudarnos a entenderlo. El secreto de cómo funcionan las cosas, el secreto para conseguir éxito duradero y verdadero en nuestra vida cotidiana y empeños comerciales es profundo, y no se entiende fácilmente sin esfuerzo. Pero, ciertamente, todo el esfuerzo merece la pena.

Capítulo tres

Origen de El Tallador del Diamante

Estamos a punto de embarcarnos en un importante viaje hacia territorio totalmente nuevo: ideas sobre cómo dirigir tu vida y tus asuntos que, en realidad, nunca se han descrito en un libro moderno de este tipo. Nos ayudará un poco oír acerca de dónde y cuándo se enseñó esta sabiduría.

Para empezar nos dirigiremos hacia *El Tallador del Diamante*. La época es hace más de dos mil años, en la antigua India. Un hombre rico, un príncipe llamado Sidharta, ha estado cautivando los corazones del país, igual que lo hará aquel hombre denominado Jesús que tardará aún cinco siglos en aparecer. Ha crecido en medio de la riqueza y el lujo de palacio pero, tras ver a la gente sufrir y entender que es inevitable perder todas las cosas y personas que más estimamos en esta vida, se ha marchado de palacio en una gesta solitaria para descubrir lo que nos hace sufrir y cómo se podría evitar.

Ha alcanzado la comprensión final de todos estos asuntos, y empieza a enseñar este sendero a la gente. Muchos dejan sus hogares para seguirle y aceptan llevar una vida simple, la vida de un monje, libre de posesiones y llenos de pensamientos claros, porque sus mentes están libres del peso de tener que recordar qué y a quién poseen.

Muchos años después, un discípulo relata cómo se impartió por primera vez *El Tallador del Diamante*. Se refiere a su maestro -el Buda- como al "Conquistador".

Una vez escuché al Buda decir estas palabras.
El Conquistador residía en Sharavasti, en el parque de Anata Pindada, en los jardines del Príncipe Jetavan. Reunida con él se encontraba una gran asamblea de mil doscientos cincuenta monjes que eran discípulos de primer nivel, además de un inmenso número de discípulos del sendero de la compasión –y también había seres grandes y santos.

"Una vez escuché al Buda decir estas palabras" es la manera habitual de empezar un libro antiguo de sabiduría, ya que muchos de ellos se escribieron una vez que el Buda hubo dejado este mundo. En aquellos días había personas muy diestras en memorizar al instante las instrucciones que impartía un gran maestro.

La expresión "una vez" aquí está cargada de sentido y se refiere al nivel extraordinario de inteligencia que poseía la gente sencilla de la antigua India, el hecho de poder aprender algo de memoria al oírlo y comprender su sentido más profundo. La expresión también muestra que *El Tallador del Diamante* se enseñó sólo una vez, lo cual da a entender que, en este mundo, la sabiduría que contiene el conocimiento de aquello que hace que todo funcione es rara y preciosa.

El Lama Choney, en su explicación de *El Tallador del Diamante* nos da más datos sobre cómo y dónde se desarrolló esta gran enseñanza. La impresión en negrita nos muestra dónde inserta las palabras de "*El Tallador*":

Con estas palabras se establece el escenario de la enseñanza. La persona que habla es aquella que la puso en **palabras**. En primer lugar dice que **él oyó pronunciar** la enseñanza **al Buda. Una vez,** aquí, significa "en cierta ocasión". **El Conquistador residía en Sharavasti, en el parque de Anata Pindada, en los jardines del Príncipe Jetavan. Reunida con Él,** es decir, junto a Él, **se encontraba una gran asamblea de**

mil doscientos cincuenta monjes que eran discípulos del primer nivel, además de un inmenso número de discípulos del sendero de la compasión -y también había seres grandes y santos.

En la India había seis grandes ciudades, incluyendo la conocida como "Sharavasti", localizada en los dominios del rey Prasena Ajita, que contaba con un lugar particularmente bello: los exquisitos jardines del llamado Príncipe Jetavan.

Varios años después de que el Conquistador obtuviera la Iluminación, un padre de familia de nombre Anata Pindada decidió construir un maravilloso templo donde el Buda y sus seguidores pudieran residir habitualmente. Para este fin se acercó al Príncipe Jetavan y le compró sus jardines por miles de monedas de oro, tantas como para llenar los jardines mismos.

Jetavan ofreció también al Conquistador una parcela que había formado parte de los alojamientos de los cuidadores de la propiedad. En estos jardines, Anata Pindada, valiéndose de las capacidades de Shariputra, dirigió a artesanos de las tierras de dioses y humanos para construir un parque extraordinario.

Cuando el parque se terminó, el Conquistador, sabiendo que era deseo de Jetavan, le dio al templo principal su nombre. Anata Pindada, por cierto, era un ser especial que había nacido voluntariamente como mecenas del Maestro. Tenía la capacidad de detectar depósitos de metales y gemas preciosas en la profundidad del agua o la tierra y utilizar según sus deseos esas riquezas.

La idea de estas líneas de apertura de *El Tallador del Diamante* es significativa. Buda está a punto de impartir su enseñanza a un grupo de monjes que ha decidido, al igual que harían los discípulos de Jesús, dejar sus ocupaciones normales y consagrar su vida a aprender este sendero. Pero la razón que hace posible que la enseñanza tenga lugar es que gente poderosa, gente rica, se ha manifestado para hacerlo posible.

La realeza de la antigua India era la fuerza impulsora de la vida económica y política del país, al igual que la comunidad de los negocios lo es en la sociedad moderna occidental. Hoy en día, cuando se habla del Buda y las ideas budistas, tendemos a pensar en un oriental de aspecto extraño con un bulto en la cabeza, y si hemos visto una de aquellas estatuas chinas, una gran sonrisa y una gran barriga. Pero piensa, más bien, en un príncipe alto y agraciado que viaja por el país, hablando con conocimiento, convicción y compasión sobre ideas que cada hombre o mujer puede usar para tener éxito en la vida y hacerla significativa. No veas a sus seguidores como mendigos con la cabeza rapada sentados en el suelo con las piernas cruzadas y cantando *om* de cara a la pared. Quizá los más importantes maestros del Budismo de los tiempos antiguos se encontraban en la realeza: eran aquellos con el impulso y talento necesarios para dirigir países y economías enteras. Por ejemplo, existe una gran enseñanza budista llamada "Kalachakra" o "Rueda del Tiempo", que en los últimos siglos cada Dalai Lama del Tíbet ha venido transmitiendo en reuniones especiales. Al principio, no obstante, el Buda lo enseñó a los antiguos reyes de la India, a individuos de perspicacia y capacidad extraordinarias, que a su vez y durante generaciones lo enseñaron a otros reyes.

La razón por la que traigo esto a colación es para resaltar un malentendido común acerca del Budismo en particular, y de la vida espiritual de las personas en general. El Budismo siempre ha enseñado que hay un momento y un lugar para adoptar la vida de un monje en reclusión, para vivir alejado del mundo y así aprender a servir al mundo. Servir al mundo es preciso, y para poder hacerlo hemos de estar en él.

Durante mis años en la vida empresarial me sorprendió

el número de líderes de negocios que me revelaron una vida espiritual extraordinariamente profunda. Pienso en uno en particular, el tratante de diamantes Dhiru Shab de Bombay (recientemente rebautizada en inglés con el nombre más adecuado de Mumbai). La primera impresión al ver al señor Shab salir del avión en el Aeropuerto de Kennedy, en Nueva York, es la de un hombre moreno con gafas, bajito, con poco pelo y, seguramente, una sonrisa tímida. Se moverá entre la multitud para recoger una pequeña maleta vieja; después cogerá un taxi hasta un modesto hotel en Manhattan. Para cenar tomará varias rebanadas de pan casero preparado por su esposa Ketki y colocado en su bolso con tierno amor. Aunque se trata de uno de los compradores de diamantes más poderosos del mundo, capaz de comprar miles de piedras diariamente para Andin, es sencillamente una de las personas más espirituales que he conocido. A lo largo de los años me ha revelado la riqueza de su vida interna.

El señor Shab es jainista, una fe antigua de la India que nació en la misma época que el Budismo, hace más de dos mil años. Nos hemos sentado en el silencio de la noche en el suelo fresco de su templo vecino, una sencilla pero exquisita estructura de piedra, en un rincón tranquilo en medio del caos de Bombay. Los sacerdotes se mueven con parsimonia ante el altar, en la fresca oscuridad del santuario interno. Sus rostros brillan ante la suave luz de las pequeñas velas rojas de aceite que encienden ante su dios.

Las mujeres, con suaves vestidos vaporosos de seda, entran en silencio, tocan el suelo de modo reverente y se sientan en silencio para rezar. Los niños susurran yendo de estatua en estatua y mirando hacia arriba, a miles de seres santos. Los hombres de negocios dejan sus maletines y zapatos en los peldaños que dirigen al templo, y suben con devoción hacia el portal para entrar y sentarse en comunión tranquila con Mahavira.

Puedes sentarte en el templo y entrar en unión con tu ser;

olvidar por completo el tiempo, el día que es, o que tengas que levantarte para ir a casa; olvidar las miles de transacciones del día, olvidar la Sala de la Ópera.

La Sala de la Ópera simboliza el negocio del diamante en la India, en el que medio millón de personas trabaja en casas de adobe y elevadas oficinas de múltiples millones de dólares para tallar la mayoría de los diamantes del mundo y servir a sus clientes de América, Europa, Oriente Medio y Japón. En la actualidad, la Sala de la Ópera consta de dos viejos edificios en muy mal estado, uno de dieciséis pisos y otro de veinticinco. Se denomina de este modo por una vieja sala de ópera cercana, que se encuentra en estado ruinoso, en el Bombay profundo.

Para entrar en el edificio conduces un viejo coche desvencijado hasta un aparcamiento increíblemente abarrotado y te abres camino a través de una multitud de florecientes tratantes de diamantes que chillan sus ofertas y contraofertas moviendo en el aire viejísimos paquetes de papel con varias piedras diminutas. Los socios en una misma transacción están de pie frente a los compradores, metiendo uno de los dedos en la palma de la mano del otro en un lenguaje de signos inapreciable, pero que le indica cuánto debe subir el precio antes de cerrar el trato.

Después de abrirte paso a través del pequeño tumulto, haces lo propio a través de una multitud que intenta entrar en el viejo y ruinoso ascensor si funciona (debes tomar una decisión: coger el ascensor y arriesgarte a quedarte unas horas atascado si hay un nuevo apagón, o subir veinte pisos y llegar con tu camisa nueva empapada de sudor por culpa del húmedo calor de Bombay).

Después, para entrar en el refugio de la oficina, se abre una exótica combinación de antiguas cerraduras indias, detectores de movimiento digitales y sofisticados sensores de sonido.

Aquí las cosas cambian. En las oficinas principales hay

mucho mármol en el suelo, en las paredes, en el cuarto de baño, así como antiguas obras de arte finamente esculpidas sobre pedestales de mármol, enviados desde la sucursal de Bélgica. Los accesorios del lavabo están bañados en oro, y la taza misma es una sorprendente combinación de asiento occidental con unos apéndices de porcelana a los lados, para que, si así lo prefiere, la gente pueda subir y agacharse al viejo estilo indio.

Detrás de las puertas internas cerradas con llave hay tranquilas habitaciones con aire acondicionado y largas hileras de jóvenes indias vestidas con los vaporosos saris que las mujeres han llevado allí durante los últimos milenios. Se sientan tranquilamente bajo fluorescentes de una onda específica. Delante de cada una de ellas hay un montón de diamantes que podrían valer miles de dólares. Sus brazos surgen de debajo de los pliegues del sari, sosteniendo unas pinzas especiales con una punta fina, cogen un diamante del montón, lo acercan a la lupa que sostienen con la otra mano delante del ojo, y lanzan la piedra, que describe un gracioso arco atravesando el montón de papel fino, para aterrizar en uno de los cinco diferentes montoncitos de diamantes posibles, que representan una clasificación y un precio diferente.

El único sonido en la habitación es el ligero arañazo de las pinzas sobre el papel, y el ruido suave de las piedras cuando aterrizan en el montón apropiado. Esta escena se repite en las habitaciones clasificadoras de todo el mundo, ya sea en Nueva York, Bélgica, Rusia, Africa, Israel, Australia, Hong Kong o en Brasil.

En una ocasión salimos al campo para ver cómo se tallaban las piedras. Un gran número de diamantes se tallan en hogares con la ayuda de toda la familia. Las piedras de diamante en bruto salen diariamente de las grandes casas de diamantes de Bombay hacia el campo, gracias a una vasta red de mensajeros que transportan pequeños saquitos y que viajan en tren, autobús, bicicleta o a pie. Las piedras regresan a diario, del mismo modo, y terminan en una habitación clasificadora en alguna parte, y posteriormente van en una pequeña caja metálica custodiada por un correo Brinks en el vuelo nocturno diario a Nueva York.

Navsari es una típica ciudad talladora en el estado de Gujarat, la zona norte de Bombay, con la mayor concentración de fábricas de diamantes. Trabajadores de todo el país inundan Navsari con la esperanza de conseguir uno de los trabajos más estables que se pueden encontrar en la India. Son contratados por unos seis meses, normalmente, hasta una de las grandes festividades religiosas, como, por ejemplo, el Divali. Reúnen su paga de vacaciones, y se dirigen a la ciudad al día siguiente para regresar, a veces en un viaje de mil millas, para estar con la esposa y los hijos un par de semanas e invertir su dinero en la cosecha de maíz de un vecino. Finalmente, preparan su ligero equipaje y regresan a la fábrica para empezar otro turno de seis meses.

Comprar diamantes en Navsari no tiene parangón con ningún otro lugar del mundo. Imagina que intentas atravesar una masa humana que se extiende a lo largo de una o dos millas de carretera sucia en medio de una pequeña ciudad india. Todo hombre que grita sostiene un trocito de papel doblado, en el que hay un pequeño diamante, o dos, ligeramente mayores que el punto con el que acaba esta frase. Las piedras aún están cubiertas con el aceite de tallar, que les da un apagado color gris, y bajo la brillante luz del sol sólo un loco, o un experto tratante indio, se atrevería a comprar una piedra que es incapaz de decir si su color es blanco puro (valiosa) o amarillo brillante (sin valor).

Los coches se abren camino en medio de la multitud a base de golpes de claxon. El sol te castiga la cabeza, y tu camisa está cubierta de un polvo fino que, al mezclarse con el sudor, se convierte en una pasta marrón. Algunos granujas se mueven apoyándose en sus manos y rodillas en medio de la multitud, arrastrándose literalmente entre las piernas de los tratantes, con la esperanza de encontrar un diminuto fragmento de diamante que se haya caído por accidente al suelo, como si fueran gallinas que van de un lado a otro en busca de grano.

Las tierras más lejanas del imperio del diamante de la India se hallan cerca de Bhavnagar, cerca de la costa occidental y el Mar Arábigo, donde empiezan los desiertos del Rajasthan y la ciudad de arenisca rosa de los tratantes de esmeraldas, Jaipur. Dhiru Shah me lleva allí en un destartalado avión indio; y ya estamos en un coche, de camino a la montaña de Palitana, el lugar más sagrado para los jainistas. Paramos en una última fábrica de diamantes; no es más que una aldea a la entrada del desierto: bebemos tacitas de espeso y sazonado té indio, y los niños y las mujeres exóticas observan desde las casas por detrás de paredes y velos, y cuchichean al observar a la primera persona blanca que pasa por allí en mucho tiempo. Aventurarse más allá de la casa y la última fábrica es dejar atrás nuestra vida, los negocios, y ascender la montaña para reunirnos con nuestra vida interior.

Pasamos la noche en un modesto hostal al pie de la montaña, construido por los diamantistas para cuando alguno de ellos tiene una necesidad espiritual. Antes del amanecer, Dhiru me lleva silenciosamente a un patio del que arranca el sendero que sube hacia la montaña. En los muros de piedra están esculpidas las oraciones de veinticinco siglos. Dejamos nuestros zapatos, ya que el camino para ascender a la montaña se debe hacer descalzo, como señal de respeto ante la santidad del lugar.

Ascendemos con miles de peregrinos, en la oscuridad, antes de que haya luz. El aire es fresco, y las piedras desgastadas bajo nosotros nos recuerdan los millones de pies que durante siglos han subido la montaña cada mañana. El ascenso lleva horas, pero no se hacen pesadas, ya que nos rodean los pensamientos y oraciones de los demás, tan tranquilizadores como la piedra bajo nuestros pies.

Tras un largo recorrido, al fin estamos en la cima, entrando en una red de pequeños templos, capillas y altares esculpidos en la piedra, más oscuros por dentro que la oscuridad externa. Avanzamos a ciegas hasta que lo creemos adecuado, nos sentamos, y nos quedamos meditando sobre la fría piedra. Hay un susurro de cánticos casi silenciosos y no hay luz. Sientes tu respiración, y los latidos del corazón de miles de personas a tu alrededor, y la expectación.

Todos estamos vueltos hacia el este, en lo alto de la montaña, mirando a la planicie india desde arriba. Después, la oscuridad empieza a cambiar sutilmente, tras nuestros ojos cerrados mientras meditamos; pronto viene el amanecer, las sombras azafrán y así, finalmente, el bronce dorado del sol de la India cuando asciende. Todos permanecemos en meditación, cada uno piensa en su propia vida y en cómo vivirla una vez hayamos regresado.

Nadie lleva agua o ningún otro sustento, sería como un sacrilegio. Al cabo de un tiempo nos levantamos, rendimos respeto a los templos y empezamos, casi a saltos, a bajar la montaña. La atmósfera se vuelve festiva, los niños ríen y corren delante, y cuando tus pies desnudos empiezan a hincharse y abrirse, por primera vez en tu vida aprecias el milagro de los zapatos. Pero todo parece un regalo.

Es entonces cuando me entero de que el dicharachero Dhiru Shah, ese tratante de diamantes pequeño y moreno, pasó parte de su juventud a los pies de maestros espirituales, en esta misma montaña. Posteriormente me entero de que, cuando visita Nueva York para reunirse con directores internacionales, en ocasiones sigue algún ayuno espiritual y reza en su pequeña habitación del hotel por encima de las ostentosas luces de Times Square. Sus oficinas en Bombay irradian una intensa ternura familiar; se ocupa de cada persona como de un hijo o una hija, y contribuye a los gastos de una ceremonia de boda o a la cremación de un ser estimado. En medio de transacciones diarias de millones de dólares procura, con un cuidado absoluto, no usar ni un penique que no le pertenezca.

En casa, su propia familia está igual de bien cuidada. Durante años, mientras trabajé con los Shahs, vivían en un pequeño apartamento en la tercera planta de un tranquilo edificio en Vileparle. La señora Shah ya era rica antes de casarse, y Dhiru, con su hijo Vikram, ha añadido más riqueza. Mucha gente de su entorno les anima a buscar una vivienda mayor. Los niños crecen, les dicen, y necesitan su propia habitación. Pero la familia ha seguido igual que durante años: el abuelo en su cómoda habitación, al lado de la cocina, respetado y cuidado por todos; el resto de la familia ríe sin motivo y sale al balcón a la hora de dormir para colocar sus camas bajo las estrellas, uno al lado del otro, y disfrutar del aire nocturno y el olor de los árboles de flores bajo los que duermen. Cuando por fin les acabaron unas enormes habitaciones en un enclave exclusivo de la ciudad, todos terminaban durmiendo juntos en un pequeño rincón de una de ellas. Son felices.

La idea que me interesa resaltar es muy sencilla. La gente en los Estados Unidos, entre los que me incluyo, hemos tenido siempre una visión cínica de esas criaturas denominadas "hombres de negocios". Cuando yo era joven, durante los sesenta, era casi un insulto referirse a alguien con esta palabra. El estereotipo es el de un lobo vestido con un traje de negocios, que habla muy deprisa, sólo vive para el dinero y hace todo lo que sea para conseguirlo, sin pensar en las necesidades de los que le rodean. Pero pensemos bien en el tema. Hoy en día el mundo de los negocios es, sin duda alguna, una reserva que incluye a la gente de más talento del país. Tienen una iniciativa y capacidad inigualables para hacer lo que es preciso por conseguir un objetivo. Como nadie también, amasan billones de dólares en mercancías y servicios, funcionan como un reloj y constantemente procuran mejorar sus productos y reducir el tiempo y el dinero que les cuesta hacerlos. Como en ningún otro sector, la innovación y la eficacia son una forma de vida.

La gente que se dedica a los negocios es sobresaliente, concienzuda y perspicaz, y los que no lo son no sobreviven, ya que el mundo de los negocios tiene su propia pureza, su propio proceso de selección natural: nadie te mantendrá mucho tiempo en ningún nivel de una empresa si no produces. Los propietarios, la dirección, e incluso tus propios compañeros de trabajo, desearán apartarte de su vista si fracasas en producir. Lo he visto a menudo: es como la corriente sanguínea que rechaza un cuerpo extraño.

Los mejores hombres de negocios tienen una gran capacidad interna; al igual que nosotros, pero quizás de modo más intenso, ansían una verdadera vida espiritual. Conocen más el mundo que la mayoría; saben lo que les puede dar o no. Reclaman una lógica en las cosas espirituales; exigen que el método y el resultado sean claros, tanto como los términos de cualquier acuerdo comercial. En realidad, en muchos casos, no han abandonado la vida espiritual por avaricia o pereza sino, simplemente, porque no encuentran un sendero que esté a la altura de sus exigencias. El *Tallador del Diamante* fue, literalmente, creado para este tipo de personas, con talento, fuerza e inteligencia.

No aceptes nunca la idea de que, debido a que estás metido en negocios, no tienes la oportunidad, el tiempo o las cualidades personales requeridas para llevar una auténtica vida espiritual. Ni pienses que llevar una vida espiritual profunda es, en algún modo, contradictorio con desarrollarte en el mundo de los negocios. Precisamente lo que afirma la sabiduría de El Tallador *del Diamante* es que la gente que se siente atraída por los negocios es la que tiene la fuerza interna para entender y llevar a cabo las prácticas más profundas del espíritu. Esta sabiduría es buena para la gente, y sin duda alguna, también para los negocios, y es perfectamente compatible con el mensaje del Buda. En América, la comunidad de los negocios será la que dirigirá una pacífica pero segura revolución sobre cómo dirigir nuestro trabajo y nuestras vidas, usando la sabiduría antigua para conseguir los objetivos del mundo moderno.

Para terminar, veamos cómo el Buda se levantó y se fue a trabajar, el día que pronunció el *Tallador del Diamante*:

Por la mañana el Conquistador se puso sus ropas de monje y vestimenta externa, cogió su recipiente de sabio y, de acuerdo con las costumbres de un monje budista, entró en la gran ciudad de Sharavasti para ir de casa en casa a pedir algo para comer. Cuando lo reunió, regresó de la ciudad y lo ingirió.

Una vez hubo terminado de comer, el Buda puso a un lado su recipiente y vestimenta exterior, ya que para tener la mente clara seguía la práctica de no comer por la noche. Se lavó los pies y se sentó en un cojín que le habían preparado. Cruzó las piernas en la posición del loto completo, irguió la espalda y llevó sus pensamientos a un estado de contemplación.

Seguidamente, un gran número de monjes avanzaron hacia el Conquistador y, cuando llegaron ante él, se postraron dirigiendo la cabeza a sus pies. Dieron vueltas a su alrededor tres veces en señal de respeto y se sentaron a un lado. El joven monje Subhuti, que estaba con el mismo grupo de discípulos, se sentó con ellos.

Después, el joven monje Subhuti se levantó de su cojín, dejó caer el borde de su vestimenta superior del hombro, en señal de respeto, y con la rodilla derecha en el suelo, delante del Conquistador, unió las palmas de sus manos a la altura del corazón, se postró y suplicó al Conquistador con las siguientes palabras:

—Oh Conquistador, el Buda, el Que Así se Ha Ido, el Destructor del Enemigo de Los Pensamientos Dañinos, el Totalmente Iluminado, has dado mucha instrucción

beneficiosa a aquellos discípulos en el sendero de la compasión. Toda la instrucción que has impartido nos ha resultado de gran beneficio.

»Y el Que Así se Ha Ido, el Destructor del Enemigo de Los Pensamientos Dañinos, el Totalmente Iluminado, también ha instruido a esos mismos discípulos enseñándoles una dirección clara. Toda dirección clara que has impartido, Oh Conquistador, ha sido algo maravilloso. Es, oh Conquistador, algo maravilloso.

Seguidamente, Subhuti formuló la siguiente pregunta:

—Oh Conquistador: ¿Qué sucede con los que han entrado en el camino de la compasión? ¿Cómo deberían vivir? ¿Cómo deberían practicar? ¿Cómo deberían pensar?

En respuesta a la pregunta de Subhuti el Conquistador respondió con las siguientes palabras:

—Está bien, está bien, Oh Subhuti. Oh Subhuti, es así, es así: el Que Así se Ha Ido verdaderamente ha beneficiado a estos discípulos dándoles instrucción beneficiosa. El Que Así se Ha Ido ha dado realmente una dirección clara a esos discípulos; les ha impartido las instrucciones más claras.

Y puesto que es así, oh Subhuti, escucha ahora lo que voy a decir y asegúrate de que permanezca firmemente en tu corazón, ya que revelaré cómo deberían vivir y cómo deberían practicar y mantener sus pensamientos los que han entrado bien en el sendero de la compasión.

—Que así sea— respondió el joven monje Subhuti; luego se sentó a escuchar tal y como había instruido el Conquistador. El Conquistador entonces empezó, con las siguientes palabras…

Capítulo cuatro

El potencial escondido de las cosas

Ahora estamos listos para dejar las cosas claras. Admítelo, deseas prosperar, tanto en los negocios como en tu vida, pero presientes que ésta no es muy útil a menos que tenga un lado espiritual. Te gustaría ganar millones y al mismo tiempo poder meditar.

El hecho es que para poder tener verdadero éxito en los negocios necesitas un profundo conocimiento de la vida espiritual. Así podrás hacer algo parecido a tener el pastel y comértelo, todo a la vez. En este capítulo abordaremos el potencial de todas las cosas, que los budistas denominan "vacuidad". Por favor, no te preocupes por este nombre extraño, ni pretendas comprenderlo al instante. De ningún modo significa lo que parece dar a entender esa palabra y, para ponerlo en palabras sencillas, es el secreto del éxito en cualquier ámbito.

Un buen lugar para empezar es el sorprendente diálogo entre el Buda y su estudiante, Subhuti.

El joven monje Subhuti dirigió con gran respeto las siguientes palabras al Conquistador:

— ¿Oh Conquistador, cómo se llama este tipo particular de enseñanza? ¿Cómo hemos de pensar en ella?

El Conquistador le respondió diciendo:

—Oh Subhuti, ésta es la enseñanza sobre la "sabiduría perfecta" y así es como deberíamos pensar en ella.

» ¿Por qué? Porque, Oh Subhuti, la misma perfección de la sabiduría que el Que Así se ha Ido enseña es una

sabiduría perfecta que de ningún modo puede existir. Y es precisamente por esto por lo que se le puede denominar "sabiduría perfecta".

»Dime Subhuti ¿Qué crees? ¿Hay alguna enseñanza en absoluto que imparta el Que Así se ha ido?

Subhuti respetuosamente respondió:

—No hay ninguna, oh Conquistador, ninguna en absoluto. De ningún modo puede haber enseñanza alguna impartida por el Que Así se ha Ido.

Con estas palabras, el *Tallador del Diamante* parece deslizarse hacia ese mundo en el que nada tiene sentido que es lo que muchos, desgraciadamente, entienden que es el Budismo. Pero no es así. Veamos lo que se ha dicho y por qué, y luego intentemos comprender cómo se podría aplicar a nuestra vida y negocios. Porque realmente se puede aplicar, ya que esas palabras contienen el secreto real que conduce a una vida plena de éxito. La conversación parece reducirse a lo siguiente:

Subhuti: ¿Cómo podemos denominar a este libro?

El Buda: Llámalo *Sabiduría perfecta*

Subhuti: ¿De qué modo hemos de entenderlo?

El Buda: Piensa en él como la sabiduría perfecta. Y si te preguntas por qué, es porque la sabiduría perfecta de la que hablo es una sabiduría perfecta que nunca podría existir en absoluto, y es exactamente por esto por lo que he decidido denominarla *Sabiduría perfecta*. A propósito Subhuti, ¿creías que el libro era un libro?

Subhuti: De ningún modo. Sabemos que nunca escribes libros.

El quid de la cuestión, la clave que guía hacia el potencial escondido en todas las cosas, es la afirmación: "Puedes denominar "libro" al libro y puedes pensar en él como un "libro" porque en realidad nunca ha sido un libro". Esta afirmación tiene un sentido muy concreto y específico; no es un galimatías, sino que en ella se encuentra todo lo que necesitas saber para tener éxito en tu vida personal y en tu trabajo.

Para ilustrar la idea del potencial escondido cojamos un ejemplo común en la vida de los negocios, como puede ser un inmueble.

Cuando empezamos Andin, alquilamos una o dos habitaciones en una gran oficina de una empresa de joyas cerca del Empire State Building. Ofer y Aya, los propietarios, se sentaban en una pequeña habitación al lado de un cubículo más elevado donde Udi (el hombre de los diamantes), Alex (el diseñador de joyas), Shirley (la señora del ordenador) y yo nos sentábamos alrededor de una gran mesa. Los diamantes se clasificaban en un extremo de ésta, y la contabilidad se introducía en el ordenador en la otra esquina. A la vez, yo me sentaba al teléfono en uno de sus lados intentando averiguar los nombres de las secretarias de los grandes compradores de joyas de la ciudad, para poder llegar directamente a la persona encargada de tomar decisiones.

El muestrario entero consistía en quince anillos fotografiados en una página de papel que Ofer y Aya llevaban de un lado a otro para enseñar a la gente. Era divertido trabajar para ellos porque desconocían totalmente el mundo de los negocios en América. Paradójicamente, eran mucho más creativos, ya que no eran conscientes de todas las cosas que nunca podrían funcionar (pero funcionaban) o de todas las cosas que no se te permitía hacer en absoluto (como llevar un jersey de fútbol de los Dallas Cowboys a una reunión con los ejecutivos de una de las cadenas de grandes almacenes más grandes del mundo). Ofer a menudo nos hacía preguntas absurdas sobre América como: "El calendario dice que mañana es el Día de la Marmota, ¿es una fiesta nacional? ¿Tenéis que tener el día libre? ¿Tenemos que pagar ese día?" En ocasiones le respondíamos que sí, que era una festividad *muy importante* en América.

Por otro lado, no entendían por qué alguien podría querer regresar a casa antes de las once de la noche y, en consecuencia, a menudo trabajábamos hasta altas horas. Mi viaje de vuelta al monasterio duraba casi dos horas, por lo que llegaba a casa a la una de la madrugada, y estaba de nuevo en pie para regresar a Manhattan a las seis.

Los diamantes y las joyas procedían de la fábrica de Israel e iban directamente al cliente. Creo que los clientes pensaban que teníamos nuestra propia fábrica pero, en ocasiones, todo consistía en correr hasta la oficina principal de Brinks en la Quinta Avenida y la Calle Cuarenta y Siete, quitar las etiquetas de la caja que había llegado de Tel Aviv, poner una de las nuestras con el nombre del cliente, y subirla a pie hasta su oficina, en la planta superior.

Recuerdo un incidente terrible. Al abrir una de esas cajas y dividir la mercancía para dos clientes, vi en ella un montón de anillos de diamante de color cobrizo. Regresé con el envío a toda prisa a la Calle Treinta, lo cual inició una serie de furiosas llamadas telefónicas a Oriente Medio. El problema consistía en que el oro de catorce quilates se puede trabajar de diferentes maneras. En el sistema de quilates para el oro (a diferencia del que se emplea con los diamantes), veinticuatro quilates representan oro puro, el cual es demasiado blando para utilizar en joyería, y con el uso, un anillo de veinticuatro quilates se rompería. Para hacerlo más consistente se mezcla con otros metales. Si la mezcla se hace con un cuarto de otros metales, el anillo será de dieciocho quilates (el peso legal en este país es de dieciocho, catorce y diez). El metal que se añade para reforzar el anillo determina el color que tendrá: si se añade níquel, el oro adopta un color amarillo suave;

si se añade cobre adopta un color rojo satinado. Diferentes combinaciones producen otros matices. Los americanos prefieren los amarillos suaves, medios; los asiáticos, en general, prefieren colores dorados intensos, y muchos europeos los de color casi cobrizo. Por error, nuestro envío había sido fundido para dar el color europeo.

Este es uno de los recuerdos más apreciados de los primeros años de nuestra empresa: toda la plantilla, unas tres o cuatro personas, corriendo hacia un taller con exceso de trabajo en la parte baja de la ciudad —una fábrica de baños de oro— para intentar convencer al dueño de que, al instante, nos añadiese una capa de oro amarillo muy caro encima del rojizo. Allí estoy sentado con aquellos futuros multimillonarios alrededor de una mesa con quince chicas puertorriqueñas. Ofer y Aya se vociferan instrucciones en hebreo, las chicas gritan en español; nadie entiende por qué queremos cubrir el oro con oro. Poco después, estamos todos sentados hombro con hombro encorvados encima de los anillos de diamantes, pintándolos con productos químicos especiales para proteger las partes que no queremos que se vuelvan amarillas.

Fue entonces cuando decidimos arriesgarnos y empezar nuestra propia fábrica. Esta nueva instalación era prácticamente igual: una habitación en Manhattan, con grandes paredes formadas por barras de hierro a lo largo de un suelo de cemento, junto con nuestra primera auténtica cámara acorazada. También de aquello tengo agradables recuerdos: de despegar la moqueta la noche en que dejamos el antiguo local y arrastrarnos por ella en busca de los diminutos pedazos de diamantes que hubieran podido caer durante los últimos meses (encontramos varios cientos de ellos). Una empleada, por accidente, se quedó toda la noche encerrada en la nueva cámara acorazada mientras su marido se preguntaba hasta qué hora era posible que estuviésemos trabajando. Yo, sudando con el único traje que tenía (era de lana), durante el húmedo verano de Nueva York, porque mi Lama había insistido en que siempre tuviera un buen aspecto; lo tenía que llevar a diario sin quitarme la chaqueta ni aflojarme la corbata.

Creo que después de unos seis meses en nuestra fábrica "bebé" llegó el momento de tomar una decisión y trasladarnos a otro lugar. ¿Nos debíamos arriesgar y trasladarnos al Distrito de los Diamantes? ¿Qué ocurriría si alquilábamos un espacio mayor y descendían los pedidos? ¿Qué sucedería si alquilábamos un espacio pequeño y llegaban muchos pedidos? ¿Cómo los podríamos satisfacer?

De modo que cogimos la mitad de una pequeña planta en un viejo edificio, justo a la salida del distrito principal, un compromiso a mitad de camino entre el riesgo de coger un espacio mayor y la seguridad de un alquiler más bajo. Yo solía estar en una silla, en el "departamento de diamantes" (una pequeña habitación); a veces trabajaba en el "departamento de sistemas" (una diminuta habitación que, a la vez, servía de sala de espera) o en la habitación acorazada (muy pequeña, y en la que sólo cabían dos trabajadores de pie, como dos momias en un sarcófago). La "fábrica" era una habitación más grande, con un solitario pulidor ocupando una esquina.

En un año habíamos doblado las ventas (lo cual se repitió anualmente durante diez años), y la arriesgada empresa de buscar un sitio más grande ya se había vuelto una necesidad. Literalmente estábamos codo con codo, y corría el chiste de que por cada diez mil dólares de salario, te correspondía una pulgada de la mesa de trabajo. En aquellos días me correspondían unas quince pulgadas. No podíamos hacer entrar a los proveedores de diamantes en bruto por razones de seguridad, así que cerrábamos los tratos en el vestíbulo, entre la sala de entrada (llamada "la trampa") y la sala de espera, para que otros tratantes no oyeran los precios que ofrecíamos. Imagina que estás de pie en un pequeño y poco iluminado vestíbulo, con un trozo de papel en tus manos repleto de miles de diminutos diamantes, intentando que se te oiga más que al ruido de la fábrica detrás de ti, pero, a la vez, procurando que no se enteren los que están sentados delante, y estás calculando totales de compra de diferentes clasificaciones y a cuanto asciende el interés, y llegando a acuerdos de formas de pago mientras tu oponente hace lo mismo. A menudo parecía un duelo entre espadachines dentro de un armario ropero.

A propósito, la "trampa" es una zona especial en las casas de diamantes a la que accede un visitante externo cuando la puerta frontal se cierra, y entonces es registrado por una cámara, o se le examina a través del vidrio a prueba de balas antes de llegar a una segunda puerta, desde donde accede a las instalaciones de la compañía. Un mecanismo eléctrico impide que las dos puertas se abran al mismo tiempo. Esto puede llevar a situaciones interesantes en las que por la noche tú eres el último, y ya has pasado la puerta interior, pero te has olvidado la llave de la puerta exterior.

Llegados a este punto, pues, dimos el paso seguro de alquilar el resto de la planta. Cuando ésta se redujo a veinte pulgadas de espacio en la mesa, de nuevo, cogimos otra planta y las unimos con una escalera. Llegamos de nuevo a las veinte pulgadas, siempre doblando ventas, y cogimos la planta más próxima que pudimos conseguir que, desgraciadamente, estaba a dos pisos de distancia.

La siguiente ocasión en que necesitamos más espacio, era del todo imposible trasladar a nadie más a otra planta. Investigamos en el edificio de al lado uno con menos pisos pero no pudimos encontrar nada allí. Así que cogimos una planta dos números más allá, lo suficientemente elevada como para estar más arriba del edificio que se hallaba en medio y poder colgar una red de cables ilegal que pasaba por encima y conectar todos los ordenadores. Parecía uno de aquellos tendederos que se ven entre edificios en Brooklyn, pero en el corazón de Manhattan, entre torres de acero y cristal.

Nos encontrábamos, pues, en la incómoda situación de subir y bajar la calle con grandes paquetes de diamantes, y también rubíes, zafiros, amatistas y docenas de otras gemas, para ser trabajadas en habitaciones clasificadoras de los diferentes edificios. Era peligroso, y el Distrito de los Diamantes se había empezado a expandir hasta nuestra zona y los alquileres subían constantemente. Tuvimos que tomar una decisión acerca de dónde albergar nuestro negocio, que en aquellos momentos representaba muchos millones de dólares al año y unos cien empleados. Así pues, volvemos a la cuestión del inmueble y el potencial escondido de las cosas.

Algunos hombres de negocios de Nueva York tienen que comprar cada mañana el *Wall Street Journal*, lo lean o no (y creo que, en realidad, muy pocos lo hacen). En muchas empresas es importante que, por la mañana, te vean con un ejemplar bajo el brazo mientras subes, feliz, los peldaños que llevan hacia la puerta de entrada. Es incluso mejor asegurarse el envío de un ejemplar diariamente al despacho; que lo pasen por debajo de la puerta de tu oficina alrededor de las nueve de forma que parte del nombre "Wall Street Journal" se vea desde el pasillo. Por cierto, que lo de las nueve es para que el periódico permanezca visible hasta tu llegada a las nueve y media, y así cuando un empleado de menos rango pase por delante de tu puerta podrá ver el *Journal*, señal de que aún no has llegado a la oficina, y así recordará que eres el jefe, y que por ello no es necesario que fiches a las nueve y cinco.

Las pocas veces que leí el *Wall Street Journal* fue siempre una experiencia curiosa. En primera página, en el lado derecho (la zona de la izquierda se usa para el resumen de las noticias nacionales y mundiales), solía haber algún artículo entusiasta sobre algún hombre de negocios, alguien como George Soros, que había corrido grandes riesgos en una inversión y lo había conseguido. Era ensalzado como un "visionario" con una intuición superior a la del resto del mercado, alguien con el coraje y la autoconfianza necesarios para forjar nuevas plataformas de beneficios mientras los hombres de negocios de menor inteligencia y más conservadores quedaban rezagados. En la página cuatro del *Journal* solía haber un artículo sobre algún negocio que se tambaleaba porque los directivos habían envejecido y se habían quedado atascados siguiendo procedimientos anticuados; todos los vicepresidentes habían sido eliminados y la dirección negociaba para encontrar otros.

Una semana o un mes más tarde yo abría el *Journal* de nuevo (de hecho solía leer uno de debajo de la puerta de otro pez gordo y lo restituía antes de que entrara). En primera página, un artículo elogiando a una empresa que permanecía anclada en métodos ya comprobados año tras año y hacía grandes ganancias este trimestre. Era una compañía "blue chip", dirigida por un director con la suficiente sabiduría como para seguir principios del pasado. Después, en la página cuatro, un artículo muy crítico sobre un estúpido capitalista que había corrido riesgos imprudentes para su empresa.

No dejaba de sorprenderme que, después de un mes, los nombres de los genios que corrían riesgos fueran los de los locos que corrían riesgos varios meses después. Y los nombres de los estúpidos conservadores del mes pasado eran los nombres de los genios conservadores un mes después. O quizá los genios que corrían riesgos continuarían ascendiendo o los conservadores locos continuarían perdiendo. De cualquier modo, nadie parecía darse cuenta de que *casualmente las mismas acciones emprendidas por los mismos individuos o empresas producían resultados diferentes.*

¿Cómo se aplica este hecho al tema de la propiedad? ¿De qué modo nos revela un "potencial escondido"? Imagina los interrogantes que se planteaba nuestra empresa ante la disyuntiva de conseguir un inmueble propio tras años de incertidumbre sobre si alquilar o no alquilar, expandirse o no. ¿Debíamos dar este paso de gigante o dejarlo de lado?

En momentos así, todo hombre de negocios empieza a hacer sus propios cálculos evaluando los pros y los contras. Un edificio nuevo y mayor impresionará a nuestros clientes; tanto a ellos como a nuestros proveedores les puede dar la impresión de que somos fuertes. O quizá notarán que hemos crecido más de lo que nos permite nuestra capacidad; quizá los clientes temerán que esto nos obligue a subir precios para cubrir los nuevos gastos.

Quizá los proveedores pensarán que nos han vendido las piedras demasiado baratas y que lo hemos podido comprar gracias a ellos.

Quizá salir del Distrito del Diamante dificulte el traer la mercancía cuando la necesitemos, al ser más arriesgado para los proveedores de gemas preciosas. Quizá el dinero que ahorremos en el alquiler nos permita pagar precios más altos atrayendo así a más tratantes y ganar más dinero.

Quizá el traslado al nuevo lugar dificulte la llegada al trabajo de los empleados; quizá la media hora extra de metro haga que los buenos se marchen a buscar un trabajo cerca del Distrito del Diamante. O quizá a la gente le guste la zona más tranquila del nuevo lugar, el oeste de Greenwich Village, con tiendas pintorescas y restaurantes con muchos más platos de comida que en el *midtown*.

Quizá después de trasladarnos el valor del inmueble suba y sea más difícil cubrir la inversión. O quizá el precio de la propiedad en Nueva York caiga en picado y nos cree elevados pagos en concepto de hipoteca.

Quizá economizar gastos y hacer toda la producción en el mismo edificio nos permita reducir los precios y arrasar en el mercado. Quizá los gastos de mantener un edificio con una producción mayor incluso en temporada baja, con el tiempo, nos ahogue.

Los que habéis estado el tiempo suficiente en los negocios y sois honestos sabéis que, en este punto, las cosas se pueden decantar hacia un lado u otro. Si compras el inmueble y todo funciona, serás un genio y se trató de un gran negocio. Si compras el inmueble y las cosas van mal, serás un idiota que ha corrido demasiados riesgos. Si no compras el inmueble y las cosas van bien, o si no lo compras y las cosas no van bien…bien ya sabes cómo te llamarán. Y también sabes que, en cualquier caso, eres la misma persona.

De manera lenta pero segura esto nos lleva al potencial escondido de las cosas. Un negocio inmobiliario como la compra de un gran edificio de nueve pisos por parte de Andin International en el lado oeste de Manhattan es un buen ejemplo de potencial escondido, o de aquello que los budistas denominan "vacuidad".

Lo que más nos importa entender aquí es que en el inmueble y en su compra existe todo tipo de potencial escondido para que sea una cosa buena o mala. Todo al mismo tiempo.

Si compramos el edificio y, de repente, desciende el valor de la propiedad inmobiliaria en Nueva York (que es, precisamente, lo que sucedió cuando lo hicimos), la compra del inmueble habrá sido una cosa mala para nuestros propietarios, Ofer y Aya.

Si compramos el inmueble y, de repente, los directivos tienen más espacio en la oficina del que tenían, la adquisición es una cosa buena para los directivos. Si compramos el edificio y los empleados de New Jersey tienen que viajar media hora extra, es una cosa mala, para ellos. Pero es una cosa buena para la gente de Brooklyn, ya que se ahorran tiempo en el trayecto.

Si compramos el edificio y damos la impresión a nuestros proveedores de que, financieramente, somos fuertes, es bueno, para nosotros. Si les da la impresión de que les estamos estrangulando, es malo, para nosotros.

Pero, ¿y si eliminamos el "para nosotros" y "para ellos"? ¿Qué sucede si intentamos evaluar si el inmueble, o su compra es, *en sí,* bueno o malo? Si piensas en ello un instante, la respuesta obvia es que, *en sí,* comprar un inmueble no es ni bueno ni malo, depende de la perspectiva de cada uno. A los que se benefician de ello les parece bueno, y a quienes perjudica les parece malo. Pero no hay una bondad o maldad *innata* en la compra de un inmueble. Esta no contiene dicha cualidad en sí misma, está *vacía* de esas cualidades.

Este es precisamente el sentido de la vacuidad: las cosas podrían ir de cualquier manera, no hay "cosa" en el inmueble en sí, todo depende de cómo lo percibimos. Este es el potencial escondido de las cosas. Por cierto, es lo mismo para todas las cosas de este mundo. ¿Es *en sí mismo* malo ir al dentista para que te operen una raíz? Si lo fuera, tendría que parecerles malo a todos. Pero piensa que, independientemente de lo mal que nos parezca, esa operación le puede parecer buena a otros: un dentista con pocos escrúpulos lo podrá percibir como una buena oportunidad para pagar el trimestre del colegio de sus hijos; para la secretaria, representa más trabajo y asegurarse un empleo continuo; para el proveedor del dentista es la oportunidad de vender otra caja de jeringuillas. Ni tan siquiera un procedimiento doloroso como éste tiene una cualidad *innata* buena o mala: en sí mismo, independientemente de cómo lo perciban diferentes personas, no tiene dicha naturaleza; es neutro o vacío. En resumen, tiene "vacuidad" y esto, según los libros más profundos de la antigua sabiduría budista, es su potencial escondido último o absoluto.

Lo mismo sucede con la gente a nuestro alrededor: piensa en aquellas personas de tu lugar de trabajo que te irritan más. Parecen tener por su propio lado una cualidad o manera de ser irritante. La "irritabilidad" parece que emane o fluya *desde* ellos *hacia* ti. No obstante, piensa un poco en ello. *Alguien* —quizás otro empleado, o un familiar, una esposa o un hijo— lo encuentra la persona más amorosa y estimada. Cuando lo perciben en la habitación al mismo tiempo que tú, y haciendo o diciendo las mismas cosas, ven algo bueno en él.

Aparentemente no hay "irritabilidad" alguna que fluya desde esa persona hacia ellos, y esto simplemente prueba que ésa no es una cualidad *en* la persona misma. La persona no *tiene* dicha cualidad, o se manifestaría a los demás; más bien es como una pantalla en blanco, neutra, en la que distintas personas ven cosas diferentes. Esta es una prueba sencilla e innegable de la vacuidad, o del potencial escondido. Y todo lo demás en el mundo es igual.

Ahora podemos retroceder y comprender lo que dijo el Buda acerca del libro: "Puedes llamar libro al libro y puedes pensar en el libro como libro porque nunca ha habido un libro". Con respecto a la compra del inmueble: "Puedes afirmar que adquirir un inmueble es bueno, y puedes pensar en adquirir un inmueble como en algo bueno porque adquirir un inmueble no ha sido nunca algo bueno (o malo) *en sí mismo*, es decir, por su propio lado, independientemente de cómo lo veamos".

Pero, ¿qué tiene que ver todo esto con los negocios? ¿Cómo puede este potencial escondido ser la llave para el éxito en nuestra vida personal y en nuestros negocios? Para comprenderlo tenemos que saber cómo funcionan ciertos principios que se encuentran detrás del uso del potencial.

Capítulo cinco

Principios para usar el potencial

En el capítulo anterior hablamos sobre el potencial escondido de las cosas, lo que los budistas denominan "vacuidad". Vimos claramente que nada de lo que nos sucede es bueno o malo *por su propio lado*, porque si lo fuese, los demás también lo experimentarían de ese modo. Por ejemplo, aquella persona del trabajo a quien encontramos irritante haría sentir a los demás exactamente lo mismo si su cualidad de "ser irritante" fuera algo que fluye de ella y vuela por la habitación hacia nosotros. Pero en realidad, casi siempre hay *alguien* que la encuentra una persona buena y querida. Que este sea el caso tiene dos implicaciones importantes:

1) Esa persona no tiene una cualidad en sí misma de ser irritante o simpática. Por su propio lado es como una pantalla en blanco, "neutra" o "vacía".
2) La razón por la que, personalmente, experimentemos a esa persona como irritante debe venir de otra parte.

¿De dónde? La respuesta a esta pregunta se encuentra en ciertos principios que se revelan al poner de manifiesto el potencial escondido en las cosas, principios para usar este potencial con vistas a tener éxito en nuestro negocio y en nuestra vida personal. Aquí tenemos lo que dice el Buda en el *Tallador del Diamante*, acerca de conseguir un negocio perfecto y una vida perfecta —un mundo perfecto, un paraíso.

Después, el Conquistador dijo:
- Oh Subhuti, supón que algún discípulo del sendero
de la compasión afirmara: "Trabajo para crear un mundo
perfecto". No estaría diciendo la verdad.

El gran maestro, Lama Choney, explica estás líneas tan
crípticas del siguiente modo:

Lo que el Buda desea indicarnos es que, para que
una persona alcance el elevado estado del ser al que
nos referíamos antes, él o ella debe crear primero un
mundo perfecto donde alcanzar este elevado estado.
Por lo tanto, **el Conquistador** le dice a **Subhuti:**
"Supón que algún discípulo del sendero de la
compasión afirmara (o pensara para sí) **"Trabajo**
para crear un mundo perfecto". Supón que, al
mismo tiempo, creyera que ese mundo perfecto
podría existir por su propio lado, y que la creación
de dicho mundo viniera de su propio lado. En este
caso **no estaría diciendo la verdad."**

El Buda sigue su explicación en las siguientes líneas de
El Tallador del Diamante:

- ¿Por qué? Porque Los que Así Se Han ido han afirma-
do que estos mundos perfectos, estos "mundos perfectos"
por los que trabajamos, ni siquiera podrían existir. Y es
precisamente por esto por lo que podemos llamarlos
"mundos perfectos".

Aquí podéis pensar en un "mundo perfecto" como si fuera
un "negocio perfecto". La primera idea es que sería un error
afirmar que un negocio perfecto pueda existir por su propio
lado. Un libro, la compra de un inmueble, o el plasta que
se sienta a tu lado en el trabajo: nada en absoluto existe por

su propio lado. Nada es malo o bueno por su propio lado, porque si fuese así, todo el mundo lo experimentaría del mismo modo, y éste no es el caso. Por ello, todas las cosas son como una pantalla en blanco, neutras, lo que los budistas denominan "vacías". Por esto algunas cosas las experimentamos como buenas y otras como malas. Si estas cualidades no provienen de las cosas en sí, ¿de dónde provienen? Si fuese posible solucionar este rompecabezas quizá podríamos *hacer que las cosas sucedieran tal como deseamos.*

Si reflexionamos un poco nos resultará obvio que el modo en que vemos la realidad *viene de nosotros mismos*. El que experimentemos a una persona en el trabajo como irritante o inspiradora tiene que ver con nuestras percepciones, y esto lo prueba el hecho de que otros compañeros de trabajo la ven de modo diferente, e incluso opuesto a como nosotros la vemos.

¿Por qué viene de nosotros? ¿Cómo podemos usar este hecho en beneficio propio? Creo que lo más importante es mencionar primero cómo esas cosas *no* vienen de nosotros. Es fácil decir que la manera en que vemos a los demás y las cosas viene de nuestra propia mente, de nuestras propias percepciones. Pero es dolorosamente obvio que esto *no* significa que podamos controlar el modo de ver las cosas según nuestros deseos. No hay ningún hombre de negocios en el mundo que quiera *fracasar*, que se quiera arruinar y quiera sentir el dolor de desilusionar a sus empleados, de no pagar a sus proveedores y decepcionar a su esposa e hijos.

Puede que sea cierto que haber caído en la bancarrota venga de nuestra propia mente, pero eso no significa que la ruina desaparezca sólo por desearlo. Lo que sea que nos hace ver las cosas de un modo u otro *nos fuerza* a verlas así, a pesar de nosotros y a pesar de lo que queremos en el presente.

Necesariamente, pues, tenemos que ir a la idea budista de las impresiones o semillas en la mente, al verdadero sentido de la palabra *karma*. Pero, puesto que existen muchos malentendidos con respecto a este término, es preferible hablar de las "impresiones mentales".

Piensa en tu mente como en una cámara de vídeo. Tus ojos, oídos y demás son lentes a través de las que ves el exterior. Casi todos los botones e interruptores que determinan la calidad de la grabación están vinculados a la intención: es decir, lo que quieres que suceda y por qué. ¿Cómo se efectúa una grabación? ¿Cómo se van a imprimir en la mente las impresiones que producen tener éxito o fracasar en los negocios?

Hablemos en primer lugar de las impresiones o semillas mentales. Imagina que la mente es como un trozo de masilla muy sensible: cuando la expones a algo se crea una impresión en ella. Esa masilla tiene otras cualidades sorprendentes; en primer lugar es totalmente clara e inefable, no es como nuestro cuerpo, no es algo hecho de carne, sangre y huesos. El Budismo no acepta la idea de que el cerebro *sea* la mente, aunque parte de la mente pueda residir en algunos sentidos, cerca del cerebro. La mente también se extiende hasta los extremos de tu mano: puedes ser consciente de que alguien toca tu dedo, y es tu mente la que es consciente. Si además te pregunto si tienes algo interesante en la nevera de tu casa, el ojo de la mente se dirigirá hacia allí; tu memoria selecciona varias cosas que probablemente han estado allí desde esta mañana, y así, en un sentido, gracias a la razón y a la memoria, tu consciencia habrá viajado más allá de los límites físicos de tu mundo presente, más allá de tu cuerpo físico, y se habrá ido a otro lugar. Y si te digo: "Piensa en las estrellas o más allá". ¿Dónde se encuentra entonces tu mente?

La mente masilla tiene otra cualidad interesante: es como una tira que se alarga como un espagueti, desde el primer momento de tu vida hasta el último (y quizás más allá de los dos extremos, pero ahora no entraremos en eso). En otras palabras, se extiende a lo largo del tiempo. Las impresiones que se crean en la mente en el primer curso, las impresiones creadas por el abecedario son transportadas al segundo curso, y gracias a ello puedes leer palabras enteras también ahora.

En occidente no estamos habituados a hablar del aprendizaje como de "una siembra voluntaria de impresiones", pero, si piensas en ello, es precisamente por lo que enviamos a nuestros hijos a la escuela: esperamos que el maestro de primer curso tenga la habilidad de plantar impresiones en la mente de Juanito, y que éstas aún estén allí cuando llegue a la facultad de medicina y así no dependa, únicamente, de la seguridad social. En realidad ya aceptamos la idea de las impresiones mentales, aunque en la actualidad pensamos muy poco en cómo funciona todo el proceso. Por ejemplo: ¿cómo es posible que nuestro cerebro no crezca al hacernos mayores si se va llenando de tantas cosas?

Hablemos del tipo de impresiones que nos fuerzan a ver como bueno o malo lo que, en realidad, es "pantalla en blanco", "neutro" o "vacío" (por cierto, creo que ya habéis leído lo suficiente aquí sobre la "vacuidad" como para daros cuenta de que no tiene nada que ver con "algo sin sentido", un "agujero negro", "pensar en la nada", o cosas parecidas. Simplemente significa que lo bueno o lo malo que nos sucede no ocurre porque sí, desde su propio lado).

Las impresiones que producen experiencias "buenas" o "malas" se siembran de tres modos diferentes: siempre que hacemos, decimos o incluso pensamos algo. La mente, nuestra cámara de vídeo incorporada, está siempre conectada, y graba todo lo que percibimos a través de las lentes de los ojos, oídos y el resto, incluyendo los pensamientos. Cuando te observas ayudando a un empleado que pasa una mala época, creas una impresión buena en la mente. Cuando te observas mintiendo a un cliente o a un proveedor, creas una impresión mala.

El botón de la intención en la cámara es el factor más importante para determinar lo fuerte que quedará sellada la impresión. Si ayudas a un empleado, no porque te importe, sino más bien porque su problema afecta a la producción y a tus ganancias, la buena impresión que plantas es casi nula. Si le ayudas porque eres consciente de que el problema le hace sentir infeliz, la buena impresión es mucho más fuerte. Y si le ayudas porque reconoces que la línea divisoria entre "tú" y "yo" es artificial, es decir, porque entiendes que aquello que hiere a uno hiere a los demás, porque consideras que estás peleando con el enemigo común, la infelicidad humana, en este caso la impresión será de las más poderosas que puedas plantar.

También cuentan otros elementos. En primer lugar, las emociones. Si, por ejemplo, impulsado por fuertes sentimientos de enfado le dices una mentira inocente a un proveedor, la mala impresión que se creará en tu mente será tan intensa como la emoción en cuestión.

También tenemos lo que se puede denominar "la identificación adecuada". Si, por ejemplo, cobras de más a un cliente porque te equivocas al leer el precio en la pantalla del ordenador, la mala impresión será mucho más débil de lo que lo sería en el caso de saber claramente que el precio estaba mal.

La condición o circunstancias que rodean a la persona hacia la que cometes el acto también juegan un papel importante en determinar lo fuerte que quedará sellada la impresión.

Dos o tres años después de entrar en el negocio del comercio con grandes paquetes de diamantes, pensé que los podría apreciar más si supiera cómo se tallaban. Para que alguien me enseñara, empecé a llamar las puertas de pequeñas fábricas de talladores, más arriba de los revendedores de diamantes de la Calle Cuarenta y Siete.

Busqué a uno de los más famosos talladores de la zona; recuerdo que entonces trabajaba en el tallado del mayor diamante del mundo, una piedra "capricho" de color amarillo y de más de cuatrocientos quilates, que había comprado la cadena de joyerías Zales. Me dijo que podía ir a mirar, pero que eso era todo ("capricho" es el nombre de los diamantes de color natural, es decir, amarillo, marrón o azul brillante como el Diamante Esperanza)

Topé con algunos talladores sudafricanos y pasé varios días con ellos, pero el lugar era demasiado ruidoso. Tenía el problema adicional de encontrar a alguien que deseara enseñarme por la noche, puesto que aún trabajábamos como locos muchas horas levantando Andin. Así pues me acerqué a Sam Shmuelof.

"Shmuel", como le llamábamos, es otro de aquellos caballeros auténticos del negocio del diamante. Su esposa Rachel era mi mano derecha en Andin y la razón de la mayor parte del éxito de nuestra sección. Aceptó enseñarme los domingos por la noche; una razón por la que tantos tratantes de Nueva York son judíos ortodoxos es que el negocio respeta el *shabat* de modo que, a una persona religiosa, nadie en la Calle Cuarenta y Siete le forzará a ir a trabajar el sábado.

La primera vez que pisé la fábrica de tallado de diamantes me sentí como Dante cuando Virgilio le llevó a los reinos del infierno. Shmuel me cogió del brazo hasta un imperceptible portal entre dos rascacielos de mármol de la Calle Cuarenta y Siete y me llevó a un diminuto ascensor. Este subió diez pisos y paró en un estrecho y poco iluminado pasillo, con puertas estrechas a cada lado. Cada puerta era una extraña combinación de pintura desconchada y aspecto gastado con relucientes y exóticos pestillos y cerrojos nuevos. Casi todas las puertas tenían cinco o seis anuncios escritos a mano que, por lo que supe después, eran los diferentes "seudónimos" con los que un solo tratante de diamantes pequeño solía trabajar en sus operaciones. Un tal "Bennie Ashtar" podría trabajar en la:

"Corporación Internacional de Diamantes Ashtar"
(Esta consistía en una pequeña caja de zapatos repleta

de restos de diamantes que había tallado los últimos meses, junto con un par de piedras feas invendibles que alguien le había cedido años atrás para saldar una gran deuda).

"Empresa Mundial de Fabricación de Joyas Ben Ash"

(Esto serían unos cuantos pendientes desparejados hechos con algunas piedras suyas porque había oído que los joyeros ganan más dinero y de modo más fácil que los que trabajan el diamante. Aunque, por supuesto, no vendía ni uno)

"Fábrica Internacional de Reparación y Tallado de Diamantes Simzev"

(Este sería el negocio real, consistente en una mesa con un disco tallador de diamantes, un negocio cuyo nombre estaría inspirado, como ocurre frecuentemente, en los de hijos, Simón y Zeeva; aunque, de hecho, todo el mundo la llamaba el "Taller de Bennie")

"Gemas Raras y Exóticas, Benjamin Limited"

(Estaría formada por dos kilos de "hielo rosa", o zirconita cúbica sintética de color rosa, que le sugirieron comprar en 1993 cuando, durante seis meses, estuvo de moda. Pero Bennie la guardó durante siete, esperando a que subiera el precio. Ahora, su agente de seguros se queja de que la bolsa ocupa demasiado espacio en la caja fuerte y le sugiere que se desprenda de ella.)

Mientras nos aproximábamos al extraño corredor empezamos a oír un fuerte gemido in crescendo, como si nos acercásemos a una gran caverna en la que estuvieran atrapados millones de mosquitos zumbando de un lado a otro como locos. La puerta es un enorme artefacto metálico, de color gris, sin números ni anuncios. En la esquina misma del techo, encima de la puerta, una cámara de seguridad nos apunta con su lente.

Shmuel hace sonar el timbre, y esperamos.

No hay respuesta.

Lo vuelve a hacer sonar una y otra vez y, finalmente, se oye un grito desde el otro lado:

-Zi, quién ez

De cualquier modo, las cámaras de seguridad están siempre rotas, y nadie tiene ni tiempo ni voluntad de repararlas.

- ¡Shmuel!

-De acuerdo, de acuerdo.

Oyes que, cerrojo tras cerrojo, por fin se abre la puerta.

El ruido estalla y envuelve tus oídos y cabeza: todo el estruendo de chirridos, sirenas y taladradores que te puedas encontrar en media hora de paseo por una calle de Nueva York aquí están comprimidos en un par de segundos. Shmuel va delante, objeto de las primeras miradas del propietario del taller: "No te preocupes, está conmigo", y te hace pasar por la "trampa" (también rota) hacia el taller.

En el extremo, donde se encuentra el ciclón de ruido en estado puro, se levantan una o dos cabezas para comprobar la escena: no es ni un robo ni un cliente potencial; la bajan de nuevo para ver si el disco ha rebanado un micrón de diamante mientras tenían la cabeza alzada.

En la habitación hay unas cinco mesas largas dispuestas en forma de costillas. Cada mesa lleva incorporados tres o cuatro discos metálicos giratorios, y delante de cada una se encuentra un tallador que, en un asiento elevado, se curva encima de la piedra. Los asientos se localizan a ambos lados para aprovechar el precioso espacio en uno de los inmuebles más caros del mundo, así que cada tallador está a pocos pies del siguiente, dando la cara al que tiene delante. Pasa sentado diez o catorce horas al día en el taburete; lo único que realmente ve es el rostro del tipo de enfrente, que ojalá sea amistoso.

La luz en las fábricas de diamantes no es comparable a nada. A medida que la piel o corteza terrosa del diamante en bruto es bruñida y va revelando la faceta cristalina, se desprenden diminutas partículas de éste que se mezclan con el fino aceite sobre el disco de tallar metálico. La increíble velocidad del disco desprende diminutas gotas de polvo mágico de diamante y aceite por el aire; esta sustancia queda depositada en la pared o persona más próxima.

Cada palmo del lugar tiene un color gris apagado. Las paredes son grises, el suelo es gris, la instalación de luces es gris, los rostros y manos también, así como las camisas, pantalones, zapatos e incluso las ventanas. Podrías estar a mil pies bajo el suelo o en la planta cuarenta de algún rascacielos de vidrio de Nueva York (donde hay muchos talleres), pero nunca verías diferencia debido a la oscuridad gris que se apodera de las ventanas. Nunca me han dejado de sorprender las exquisitas gemas que emergen de estos oscuros submundos. Es igual de sorprendente que observar un loto rosa en un estanque, cerca de nuestro monasterio de la India, que surge de lo único que le da sustento: una masa de fango y desechos. Esta metáfora es muy estimada por los budistas ¿Podemos ser como un loto? ¿Podemos ingerir el dolor y la confusión de la vida, alimentarnos de ellos y usarlos para convertirnos en una de esas escasas joyas que hay en el mundo: una persona verdaderamente compasiva?

Shmuel me da unos consejos iniciales y me hace sentar en un viejo taburete chirriante, con Natan a un lado, y Jorge al otro. Natan es un judío hasídico de Brooklyn; cada día va al trabajo en un autobús especial donde las mujeres se sientan a un lado y los hombres a otro, separados por una cortina; cada uno reza sus oraciones mientras el viejo autobús amarillo se abre camino por el puente de Brooklyn y sube hacia el Distrito por Chinatown. Natan es afortunado, tiene un contrato fijo con un gran fabricante de joyas para tallar "cuartos" (piedras de veinticinco puntos, o de un cuarto de quilate). Esto normalmente no sería una proposición que mereciera la pena; su trabajo costaría casi igual o más que el coste de la piedra terminada, pero ellos comercian con materiales muy buenos y él les hace un buen precio por una cantidad fija. Por lo tanto, si trabaja duro se puede ganar bien la vida.

Jorge es un mundo aparte; es un artesano puertorriqueño del negocio de abrillantar diamantes: orgulloso y volátil, a veces se va de juerga y no aparece en varios días. En otras ocasiones desaparece y se va un par de semanas a Puerto Rico hasta que, de repente, se presenta de nuevo al trabajo como si se hubiese ido a tomar un café. ¡Pero sus manos! Nadie tiene unas manos así, que danzan sobre el disco como una libélula; transforma la pieza en bruto más sólida en una verdadera obra de arte. Se le confían las mejores piedras en bruto del mundo, y ahora, en sus firmes manos, una piedra de doce quilates se quema poniéndose carmesí al contacto con el chirriante disco de hierro. Una vez tallada superará un valor de cincuenta mil dólares.

Shmuel coge un viejo y seguro asidero de diamantes de la exótica colección de herramientas colocadas en agujeros alrededor de los márgenes de su banco. Probablemente con el que aprendió, una verdadera antigualla de los viejos días del tallado de diamantes. Sujeto al extremo del brazo, hecho de madera fina y dura, hay una gruesa anilla de cobre con una bola de plomo en su borde. Calentamos un lado de la bola con una lámpara de alcohol que tiene a mano, hasta que el plomo está blando. Luego, con un movimiento rápido, pega la piedra en bruto al plomo, y la aprieta con unos toques rápidos de uña.

La perfecta estructura atómica del diamante le convierte, no sólo en una de las sustancias más claras del universo, sino en uno de los mejores conductores de calor y electricidad. Un diminuto cuadrado de diamante, colocado bajo una conexión eléctrica sensible (pongamos, un diminuto interruptor de un satélite), asegura que esta nunca se sobrecaliente y falle, ya que el diamante desvía el calor como ninguna otra sustancia. En realidad, los diamantes se encuentran en muchos de los mejores productos de la NASA. Recuerdo que una importante empresa del sector encargó una gran piedra que tenía que ser inmaculada y de buen diámetro. Se cortó en forma de disco y se usó para cubrir la parte exterior de las lentes de una cámara de un satélite que se envió a Marte, puesto que el diamante es impermeable a casi cualquier tipo de ácido u otro corrosivo. Incluso tallaron una segunda piedra idéntica de refuerzo por si algo le sucedía a la primera. No puedo ni imaginar lo que les costó. En fin, Shmuel tiene que moverse rápido porque un diamante conduce mejor el calor que metales como el oro o la plata, y puede quemarte.

Como primera piedra, Shmuel me confía una gruesa pieza de "desperdicio", un diamante fallado por la naturaleza. Es decir, un diamante que no ha cristalizado bien, y en vez de parecerse al hielo, el interior de la piedra se parece a una nube de gelatina de color verde apagado. Estos diamantes sólo sirven para ser triturados y usar su polvo en el disco, o como superficie para afilar el disco de hierro allí donde ha sido "cortado" o estriado por un diamante indómito con una inesperada dirección dura. La piedra en bruto pesa un par de quilates pero no cuesta ni diez dólares, por lo tanto si corto mal cada ángulo no se pierde nada.

Los ángulos deben ser perfectos. El diamante tiene un grado de refracción más elevado que cualquier otra sustancia del universo debido a su estructura atómica perfecta. La "refracción" es la capacidad del material de dejar entrar luz, desviarla de un lado o espejo interno hasta el de enfrente y hacerla regresar al ojo que la contempla. Si el ángulo del fondo o punta del diamante es demasiado estrecho, la luz se reflejará hacia atrás, hacia los lados de la piedra, y le dará al diamante, visto incluso por un ojo inexperto, una apariencia apagada. Si el fondo se talla demasiado plano, la luz simplemente lo atravesará, de arriba a abajo, igual que lo haría a través del fondo plano de un vaso, y la piedra no emitirá destellos. Así pues, una de las habilidades más difíciles que debe aprender un aprendiz es a dar con el ángulo correcto de las facetas del fondo: es decir, cuarenta y tres grados, ni un grado más ni uno menos.

Shmuel, al ser un experto maestro, ni tan siquiera me permite usar un "dop" moderno con un colocador automático de ángulo. He de empezar con un simple guijarro redondo de diamante fijado con plomo al extremo de un bastón de cobre. Para conseguir el ángulo, giro el cobre y sostengo el brazo sobre el disco. Se desprenden unos cuantos micrones de motas de diamante, después tengo que alzar rápidamente la piedra de nuevo hasta mi lupa y comprobar el ángulo con un extraño instrumento parecido a una mariposa de hierro. La distancia focal de la lupa es de una pulgada, lo cual significa que mi rostro tiene que estar pegado prácticamente la mitad del día a la palma de mi mano. Tengo que usar el tabique de mi nariz para mantener firmes los dedos en la lupa; ninguna mano humana sin apoyo es lo suficiente estable como para evitar que una inclusión microscópica se mueva al observar el interior de la piedra para comprobar si hay motas de carbón. Es como encerrarte en un pequeño armario ropero con un microscopio y buscar pulgas mientras tiene lugar un terremoto.

Tras media hora me doy cuenta de que no estoy mirando las inserciones en la piedra, sino los poros en la piel de mi dedo, al otro lado de la piedra. Sostener el indicador de grado, la lupa, la "dop" con la piedra, intentar evitar que mis dedos tiemblen al mirar la luz en el ángulo correcto, mientras aguanto la respiración e intento no escuchar el crepitar de los discos talladores a mi alrededor resulta abrumador. Con el rabillo del ojo observo cómo las agujas del reloj se acercan a la hora de salida, pero cuanto más se acercan más interminable se me hace.

De repente hay una conmoción y veo a Jorge, o más bien su trasero (era un poco gordo), arrastrándose con su nariz a ras del suelo. Más tarde supe que cuando a alguien se le cae una piedra, ésta es la postura habitual en el negocio del diamante. No hay nada parecido a una habitación llena de adultos, muchos de ellos famosos millonarios, que se arrastran para recoger pequeños montones de desperdicios y buscar en ellos una piedra que se haya desprendido del disco o de una pinza para asir un diamante. En la escuela de clasificación de diamantes no se nos permitía marchar a casa hasta haber encontrado una piedra que se hubiera extraviado. Un día estuvimos en clase tres horas; un brillante grande había salido disparado por la habitación y había caído en la esquina del entarimado del maestro, y no en el suelo que, palmo a palmo, habíamos inspeccionado repetidas veces.

Así que Jorge se arrastra sigilosamente primero, y después de modo más frenético, mientras maldice en voz baja en español. Se le añade Natan mientras, desesperado, Jorge mira a Shmuel, con ojos que quieren decir:

-Tengo un problema, ¿puedes agacharte y ayudarme?

En pocos minutos todo el taller está en el suelo, y cientos de miles de dólares en diamantes quedan suspendidos sobre los discos giratorios a la espera de ser tallados, mientras se confirma la fraternidad entre diamantistas: alguien ha perdido una piedra de doce quilates, la más grande que ha visitado el taller en los últimos tiempos.

Buscamos hasta la noche. Primero en cada palmo del suelo, luego en las repisas de las ventanas, (las ventanas, afortunadamente, no se han abierto durante años, así que la piedra no ha caído en manos de algún afortunado tratante de diamantes, cosa que en el pasado ha sucedido muchas veces en la Calle Cuarenta y Siete). Después, los bolsillos de la camisa (un lugar favorito para esconderse); en los bordes de los pantalones, en los zapatos, en los calcetines, debajo del cinturón, en los pantalones, en los calzoncillos, en bolsas, en rendijas y grietas; e incluso en el pelo de aquellos que lo tienen (donde a veces se enganchan las piedras); pero no hay suerte. Repetimos el proceso una y otra vez. Era casi al amanecer cuando desistimos. Todos se habían quedado para ayudar.

Este incidente es un ejemplo de cómo se graba una impresión en la mente de un modo fuerte: cuando se hace algo amable o desagradable a alguien que está en apuros. Aunque casi nadie se las puede permitir, en el negocio del diamante hay pólizas de seguro para cubrir accidentes como éste. A Jorge le habría costado la paga de un año devolver el coste de la piedra, y con toda seguridad la habría pagado, ya que éste es el código de los talladores. Todo aquel que dejó su propio trabajo para colaborar con la búsqueda de la piedra perdida ayudaba a alguien que lo necesitaba mucho: parar y preocuparse en ayudar a una persona así, o por el contrario ignorar su necesidad, hace de la impresión (buena o mala, respectivamente), algo mucho más fuerte.

Por cierto, que a la mañana siguiente, el propietario de la fábrica recibió una llamada del tallador de la oficina de al lado, pasillo abajo. ¿Habíamos perdido una piedra grande? La había encontrado en el suelo en el rincón de la contabilidad. Esta fue mi iniciación en la honestidad completa de casi todos los que están en el negocio del diamante en bruto, y me impresionó muchísimo. Deducimos que la piedra se había deslizado hacia un rincón al lado del taburete del tallador, había caído por una grieta diminuta en la moldura, descendido por la pared y salido por una abertura de la moldura en el otro lado. No hace falta mencionar lo agradecido que estaba Jorge.

La impresión mental no sólo es más fuerte cuando haces algo por una persona que lo necesita mucho; aumenta por igual al actuar en relación con alguien que ha sido muy servicial contigo o que tiene un carácter excepcional. Una cosa es despedir de modo arrogante a un empleado que no ha aportado mucho y que sólo ha estado en la empresa unos días, y otra cosa es despedir a un antiguo trabajador que ha contribuido a construir la empresa, porque está a punto de llegar a la jubilación. Una cosa es pagar tu cuenta de teléfono tarde, y otra cosa es romper un acuerdo verbal con una persona que te ha confiado un paquete valioso de diamantes impulsado por la bondad de su corazón.

El negocio de las piedras tiene este tipo de acuerdos. El comercio de diamantes al por mayor ha funcionado, tradicionalmente, basándose en el concepto del Mazal. *Mazal* es la abreviación de una expresión yiddish, *mazel un b'rachah* :"que lo disfrutes con salud". Entre diamantistas, la palabra significa "trato hecho". La mayoría de los negocios con diamantes a gran escala se basan en el concepto de *mazal,* o compromiso verbal con un trato. Únicamente con la palabra *mazal,* se compran y venden millones de dólares en piedras por teléfono, en ocasiones incluso entre personas que nunca se han visto cara a cara. Una vez que *mazal* sale de tu boca, te comprometes a honrar el trato a cualquier coste.

Seguir el *mazal* es el corazón del negocio del diamante, y raramente se rompe. Cuando, después de una dura negociación, vendedor y comprador dicen *mazal,* el trato es como si estuviera escrito en una piedra, si lo está en sus corazones. No hay contratos ni firmas. Puesto que has dicho *mazal,* pagarás la cantidad prometida el día acordado.

La impresión o semilla, pues, es mucho más fuerte si pasas por alto el espíritu de *mazal,* o has actuado contra una persona de un carácter excepcional. Un ejemplo de esto es lo que llamamos "el cambiazo", una violación del sistema "en depósito", otra tradición sagrada de la industria del diamante.

Supón que el tratante A envía "en depósito" un paquete de trescientos diamantes de un quilate al tratante B. El tratante B tiene varios días para observar cuidadosamente las piedras y decidir si las compra todas, varias o ninguna. Si decide comprarlas todas, espera tener algún descuento sobre el coste total del paquete; y la cantidad exacta de esa rebaja será objeto de una acalorada negociación que puede durar semanas.

Si el tratante B decide comprar sólo algunas de las piedras que le ha ofrecido el tratante A en el paquete, éste, tradicionalmente, tiene derecho a pedir un precio individual más elevado por cada una de las piedras que el tratante B decide quedarse. Es así porque el valor de la mejor piedra del paquete normalmente es mucho más elevado que el valor del patito más feo en el mismo; así cuando "elige" las mejores piedras, se espera que por ellas pague un poco más.

Si el tratante B es una persona sin escrúpulos puede llamar al tratante A tras varios días y decirle:

-He comprobado el material que me enviaste, y realmente no puedo creer que me hayas ofrecido un *drek* así. Envía a tu guardia de seguridad aquí inmediatamente y llévatelos; me avergonzaría poner esa basura en mi joyería. (A propósito, *drek* es basura en yiddish. Si estás avasallando a un tratante de la India sustituyes esa palabra por *karab*. Si es ruso por *musor*. Bueno, seguro que coges la idea. Cuando compras piedras a otro son "basura"; cuando vendes esas *mismas* piedras, aunque sean las mismas piedras "basura" que te habían ofrecido esta mañana, siempre son *mitzia*, o de un "valor increíble").

No obstante, a lo largo de esos días, el tratante B *ha estado* comprobando los diamantes del tratante A, y ha seleccionado con cuidado una o dos de las piedras más valiosas, que ha reemplazado por alguna de las propias, pero de menor calidad, y que pesan lo mismo. Los diamantes son como los copos de nieve: no existen dos iguales, y nadie, absolutamente nadie, puede recordar el aspecto que tiene cada diamante de su inventario si, como el de Andin, digamos, consta de un cuarto de millón de diamantes. Nadie notaría el cambio.

Es verdad que se han desarrollado trucos para detectar si somos víctimas de engaños así, puesto que no es posible marcar un diamante; no es tan fácil como coger una horquilla y escribir tus iniciales en tus piedras. En el negocio se han desarrollado láseres altamente precisos que te permiten grabar una diminuta identificación en un borde de un diamante, si realmente lo quieres (es tan caro que sólo merece la pena para los más valiosos, los que llamamos "certificados"). También encontramos maneras de usar los rayos X para detectar sustituciones falsas, de modo que podíamos comprobar miles de piedras a la vez en una pequeña unidad de rayos X, almacenada en una furgoneta que se podía llevar a distintas partes.

De todos modos, en la práctica, el tratante ocasional que se permite un amaño como el mencionado, más tarde o más temprano comete algún error (la falta de honestidad y la estupidez a menudo aparecen en la misma mente, como diamantes y granates (una gema roja que alerta a los operadores de la posible presencia de diamantes). En uno o dos días se corre la voz por todas partes y, de repente, todo lo que el tratante oirá cuando pida un paquete será: "No, hoy no tenemos".

El tratante B ha violado la confianza sagrada del tratante A: ha herido a una persona que confiaba en él, ha pisado el sistema de honor que representa el *mazal,* y esto hace que la impresión de su acto sea mucho más fuerte.

El estilo particular con el que haces algo bueno o malo también tiene que ver con lo fuerte que la impresión quedará grabada en la masilla que es tu mente. Imagina no sólo que no pagas al proveedor a tiempo, sino que además le das largas. Algunas de las excusas más famosas que he oído en el negocio son:

"Se te envió el cheque la semana pasada. ¡Ya sabes cómo va el correo en Nueva York!"

"El encargado de la contabilidad se ha trasladado a otra oficina en el edificio. No, aún no tenemos su número de extensión".

"Hemos cambiado nuestro programa de contabilidad y los cheques sólo se pueden extender cada dos viernes".

"Ya sé que el plazo era de noventa días, pero pensamos que era noventa días después de haber terminado de clasificar los diamantes según sus diferentes niveles" (Lo cual puede llevar semanas).

"Incluso grandes compañías como la Coca Cola se retrasan un par de días. ¿Cuál es el problema?"(Sólo que lo dices cuando ya llevas dos meses de retraso.)

"Ahora estamos apretados; tu cheque estará listo en uno o dos días: ¿qué te parece si vienes, entonces, después de comer?" (Es decir, nuestro departamento de contabilidad ha sido instruido para entregarte el cheque el viernes, diez minutos después de que cierre el banco, para que así podamos tener tres días más de intereses sobre los fondos).

Por supuesto, el acercamiento más fácil es la evasión: descolgar todos los teléfonos del departamento de contabilidad, o (si realmente eres muy sádico) instalar una grabación en el contestador con una dulce voz que diga:

"¡Su llamada es importante para nosotros!
Por favor, espere unos segundos mientras nuestros representantes sirven a otros valiosos clientes!".

Coloca esta grabación de forma que se oiga cada treinta segundos, más o menos, añádele una música de fondo realmente ofensiva, y así creas una impresión de esta acción negativa más fuerte de lo que lo hubiera sido de otro modo, todo por culpa del *estilo* que has usado.

El factor final que afecta al modo en que se sellan en la

mente las impresiones tiene que ver con la conclusión del pensamiento, palabra o acto, es decir: ¿te sientes feliz de haberlo hecho?, ¿lo repetirías?, ¿lo sientes tuyo? Si es así, las impresiones son mucho más fuertes, ya sea para bien o para mal.

Estos son los principios de las impresiones mentales. Nuestra mente es como un trozo de película sensible, y todo lo que se expone en ella, y en particular lo bueno o malo que nos vemos hacer a los demás, crea una impresión: como el rastro de una paloma o de un lobo en la nieve fresca, es una pista que se queda mucho tiempo después de haber terminado el acto.

¿Cómo afectan estas impresiones a nuestras vidas? ¿Las podemos usar? ¿Podemos hacer que las cosas sucedan como nosotros queremos? Para entender todo esto tenemos que unir los principios del potencial con el potencial mismo.

Capítulo seis

Cómo usar el potencial

Ahora ya tenemos todas las partes del rompecabezas, todo lo que necesitas para saber cómo utilizar el profundo conocimiento del antiguo Tíbet en tu propia vida y tus tareas. Lo único que nos queda es unirlo todo.

En primer lugar hemos visto que en las cosas se encuentra un potencial escondido, una especie de fluidez acerca de lo que pueden ser. Nadie es irritante por su propio lado, porque otro le puede encontrar simpático; no importa cómo lo veamos nosotros, esa cualidad no viene de él. Por lo tanto, ¿de dónde viene? Obviamente de nosotros, de nuestra propia mente.

¿Podemos afirmar, pues, que, si todo proviene de nuestra propia mente, es posible elegir ver como bueno lo malo que nos sucede? ¿Un mal trato como un buen trato? Ya sabes que las cosas no funcionan de ese modo. No puedes comprar una casa o llevar a los hijos a la universidad sólo porque lo desees. Aparentemente, aquello que nos hace ver las cosas de un modo u otro, lo hace de manera que nos obliga; es decir, lo que sea que nos hace ver que nos sucede algo, bueno o malo, nos *fuerza* a verlo de ese modo. Esto es debido a las impresiones mentales de las que hablábamos antes. El arte de la sabiduría budista consiste en usarlas para nuestro propio beneficio y, para ello, tienes que saber cómo funcionan. Regresemos al *Tallador del Diamante* para extraer algún consejo:

Y el Conquistador dijo:

- Oh Subhuti, ¿qué crees? Supón que un hijo o hija de familia noble cogiera todos los planetas habitados de esta gran galaxia, una galaxia con mil millares de un millar de planetas, y los cubriera con los siete tipos de joyas y las ofreciera a alguien como regalo, ¿crearía este hijo o hija muchas y grandes montañas de bondad por dicho acto?

Puesto que el Buda lo pone difícil quizás sea mejor traer a colación al Lama Choney para entender cada verso. Aquí está su explicación de lo tratado hasta ahora:

En esta sección del sutra, el Buda desea demostrar un hecho cierto. En las secciones previas hemos hablado sobre el acto de alcanzar el estado más elevado y enseñarlo a los demás. Ninguno de estos actos, ni de hecho ningún objeto en el universo, existe en sí mismo. Sin embargo, sí existe en nuestras percepciones. Y por ello es cierto que quienquiera que lleve a cabo el acto de dar crea una gran bondad. Pero cualquier persona que estudie los principios detrás de estas cosas, y que piense y medite intensamente en ellas, crea una bondad infinitamente mayor.

Para transmitir esta cuestión, **el Conquistador** formula a Subhuti la pregunta que empieza con: **¿Qué crees? Supón que un hijo o hija de familia noble cogiera todos los planetas habitados de esta gran galaxia, una galaxia con mil millares de un millar de planetas...**

La galaxia que se menciona aquí se describe en la *Casa del Tesoro del Conocimiento Más Elevado* como sigue:

Lo que se denomina una galaxia de "primer orden"
Consiste en mil planetas habitados,

Cada uno tiene cuatro continentes propios
Con un sistema montañoso central
Y seres especiales en un reino,
Con el "Mundo del Inmaculado" encima
de él.

Mil galaxias de estas galaxias
se denominan una galaxia de "segundo orden".
Y mil de éstas constituyen una galaxia de
"tercer orden".

"Supón además", continúa el Buda, **"que este hijo o hija de familia noble cubriera esos planetas con siete tipos de joyas**: oro, plata, cristal, lapislázuli, esmeralda, piedra *karketana* y perla carmesí. Digamos que **ofreciera estos planetas a alguien. ¿Crearía muchas y grandes montañas de bondad por dicho acto,** por hacer un regalo así?

De vuelta al *Tallador del Diamante*:

Y Subhuti respondió:

- **Oh Conquistador, serían muchas y grandes montañas de bondad. Sí, muchas. Serían muchas, oh Conquistador. Este hijo o hija de familia noble en verdad crearía una profusión de grandes montañas de bondad por dicho acto. ¿Por qué? Porque, oh Conquistador, estas grandes montañas de bondad son grandes montañas de bondad que de ningún modo pueden existir. Y por esta misma razón los Que Así se Han Ido hablan de "grandes montañas de bondad, grandes montañas de bondad."**

Este verso lo explica Lama Choney:

En respuesta **Subhuti respondió**:

Serían muchas y grandes montañas de bondad, y dichas montañas de bondad son montañas de bondad que podríamos establecer como existentes sólo en nuestras percepciones, al igual que un sueño o una ilusión: **estas** mismas **grandes montañas de bondad, no obstante, de ningún modo pueden existir** como montañas que existan por sí mismas. **Los que Así Se Han Ido** también **hablan** en un sentido nominal **de "grandes montañas de bondad, grandes montañas de bondad"**, aplicándoles el nombre.

Esta sección pretende demostrar diversos asuntos. Los actos blancos y negros que has cometido en el pasado, y los que cometerás en el futuro, existen de un modo en que los del pasado han cesado y los del futuro aún deben venir. En consecuencia, son inexistentes; pero tendríamos que aceptar también que, en un sentido más general, existen. Tendríamos que aceptar que están conectados a la corriente mental de la persona que los cometió, y que las consecuencias que producen son las apropiadas para dicha persona. Las palabras de arriba plantean estas y otras difíciles cuestiones.

El *Tallador del Diamante* prosigue:

Y luego el Conquistador dijo:
— Oh Subhuti, supón que un hijo o hija de familia noble cogiera todos los planetas de esta gran galaxia, una galaxia con mil millares de un millar de planetas habitados y la cubriera con los siete tipos de joyas para ofréceselos a alguien.

»Supón, por otro lado, que de esta enseñanza particular este hijo o hija mantuviera tan sólo un verso de cuatro

líneas, lo explicara a los demás y lo enseñara de modo correcto. Al adoptar esta segunda acción, la persona crearía una bondad mucho mayor que la de esas grandes montañas: la bondad sería infinita, inconmensurable.

El Lama de Choney explica estos últimos versos con las siguientes palabras:

> En primer lugar, deberíamos decir algo acerca de la palabra **"verso"**. Aunque este libro antiguo, en su traducción tibetana, no está escrito en versos, la idea es que en el sánscrito original se podría escribir en versos. La palabra **"mantuviera"** se refiere a "mantener en la memoria" o memorizar. También puede querer decir que uno sostiene el ejemplar en la mano y, en cualquier caso, recitar el texto en voz alta.
>
> **"Explicarlo de modo correcto"** da a entender pronunciar las palabras del libro y explicarlas bien. Las palabras **"enseñara de modo correcto"** se cree que se refieren a enseñar bien el sentido del sutra que, en realidad, es lo más importante.
>
> **Supón** ahora que **alguien mantuviera** este libro antiguo e hiciera las demás cosas que en él se mencionan, en vez de llevar a cabo el otro buen acto que se mencionó antes. Una **persona** así **crearía** grandes montañas de bondad que serían aún más infinitas e inconmensurables.

Cualquier suceso que vivimos es, en un sentido, "neutro" o "vacío". El contenido que vemos en él, es decir, el experimentarlo como agradable o desagradable, no viene del suceso en sí. Más bien parece que venga de nuestro lado, aunque, aparentemente, no de un modo que, en el presente, podamos controlar.

Aquí yace el secreto de las impresiones mentales. Se

plantan en la mente como describimos antes: a través de las puertas por las que nos percibimos a nosotros al ayudar o perjudicar a otro. La fuerza con la que se imprimen depende de los diversos factores que ya se han esbozado y que incluyen: nuestra intención, la fuerza de nuestras emociones, lo bien que reconocemos lo que estamos haciendo, el estilo con el que actuamos, el grado con el que después de actuar "poseemos" nuestros actos, y ciertos detalles de la persona hacia la que hemos actuado —que alguien tenga una gran necesidad, que haya sido muy servicial con nosotros o que tenga un carácter excepcional.

Lo que nos queda es comentar el modo en que dichas impresiones determinan lo que percibimos a nuestro alrededor. Según los libros antiguos del Budismo, el vídeo o la cámara de nuestra mente graba unas- sesenta y cinco imágenes distintas en el tiempo que dura un chasquido de dedos. Esas impresiones entran, se podría decir, en un lugar de nuestro inconsciente donde permanecen días, años o décadas, reproduciéndose a cada milisegundo como momentos separados de la mente misma, entrando y saliendo de la existencia, moviéndose en una hilera, como las imágenes de una película, y proporcionándonos la ilusión de una continuidad.

Como las semillas en la naturaleza, las semillas en la corriente mental crecen una vez han sido plantadas y, como en la naturaleza, lo hacen en todo momento. La magnitud de una impresión mental en el primer mes se ha doblado en el segundo y triplicado en el tercero, y en el quinto mes ya tiene dieciséis veces su fuerza original.

Si se piensa un poco en ello, este principio no es nada sorprendente. Considera el peso o la masa de una bellota, medida en gramos, en contraste con el peso del roble resultante: literalmente, una tonelada de tronco por gramo de semilla. La antigua sabiduría del Tíbet sostiene que las semillas mentales no se comportan de modo diferente, lo cual también tiene sentido si consideras algo como la "masa" de la burocracia federal de los Estados Unidos contrastada con la idea naciente de un gobierno nuevo en las mentes de los fundadores del país a principios de 1770, la semilla de la que vino lo que existe ahora. Imagina aquel primer momento, cuando eras un niño, en que comprendiste el sentido del dinero, y observa la cantidad de tiempo y pensamientos que has dedicado a su búsqueda a lo largo de los últimos veinte años de tu vida.

De lo que hablamos aquí es de una idea que los tibetanos llaman *ke nyen chenpo*: gran potencial para beneficios y gran riesgo de pérdidas, todo en el mismo paquete. Incluso aquellos actos menores o descuidados dirigidos hacia los demás plantan semillas en nuestra mente que, con el tiempo, pueden florecer, crecer en forma de experiencias inmensas. ¿De qué modo florecen dichas semillas? ¿Qué normas entran en funcionamiento aquí? Nuestra mente es como un vasto depósito de miles y miles de impresiones mentales que hacen cola para despegar, como aviones en la pista de un aeropuerto. Según los principios mencionados antes, las impresiones más fuertes despegan primero, y las impresiones más débiles se retrasan pero acumulan energía cada minuto que permanecen en la pista de la mente. Siempre que cometemos una acción que plante una impresión más poderosa que las existentes, será esta la que tome la delantera, como un avión al que la torre de control le ha comunicado que adelante a los demás. Cuando la impresión-avión despega, es decir, cuando la impresión asciende a la mente consciente, colorea (incluso *determina*) toda nuestra percepción de cualquier acontecimiento que estemos experimentando en aquel momento. Un conjunto de cuatro cilindros móviles de color carne sujetos a un tronco se presenta ante ti; una impresión asciende a tu mente consciente y te pide que interpretes estos datos como "persona". Una forma oval rosada aparece en medio de otra forma oval mayor que está encima del tronco. En una rápida sucesión, una forma cilíndrica de color rojo lustroso se levanta dentro de la forma oval y empieza a deslizarse arriba y abajo. El nivel de decibelios empieza a cambiar rápidamente en los alrededores del cilindro, junto con sílabas y vocales que se mezclan de una manera particular. Simultáneamente, una impresión negativa plantada en días pasados asciende a la mente consciente pidiendo que interpretes estos datos como "el jefe me está chillando", etcétera.

Cuatro normas gobiernan el modo en que las impresiones del pasado "florecen" en la mente y te fuerzan a ver que las cosas te suceden del modo en que lo hacen:

1. El contenido general de la experiencia hacia la que te fuerza la impresión ha de encajar con el contenido general de la impresión original.

Es decir, una impresión plantada en tu mente por culpa de un acto negativo, por algo que hirió a alguien, sólo te puede forzar a percibir como resultado una experiencia desagradable. Y una impresión plantada al hacer un acto positivo, ayudar a alguien, sólo te puede forzar a percibir como resultado una experiencia agradable. Expresándolo con sencillez, un acto negativo sólo puede conducir a resultados negativos, y un acto positivo sólo puede llevar a resultados positivos. Jesús tenía esta idea en mente cuando dijo que las uvas nunca pueden surgir de las espinas, ni los higos de los cardos.

2. La fuerza de la impresión se expande continuamente mientras permanece en el inconsciente, es decir, hasta que florece y nos obliga a pasar por una experiencia, buena o mala.

Ya hemos hablado de este fenómeno, y lo esencial aquí es que incluso actos muy pequeños o prácticamente sin intención pueden proyectar percepciones futuras inmensas.

3. Ningún tipo de experiencia tiene lugar a menos que la impresión que la activa haya sido plantada con anterioridad.

Cada experiencia por la que pasamos es activada por una impresión previa: nada a nuestro alrededor, ni la gente, ni las cosas, ni los sucesos en sí, ni siquiera nuestros propios pensamientos, ocurren sin que una impresión en nuestra propia mente —la causa— ascienda a la consciencia y haga que la percibamos.

4. Una vez que se planta una impresión en la mente debe derivar en alguna experiencia: ninguna impresión se pierde.

La cuarta norma es la recíproca de la tercera, es decir: aunque es cierto que ninguna experiencia sucede a menos que exista una impresión previa que la cause, también es cierto que cuando una impresión se planta *debe* traer una experiencia. Las impresiones nunca se pierden: *siempre* producen un efecto, *siempre* causan que se perciba algo.

La segunda norma, por cierto, es el origen de la cita al comienzo de este capítulo de El Tallador *del Diamante,* y de entre todos los temas del libro es el más importante para tener éxito personal y en los negocios:

Incluso un acto menor llevado a cabo con plena consciencia de cómo las impresiones nos hacen ver un mundo que, de lo contrario, es "neutro" o "vacío", ocasionará resultados tremendos.

Para ilustrar esta verdad, el Buda le dice a su discípulo Subhuti que sería mejor conseguir el *Tallador del Diamante* y tener aunque sea solo una idea de sus contenidos que darle a una persona un planeta entero o billones de ellos cubiertos de joyas preciosas. Es así porque alguien que tenga aunque solo sea una mínima comprensión del modo en que las impresiones nos hacen ver nuestro mundo como lo vemos, puede crear, conscientemente, una vida y un mundo perfectos: cuanto más entendemos este proceso, más perfecta y poderosamente se plantan en la mente incluso las semillas de actos, palabras y pensamientos insignificantes, y más poderoso es su resultado para moldear el mundo en nuestro interior y a nuestro alrededor.

Lo único que tenemos que hacer es determinar los diferentes objetivos que buscamos y usar la norma número uno para identificar las impresiones particulares que nos los harían ver. Esto se denomina "las correlaciones", y da a entender que se puede empezar al revés, por el resultado agradable que se desea experimentar, e identificar las impresiones específicas que te forzarán a verlo.

En la mayoría de los casos, las impresiones mentales concretas que se necesitan para crear un resultado dado en tu vida o en tus negocios están muy cerca de ser lo contrario de lo que tiende a dictarnos la naturaleza humana. Supón, por ejemplo, que tu empresa está luchando en el mercado y los movimientos de efectivo se han convertido en un problema. El instinto natural de prácticamente cualquier hombre de negocios en esta situación es el de reducir gastos -la generosidad de la empresa es la víctima inmediata- a lo que sigue el recorte de los billetes en clase preferente para los viajes cortos de los directivos.

Después le llega el turno a aquellas cosas que no son ni incentivos ni salario, por ejemplo, al servicio de coche hasta su casa para los empleados que trabajan hasta muy tarde. Después se resiente la paga extra de vacaciones, seguidamente se ajustan los salarios, y los aumentos de sueldo se paran del todo, y el recorte llega a los beneficios. "Hemos encontrado un plan de reflotamiento mejor" suele ser un aviso de la dirección de una empresa con problemas que pone nerviosos a los empleados con experiencia, puesto que significa alguna maniobra para reducir los beneficios existentes. Estas reducciones graduales disminuyen de arriba a abajo el ánimo de la empresa y ponen de relieve una carencia general de caridad en el más amplio sentido de la palabra:

"La liquidez escasea, por tanto tendremos que retrasar tu aumento varios meses".

"¿Por qué debería quedarme hasta tan tarde trabajando en este proyecto si ni siquiera me subirán el sueldo"?

"Retrasemos el aumento de salario: de cualquier modo, nadie trabaja".

"¿Por qué debería intentar ahorrar dinero a la empresa, si siguen retrasando mi aumento?"

"Hemos reducido gastos al máximo, y la liquidez monetaria empeora".

Etcétera., etcétera. Es importante, por tanto, ser cauteloso con las reacciones *naturales* ante un problema: puedes, simplemente, perpetuarlo. En tibetano este fenómeno se conoce como *korwa,* o "círculo de problemas que se autoperpetúa". Si en tu empresa hay escasez de dinero empiezas a tomar decisiones que niegan a los demás la ayuda que necesitan; empiezas a hablar de reducciones y, lo que es más importante, tu propio pensamiento se traslada desde la producción y creatividad a la defensa y el atrincheramiento.

Cada una de estas reacciones planta nuevas impresiones en la mente, impresiones negativas. Cada vez que niegas fondos o ayudas a los que dependen de ti *plantas una impresión que te hará ver rechazados para ti mismo y para tu propio negocio esos mismos fondos y ayuda.* Este fenómeno aumenta a causa de la segunda norma de las impresiones: que su poder crece cuanto más tiempo pasen en el inconsciente. Cuando esto dispara una nueva oleada de problemas financieros reaccionas con una avaricia incluso mayor, creando una tercera oleada. El resultado *in crescendo* es la caída en espiral que, a menudo, se constata en muchas empresas que atraviesan dificultades.

La implicación obvia de lo dicho hasta ahora es que, como reacción a presiones financieras, deberíamos evitar los pensamientos avariciosos y limitadores. No obstante, esto tiene que ser puntualizado. Dijimos antes que había tres modos diferentes de plantar una impresión: a través de los actos, las palabras y los pensamientos. El más importante es, con mucho, el último, es decir: las impresiones más profundas las crea la actitud. La idea es que, como reacción a las presiones financieras (ya sean en la empresa o personales) se debe evitar, de manera específica, un *estado mental* avaricioso. Puede ser cierto, por supuesto, que no haya fondos disponibles para proporcionar los incentivos que antes sí se daban, y en realidad tengas que dejarlos de lado porque el hecho es que no hay dinero, pero es vital *evitar los pensamientos avariciosos*, no perder la creatividad ni una perspectiva generosa dentro de los nuevos límites de tu situación financiera.

Si caes víctima de un estado mental avaricioso, negando a los demás lo que, en realidad, te puedes permitir pese a la situación financiera, creas unas impresiones poderosas que te afectarán, seas o no capaz de recuperarte.

Llegados a este punto hay otro concepto vital que se debe mencionar. Según este sistema de sabiduría antigua *no estamos* hablando de cómo una actitud podría *colorear* tus percepciones acerca de tu situación financiera. Más bien exponemos los detalles de un proceso *que, de hecho, determina la realidad que te rodea.* No estamos hablando de cómo te sientes al no poder afrontar los pagos. Estamos hablando de *cómo te sientes determinando* en realidad si podrás o no hacer tus pagos. La premisa aquí es profunda y no tiene precedentes en otros sistemas de llevar un negocio: *el dinero se crea gracias a que tienes un estado mental generoso.*

Observa cualquier situación del mercado. Los diamantes, para decirlo de manera directa, no valen prácticamente nada. Los que son feos y deformados, los trozos marrones y negros, o diamantes industriales, no están más de moda que la grava; y juegan un poderoso papel en la economía del mundo. Hay partes importantes en el motor de los coches y los aviones que se deben moldear con acero carbónico, endurecido hasta el punto que pueda dar forma al acero con la precisión necesaria para que dichos objetos funcionen. El acero carbónico mismo, por tanto, debe ser afilado, y el diamante es el mejor agente afilador del mundo.

Por esta razón, los diamantes, al igual que el uranio y el plutonio, se consideraban un mineral estratégico, absolutamente necesario para la industria moderna. Durante muchos años, el gobierno de los Estados Unidos acumuló diamante industrial por si una guerra o una catástrofe similar impidieran al país tener la reserva suficiente. En aquella época solo se concentraba en los depósitos de los lechos de los ríos de varias naciones africanas.

Durante la "guerra fría", los Estados Unidos incluso dieron pasos encaminados a asegurarse de *interrumpir* el abastecimiento de esos diamantes a los países del bloque oriental, como la Unión Soviética. Paradójicamente, esto obligó a los rusos a buscar sus propias chimeneas de diamantes a lo largo y ancho de su imperio.

Las chimeneas de diamantes tienen forma de zanahoria, y donde se abren a la superficie de la tierra pueden abarcar desde varios pies a cientos de yardas. A medida que se trabajan las chimeneas en busca de mineral de diamante, cavando cientos y miles de pies de profundidad, la chimenea generalmente, y de modo progresivo, se estrecha y se hace más difícil de trabajar. En realidad, las chimeneas son tubos por los que ha subido la lava antigua desde el corazón de la Tierra hasta el espacio abierto, arrastrando diamantes nacientes. Dichas chimeneas están repletas de un mineral verdoso denominado kimberlita, de la que se puede tener que extraer una tonelada entera para encontrar la cantidad de diamante que encaja en una goma de lápiz (por tanto, y contrariamente a la creencia popular, los diamantes son cosas muy costosas de producir).

La posición de las chimeneas en el planeta es una prueba de la teoría que afirma que, en una ocasión, los diferentes continentes estaban unidos, y que los océanos actuales que les separan son fisuras que se crearon cuando aquellos se separaron. Como mucha gente sabe, las chimeneas tradicionales se encuentran en Sudáfrica. Allí por ejemplo, en medio de unos campos propiedad de los hermanos De Beer (un par de granjeros boer empobrecidos), se descubrieron las famosas chimeneas De Beers que, junto con la Mina de Kimberley, en la misma propiedad, han producido millones de quilates de diamantes desde que los hermanos vendieron la tierra por cuatro cuartos en 1870. Es esta mina la que dio su nombre al famoso cartel de diamantes De Beers, una poderosa e inflexible organización que ha controlado la mayor parte del negocio del diamante en bruto durante más de cien años.

Algo curioso sucede a lo largo de un par de millones de años que hace que el grano en forma de cono, creado por una erupción de una chimenea de diamante, se aplane hasta estar al nivel de la tierra que le rodea. La lluvia, el aire y los efectos del calor y el frío gradualmente desgastan el cono. Los diamantes en bruto salen de la "roca azul" o mineral, y empiezan a rodar en riachuelos, corrientes y ríos, en dirección al océano.

El diamante, como el oro, es uno de los minerales más pesados y, puesto que es mucho más resistente que una piedra común, tiende a cavar pequeñas bolsas en el lecho de los ríos. Algunas de las piedras inevitablemente se sueltan y se abren camino hasta el mar. Sólo los diamantes más puros, aquellos que ni tan siquiera tienen la menor fractura o hendidura, sobreviven al viaje, que dura eones. Quizás el descubrimiento más fabuloso de diamantes fue en la costa oeste de Africa, donde el Río Naranja desemboca en el Océano Atlántico.

A lo largo de los siglos, y a medida que las piedras de las chimeneas de diamantes descendían por el río Naranja hacia el mar, fuertes corrientes oceánicas empujaban a las piedras de nuevo hacia la playa, donde los diamantes de mayor calidad yacían como si fueran palomitas de maíz derramadas para que los exploradores alemanes las descubrieran en 1908. Una de mis fotos preferidas es la de unos buscadores que se arrastran recogiendo enormes cristales perfectos por esta playa, posteriormente denominada Sperrgebeit o "Zona prohibida".

De todos modos, hay zonas de Brasil donde los fondos de los ríos están llenos a rebosar de diamantes, lugares como la cuenca del Rio Jequitinhonha, cerca de Diamantina, una aldea de aspecto suizo en el moderno estado de Minas Gerais. Sin embargo, en este país no hay chimeneas de diamantes de donde puedan venir las piedras. Ditto es otro depósito en un río, al oeste de la India, un país que produjo las primeras grandes piedras de la historia, obras de arte como el Kohinoor y el Orloff, mucho antes de que se descubrieran los depósitos africanos.

Si coges un mapa del mundo, tomas las puntas inferiores de Sudamérica y la India, y las colocas donde solían estar, a cada lado de Sudáfrica, queda claro de dónde proceden los diamantes de los ríos: de grandes chimeneas en el vértice inferior de Africa que fueron desgastadas, y las piedras se desparramaron por los ríos de Brasil y la Meseta del Decán, en la India, antes de que sus respectivos continentes se separaran de su madre tierra.

Durante los años en que los tejemanejes norteamericanos creaban dificultades a la Unión Soviética para conseguir las provisiones de diamantes africanos necesarias para sus industrias, el geólogo ruso Vladimir Sobolev se percató de que la geología de la tierra alrededor de las grandes chimeneas de Sudáfrica era similar, en muchos aspectos, a la de Siberia. Bajo la dirección de Sobolev se enviaron equipos de geólogos al vasto frío de la tundra siberiana en busca de chimeneas de diamantes.

Desgraciadamente, por aquel entonces, existían pocas herramientas que desde el aire, o de otro modo, fueran capaces de localizar dichas chimeneas. Más bien era cuestión de estar encima de una chimenea para poder afirmar que allí se encontraba el suelo azul. Y para añadir problemas, ésta podía estar bajo varios metros de lodo acumulado durante siglos. Según relata la leyenda, una geóloga erraba entre el fango congelado de Siberia, buscando las chimeneas del sueño de Sobolev, y un día salió a cazar para ver si podía encontrar un poco de carne fresca que alegrara la dieta de sus camaradas. Su ojo percibió a cierta distancia un movimiento, un zorro rojo, que desaparecía detrás de un arbusto. Entonces levanta el rifle, coloca su lente telescópica sobre él y, por fortuna, no aprieta el gatillo porque un borde del pelo del zorro tiene una mancha azul, justo el color del mineral de una chimenea de diamantes. Sigue al zorro hasta su madriguera, que baja por una chimenea. Este será el primer gran descubrimiento de diamantes rusos: la mina Mir, o "paz".

Cuarenta años después, los rusos se han convertido en una de las grandes potencias en el mundo de los diamantes, con chimeneas esparcidas a lo largo del norte helado. Hay ciudades enteras de mineros que viven en plataformas suspendidas sobre el hielo gracias a un gran sistema de malecones hundidos en la profundidad del suelo congelado. El sistema de refrigeración debe tirar continuamente aire helado hacia el espacio vacío entre estas ciudades y la tundra de abajo, para impedir que el hielo se derrita y la ciudad se hunda bajo el fango medio congelado.

La aparición de las primeras piedras rusas en el mercado del diamante provocó una ola de terror en el corazón de los diamantistas del globo. Yo había estudiado ruso en Princeton y ayudé en una investigación de la División Industrial de los De Beers, cerca de Londres, con el fin de intentar estar al día acerca de lo que pretendían los rusos. Desde 1975, yo tenía un interés devorador por todo lo relativo a los diamantes, y lo quería saber todo sobre el negocio; por lo tanto me presté voluntario para traducir artículos sobre diamantes de varias revistas científicas rusas.

Estábamos muy interesados porque sabíamos que los rusos ya habían descubierto cómo producir un diamante perfecto en un laboratorio, cosa que había sido iniciada por científicos de la General Electric en los Estados Unidos, utilizando grandes pistones para mantener diminutos trozos de grafito (carbón de lápiz) sometidos a una elevada presión durante largos periodos de tiempo, y calentando a la vez toda la mezcla intentando reproducir el proceso que tiene lugar en la profundidad de la tierra para formar los diamantes auténticos en las chimeneas.

Afortunadamente, la cantidad de electricidad necesaria para mantener este proceso el tiempo requerido para formar un diamante en bruto de un quilate, era la que se necesitaba para mantener una pequeña ciudad iluminada durante horas. Era mucho más caro hacer una piedra de este modo que intentar extraerla de entre una tonelada de tierra azul. El sentido común sugería que no valía la pena fabricar diamantes caseros. El negocio del diamante estaba a salvo de la copia perfecta: un diamante creado en un laboratorio, pero tan puro y precioso como el auténtico.

Quizá los rusos habían descubierto un modo de producir diamantes sintéticos baratos. Este parecía ser el único modo de explicar la repentina aparición de vastas cantidades de material en bruto en Siberia. Y esto por una razón importante: según la tecnología conocida, para procesar los diamantes en bruto se requerían grandes cantidades de agua para extraerlos del suelo azul. Tradicionalmente, esto se había hecho triturando el mineral hasta convertirlo en rocas de cierta medida usando grandes máquinas (lo cual casi siempre aseguraba que un infrecuente gran diamante se rompería en trozos menores).

El mineral más fino se mezclaba con agua y se esparcía formando una masa espesa sobre la superficie de una mesa cubierta con una pasta de aceite compacto, parecida a la grasa de los ejes de una rueda de carro. Los diamantes, debido a su estructura atómica perfecta, tienden a adherirse como ningún otro mineral a una superficie cubierta de grasa. La corriente del agua y del mineral del diamante se desplazaba sobre la grasa; los diamantes se enganchaban, y el resto se desparramaba por los lados. La grasa después se recogía, se metía en un gran contenedor, y se calentaba hasta convertirla en un líquido, de modo que los diamantes en bruto se recogieran en el fondo.

Sabíamos que era imposible tener y almacenar dicha cantidad de agua en espacios sin acceso al mar en el extremo del círculo Artico, ya que, tan pronto como entrara en contacto con el aire, se congelaría. En la Unión Soviética de aquellos días, la información detallada sobre la industria del diamante, al ser éstos totalmente necesarios para la producción de cosas como coches, aviones, misiles y tanques, era considerada un secreto de estado, y quien revelara dicha información se enfrentaba a la pena de muerte.

No teníamos manera de saber que, en realidad, debajo del hielo de Siberia existían minas auténticas en chimeneas naturales, y que los rusos habían desarrollado una manera nueva e inteligente de separar los diamantes de la "paja". La mayoría de los diamantes desprenden un tenue resplandor cuando se exponen a los rayos X: el brillo fluorescente que desprenden es tan fuerte que la mera luz del sol los pone al descubierto (dando paso al mito del diamante "blanco azulado"). El mineral triturado se esparcía sobre una mesa llena de agujeros diminutos, cada uno con un poderoso motor de aire debajo. Los rayos X pasaban por encima del mineral, y los sensores localizaban las piedras que brillaban, lo cual ponía en marcha uno de los motores de aire, que hacía saltar la piedra con precisión, hasta un depósito especial con una bandeja de vidrio en su fondo para recoger los diamantes. Por supuesto, éste tenía un buen cerrojo para mantener la bandeja dentro, y un guardia a su lado, para proteger la valija del tesoro.

Al desconocer estos hechos, los diamantistas conocidos temían que los rusos hubieran hecho realidad la posibilidad de producir grandes cantidades de diamantes de fabricación humana. Sabíamos que esto podría crear el colapso de lo que en el negocio del diamante denominamos el "excedente".

El "excedente" es la expresión que se usa para describir el número total de diamantes pulidos acumulados en el mundo, especialmente en los últimos sesenta años, debido a que la clase media en los países desarrollados ha tenido acceso al dinero necesario para comprar un anillo de diamantes como símbolo de compromiso matrimonial, y debido también al descubrimiento de nuevas chimeneas viables de diamantes en el mundo que ha asegurado reservas para abastecer a esta clase social en aumento.

Piensa en ello. Una vez se ha extraído un diamante del suelo azul y se ha transformado en una piedra brillante con cincuenta y ocho facetas luminosas, su lugar en la genealogía familiar queda asegurado. Nadie se desprende de un diamante; pasan de generación en generación con amor y cuidado, colocados quizás en otros anillos, pendientes diferentes u otras joyas, a medida que cambian las modas, para después ser confiados a hijas o nietas. Al ser el material más duro del universo, los diamantes tienden a durar siempre. Los sabios tibetanos afirman en broma que un diamante es algo que, más tarde o más temprano, se verá obligado a buscar otro propietario, una vez que el anterior envejezca y muera. Los diamantes son para siempre, pero parece que nosotros no.

Los viejos diamantes de joyería (al contrario que sus hermanos, los supermanes industriales) no tienen ningún valor en absoluto. Hay muchas cuentas de cristal que son tanto o más bonitas o incluso más que un diamante, y los diamantes siempre valdrán lo que uno desee pagar. El valor de la gran reserva de diamantes en manos del público en este momento, lo que denominamos el excedente, es sólo una percepción del valor, de la confianza del cliente en la continuada rareza de los diamantes.

Si los rusos hubieran desarrollado un diamante sintético y sin valor (un diamante auténtico hecho en un laboratorio) esto derrumbaría el excedente: supondría una avalancha en el mercado de los diamantes acumulados en el mundo por particulares que, asustados, intentarían conseguir al menos unos pocos dólares por el anillo de la abuela antes de que el diamante se convirtiera en algo tan común como un caramelo. Potencialmente, ésta era la pesadilla del diamantista, que, afortunadamente, nunca se hizo realidad.

Todo esto nos lleva de nuevo a la cuestión del mercado, un tema especialmente importante en el negocio de los diamantes. Una compañía como Andin podía ofrecer varios miles de diseños de joyas diferentes en cualquier momento. Cada diseño adopta una configuración ligeramente diferente de diamantes; digamos, uno de un quilate en el centro de un brazalete, con varios de un cuarto de quilate a su lado y suficientes astillas de diamante esparcidas alrededor de la pieza hasta alcanzar el mínimo legal para configurar una pieza acabada de dos quilates. Uno nunca sabe qué pedido se va a recibir de una empresa como J.C. Penney o Macy's, dos de nuestros mayores clientes. Penney podría, de repente, pedir mil brazaletes como el descrito y exigir que estuvieran *en las tiendas* en más o menos quince días. Los compradores de la División del Diamante de la empresa inmediatamente empiezan una delicada partida de póker: una versión de "juega al más gallina", que era un juego muy popular en mi pueblo cuando yo era joven: dos locos en coche conducen dirigiéndose el uno hacia el otro a toda velocidad hasta que uno de ellos, "el más gallina", se retira y hace girar su coche.

Para que el precio no se descontrole tenemos que hacer creer al mercado que no necesitamos las piedras, o que no las necesitamos mucho. Y el mercado, a su vez, ha de retener sus provisiones hasta asegurarse de que estamos tan desesperados que pagaremos un precio mayor para poder tener la mercancía el día previsto. Si cualquiera de los dos contendientes espera un día de más, la partida se termina: los diamantes vuelven a no valer nada, bien porque el pedido ya se ha cubierto, o porque se ha vuelto demasiado caro para cumplir. Con todos los diferentes estilos de joyas que una empresa de diamantes debe ofrecer a sus clientes hoy en día, es prácticamente imposible mantener un inventario de los muchos diamantes que se podrían necesitar en un momento dado. Ayer la empresa quizás no necesitaba ni una sola piedra de la medida y cualidad particular que ese brazalete requiere, pero ahora, en pocos días, necesitamos como veinte mil.

Es imposible que esa cantidad pueda estar disponible en ninguno de los mercados del globo; tendremos que poner en alerta a nuestra gente en todo el mundo para empezar a recoger grandes paquetes de mercancía, discretamente antes de que corra la voz de que necesitamos esos diamantes en concreto. Si se corriera, el "valor" subiría como la espuma, pero hemos prometido a J.C. Penney un precio fijo para las joyas: no puede subir.

Aquí tenemos un auténtico ejemplo del poder del potencial escondido y de las impresiones mentales. Lo he visto miles de veces, y puedes creer que es real. Kishan, nuestro comprador de Nueva York, tiene una "corazonada" para este pedido, hace una llamada telefónica a un tratante específico, de entre docenas con oficinas en la ciudad. Casualmente, esta oficina en concreto acaba de recibir desde la sucursal de Hong Kong un gran envío de estas piedras. De hecho, su tío en Amberes tiene un pago sustancial que hacer a los De Beers la siguiente semana en Londres por algún material en bruto. Y aquella otra compañía de la Calle Cuarenta y Nueve acaba de llamar diciendo que su situación financiera es delicada porque a *ellos*, tal o cual cadena de grandes almacenes aún no les ha pagado. En cualquier caso, pues, puede tener varios miles de piedras esta tarde, a buen precio.

Otro comprador, en otra ciudad y continente, nuestro amigo Dhiru de Bombay, también efectúa sus llamadas telefónicas. No encuentra mercancía disponible con facilidad pero, cada pocas horas, le empiezan a llegar pequeños paquetes de los tratantes de la ciudad. Tras mucho trabajo y duras negociaciones, habrá comprado suficiente para entregar pronto su parte del pedido. La oficina central de Nueva York, no obstante, ya habrá gastado la mayor parte de su dinero disponible en la mercancía que ha adquirido con facilidad en Nueva York, por tanto, además del trabajo extra tendrá que esperar un poco más para que le paguemos.

Un tercer comprador, digamos Yoram, de Tel Aviv, empieza con unas cuantas llamadas a sus proveedores habituales. Pero la diferencia horaria internacional significa que las sucursales de Nueva York ya han alertado a sus socios israelíes de que Andin va detrás de estas piedras en concreto. De repente, el precio ha subido, y cuanto más llama, más desesperado parece ante sus tratantes, lo cual dispara de nuevo el precio, ya que se huelen que tiene que entregar pronto un pedido: más tarde o más temprano se ablandará y pagará lo que sea para tener la mercancía a la hora.

Así, el tercer comprador ha llegado tarde y el pedido tendrá un precio extra, cobrará más tarde y no tenemos ni que mencionar lo que le pasará a su incentivo anual cuando el cliente, J.C Penney, llame al propietario, Ofer, a su casa durante el fin de semana para saber por qué dos días después de que su campaña publicitaria llene las calles, las pulseras aún no están en las tiendas.

La pregunta crucial que nos debemos hacer aquí es: ¿Qué explica la diferencia entre los tres mercados en un día cualquiera? ¿Por qué la oficina de Nueva York ha obtenido la mercancía de un modo tan fácil? ¿Era el comprador más hábil? ¿Quizás fue por la estrategia que usó? ¿Había más piedras disponibles de esta medida? ¿Fue tan sólo pura suerte? El principio del potencial escondido y las impresiones mentales nos dice: ¡Imposible!

El mercado de cualquier género, en cualquier ciudad y día concretos, es otro ejemplo de algo que no es ni bueno ni malo por su propio lado. Si lo fuese, cada tratante y comprador de la ciudad aquel día tendría la misma facilidad o dificultad moviendo la mercancía. Pero ya sabes que las cosas no son así. Algunos tratantes dirán que fue un "día O.K" (esta es la palabra código en el negocio del diamante para señalar un día *increíblemente bueno*; nadie admitiría que le está yendo bien, o todo el mundo le subiría los precios en una semana). Algunos tratantes dirán que fue el peor día del año, y tendrán razón.

Por lo tanto, el mercado es "neutro" o, en términos budistas, vacío. No es ni bueno ni malo por su propio lado, solo se convierte en bueno o malo según las percepciones del tratante particular de diamantes, en ese día específico. Así pues, que el mercado haya sido amable o cruel con nosotros, después de un día o de una larga carrera en cualquier negocio, parece casi casual. Sin embargo, la verdad es que el mercado parecerá amable, *y por lo tanto será amable,* con cualquier tratante en cuya mente consciente afloren las impresiones mentales apropiadas.

Dos tratantes pueden buscar el mismo diamante en las mismas compañías, en el mismo mercado y el mismo día, y obtener unos resultados completamente diferentes. No es que existan dos mundos y mercados diferentes en el mismo momento del día. Cada uno de los dos tratantes está siendo forzado, por las impresiones ya presentes en su mente, a percibir el mercado de dos maneras radicalmente distintas. Y esas dos maneras de ver la realidad son muy reales. Un tratante conseguirá sus pedidos y el otro no.

Esto nos lleva a la esencia de este libro: ¿cómo usar este hecho para tener éxito en nuestra vida y negocios? La respuesta es obvia. Unicamente hace falta descifrar la impresión que debemos plantar en nuestra mente para, más tarde, ver el mercado como queremos verlo: provechoso. Y esto depende, principalmente, de mantener ciertos estados mentales, ciertas normas de comportamiento, y saber cómo invocar el poder de lo que denominamos el "acto de la verdad".

Capítulo siete

Las correlaciones: problemas comunes en los negocios y sus soluciones reales

Al final del capítulo anterior hablamos acerca de la "vacuidad" del mercado. Tres compradores intentan conseguir varios miles de diamantes de una cualidad y medida específicas. Uno de ellos tiene "una corazonada", hace una o dos llamadas y tiene éxito con facilidad. Otro tiene que hacer más llamadas y trabajar más duro para, al final, conseguirlo. El otro, simplemente, fracasa en la consecución de la mercancía. Los compradores de nuestro ejemplo se encontraban en ciudades diferentes, pero eso no importa, podrían haber estado en la misma ciudad.

Según la antigua sabiduría tibetana, "la corazonada", "la intuición" que guía a los negociantes prósperos por el oscuro bosque de los tratos y mercados, es el florecimiento directo de una impresión mental. Esto te da una idea de lo que se siente cuando una fuerte impresión sube a la consciencia. Cuando a esta clase de personas se les presentan problemas en los negocios, de repente ven, con mucha claridad, el curso de acción más apropiado. Su mente no tiene dudas ni interrogantes. La gente los llama "brillantes", "perspicaces" "o "que tienen un don mágico". Nada es más divertido que ser uno de ellos: alguien que destroza el mercado, un jugador de béisbol que constantemente suma *carreras completas* y afirma que antes de golpear la pelota esta le parece tan grande como una sandía. Pero nada es más frustrante que *haber sido* el chico intuitivo que ya no lo es. En cualquier caso, estaría bien saber cómo se pueden tener esas intuiciones de una manera regular.

Regresamos aquí al *Tallador del Diamante* para adentrarnos un poco en las intuiciones:

-Supón, oh Subhuti, que una persona cualquiera obtiene tan sólo una breve comprensión y confianza en las palabras de un libro antiguo que enseña lo que enseña éste. El Que Así se Ha Ido, oh Subhuti, conoce a una persona como ésta. El Que Así Se Ha Ido, oh Subhuti ve a una persona como ésta. Dicha persona, oh Subhuti, ha creado y ha acumulado de modo seguro una montaña de bondad más allá de toda medida.

¿De dónde vienen las intuiciones? En el último capítulo mencionamos las "correlaciones", es decir el tipo de acciones o pensamientos que "correlacionan", nos conducen a ciertas impresiones que nos guían a los resultados específicos que buscamos, tanto en nuestro negocio como en la vida. Ahora es el momento de identificar dichas acciones porque, si verdaderamente entendemos el proceso, si actuamos conociendo el funcionamiento de las impresiones y el potencial que se encuentra detrás, podemos "acumular" una vasta cantidad de energía para hacer que nuestro negocio vaya tal como deseamos. Los que actúan con dicho conocimiento suelen llamar la atención de otros, de modo que el éxito crece como una bola de nieve.

Quizás la proclama más famosa que nunca haya salido de un sabio budista sobre estas correlaciones es la siguiente, fue un maestro de la India de hace unos dieciocho siglos llamado Nagaryuna. Los versos son de su *Hilo de Joyas Preciosas*, que en primer lugar nos habla de las impresiones más deseables que se pueden plantar en nuestra mente:

Te contaré de modo resumido las bellas cualidades de aquellos que se encuentran en el sendero de la compasión: el dar, la ética, la paciencia y el esfuerzo,

la concentración, la sabiduría, la compasión y demás.
Dar es entregar lo que tienes.
La ética es hacer el bien a los demás.
La paciencia es abandonar sentimientos de enfado.
Y el esfuerzo es sentir la alegría que incrementa todo
lo bueno.

La concentración es unipuntualizada, libre de malos
pensamientos.
La sabiduría es discernir lo que realmente existe.
La compasión es una especie de inteligencia elevada,
mezclada profundamente con amor hacia todos los
seres vivos.

El siguiente verso explica las correlaciones:

Dar produce riqueza, de la ética viene un mundo
bueno.
La paciencia reporta belleza, la eminencia viene del
esfuerzo.
La concentración produce paz, y la libertad viene de la
sabiduría.
La compasión logra todo lo que deseamos.

Presentaremos también el verso final, que revela el resultado último de cultivar estas impresiones:

La persona que adopta las siete a la vez y las
perfecciona llegará a ese lugar de conocimiento
inconcebible que no es menor que el del protector del
mundo.

Estos versos son quizá la lista resumida más famosa de
las correlaciones entre acciones específicas, sus impresiones
y lo que te hacen ver (en otras partes se abordan cientos de

impresiones, así como sus resultados). Las correlaciones se pueden resumir así:

1   Para verte a ti mismo experimentando éxito en los negocios y prosperidad financiera, planta impresiones en tu inconsciente por medio de mantener un estado mental generoso.

2 Para verte en un mundo, en general, que sea un lugar muy feliz, planta impresiones en tu inconsciente por medio de mantener un modo de vida ético.

3   Para verte físicamente sano y atractivo, planta impresiones en tu inconsciente por medio de evitar enfadarte.

4   Para verte como un líder tanto en tu vida personal como en los negocios, planta impresiones en tu inconsciente sintiéndote feliz por implicarte en acciones constructivas y serviciales.

5 Para verte capaz de enfocar tu mente de manera firme, planta impresiones en tu inconsciente practicando profundos estados de concentración o meditación.

6   Para verte libre de un mundo en que las cosas no funcionan como quieres, planta impresiones en tu inconsciente por medio de aprender los principios del potencial escondido en las impresiones mentales.

7   Para verte a ti mismo y a todos los seres conseguir cualquier deseo, planta impresiones en tu inconsciente por medio de cultivar una actitud compasiva hacia todos.

Estoy seguro de que ahora empiezas a preguntarte cómo es posible aplicar a la vida real todo esto que suena tan noble. Para ello describiré una situación real en la que puedas intuir la manera en que los principios del potencial y las impresiones funcionan dentro del laboratorio que resulta ser tu oficina.

Digamos que he estado en Andin International durante un número de años aplicando los principios descritos hasta ahora: conscientemente me he propuesto hacer exactamente aquellas cosas que plantan impresiones en mi mente para poder ver el éxito a mi alrededor.

Entro por la puerta de nuestro nuevo edificio en el lado oeste de Manhattan: tiene agradables baldosas de granito en la parte frontal de la fachada, y puertas de cristal a la entrada. Una ráfaga de aire fresco del río Hudson me toca la cara mientras abro la puerta, y recibo un saludo amistoso desde el puesto de control de John Vaccaro, un duro ex-guardia de seguridad del metro, famoso porque puede llevar un paquete de diamantes de un edificio a otro sin riesgos, incluso bajo la mirada de alguna de las bandas colombianas que se mueven por la Calle Cuarenta y Siete, esperando que un diamantista descuidado baje la guardia.

Cada uno de los objetos y gente descritos en la escena tiene el mismo potencial escondido, cada uno tiene algo que fluye y es apto para ser una cosa positiva o negativa. A mí me gustan las baldosas de granito del edificio; por la mañana brillan al lado del río, y le dan un aspecto respetable. Para un limpia ventanas subido a una plataforma móvil en la planta novena, las mismas baldosas de granito representan un peligro potencial para su vida, y preferiría tener ladrillo ordinario en el exterior. El modo en que percibo el granito es el resultado de una buena impresión que deposité previamente en mi mente. ¿De qué tipo? Aquí entramos en algo muy profundo, y que está más allá del alcance de la gente normal: la correlación entre las impresiones y lo que vemos. Grandes maestros de meditación del pasado lejano las han escrito en los libros antiguos, y la impresión para percibir esta característica particular, la suavidad del granito, es hablar a los demás de un modo suave.

El limpiaventanas ve el *mismo* granito como algo peligroso, y la impresión para experimentarlo así, comprensiblemente, viene de no haber respetado la vida en el pasado. A la mente occidental, nada habituada a este modo de pensar por culpa de los propios mitos culturales y la parcialidad, esta explicación le parece un mito. Pero éste era precisamente el argumento de Jesucristo, presente en nuestro propio bagaje cultural, para insistirnos en llevar una vida ética cuando enfatizaba que un buen resultado nunca proviene de una acción que no sea ética, del mismo modo que una fruta dulce no puede nacer de las semillas de cardos o espinas. Las escrituras budistas explican la dinámica exacta que se encuentra detrás de esta verdad y es, precisamente, la ley que gobierna las impresiones y lo que nos hacen ver en objetos "vacíos" o neutros (como una plancha de granito). En resumen, es un método efectivo y brillante para hacer que las cosas sucedan como queremos. El extraordinario éxito de nuestra División de Diamantes en Andin International es una prueba elocuente de esta verdad. Tal como afirmó el Buda, lo puedes probar un tiempo para ver cómo funciona; lo peor que te puede suceder es que durante un tiempo seas amable y generoso con los demás.

Cuando decimos que el limpiaventanas no ha respetado la vida y que por ello percibe el granito como algo potencialmente peligroso, recuerda que no estamos diciendo que esa impresión haya sido plantada en su mente mediante un único acto horrible como amenazar la vida de otros. Se mencionó antes que todas las impresiones aumentan su fuerza durante el tiempo que pasan en el inconsciente. Lo que hace fracasar un negocio, lo que causa que la liquidez se bloquee y que los empleados se vayan a la competencia a lo largo de un periodo de uno o dos años, *es normalmente el efecto acumulado de muchas acciones y pensamientos negativos menores*, de pequeñas mentiras piadosas y pequeños ataques de emociones negativas como la avaricia, impresiones menores que se han transformado en un gran roble retorcido: el hecho innegable de que el negocio se deteriora.

Es **extremadamente importante** comprender también que no nos estamos refiriendo a un fenómeno social o económico en el que mientes a los demás y, en consecuencia, ellos te mienten, o eres avaricioso con los demás y ellos lo son contigo. Esto es lo que podríamos llamar una correlación "aparente" entre un acto y un resultado, pero no es para nada el propósito de este libro. No existe algo como que una persona simplemente te mienta como resultado de haberle mentido. Se debe explicar siempre *como el proceso* de una impresión que has creado en tu mente y que después florece: *ves* a una persona que te miente porque antes habías colocado una impresión en tu mente que ahora está floreciendo y *te hace ver* a una persona que te engaña. No existe algo así como una persona allí afuera que, por su propio lado, ahora te empieza a mentir de repente. *Nadie* te mentirá *nunca* a menos que hayas plantado una impresión en tu mente por haber mentido sin controlarlo o sin darte cuenta tú mismo. En realidad no es que el modo en que actúas determine cómo se te aparecen las cosas; más bien se trata de que *las cosas* están siendo producidas por tus impresiones. El mundo a tu alrededor, la gente a tu alrededor, e incluso el modo en que eres, todo es una creación debida a tus acciones, palabras y pensamientos, buenos o malos, cometidos hacia los demás.

Tenlo presente mientras confeccionamos una lista de algunas correlaciones típicas de la vida real en los negocios. No es un cuento de hadas que te contó tu maestro de primaria: "Pisa a un gusano, Johnny, y un día serás un gusano al que también pisarán". Son, más bien, verdades con un firme fundamento en la experiencia y sabiduría de eminentes individuos que las han comprobado y usado con éxito a lo largo de los últimos dos mil quinientos años. En resumen, funcionan de modo infalible.

Los sabios del Tíbet dicen que cuando estas leyes parecen no funcionar se debe a que, en realidad, no las estás siguiendo. Creo que si eres honesto sabes que es cierto. Para tener el éxito que hemos prometido en los negocios, estas leyes se deben observar durante un periodo de tiempo, y con una honestidad completa y una buena comprensión de los principios antes enunciados. Probarlas un tiempo y dejarlas de lado poco después de empezar sería como dejar un programa de ejercicios después de tres días porque los músculos aún no se han desarrollado.

Para que estos principios produzcan el éxito personal y en los negocios que esperas, deben seguirse con la misma intensidad y perseverancia requeridas para convertirte en un buen pianista o en un jugador de golf competente, y eso no es fácil. Sin este mínimo esfuerzo no funcionará, y si no se lo puedes dedicar es mejor que dejes de lado este libro. Por cierto, estas correlaciones provienen de dos de los más notorios libros de sabiduría de Asia: el *Gran Libro sobre las Etapas del Sendero*, del maestro tibetano Tsongkhapa el Grande (1357-1419), y la *Corona de Cuchillos* del sabio indio Dharma Rakshita (alrededor del año 1000 después de Cristo)

Problemas típicos en los negocios y sus auténticas soluciones según la sabiduría de El Tallador del Diamante.

Problema de negocios nº 1: La liquidez de la empresa es inestable, en estado de constante fluctuación.

Solución: Has de estar más dispuesto a compartir tus ganancias con los que te han ayudado a producirlas; sé muy estricto en nunca ganar ni un penique que proceda de un acto incorrecto. Recuerda: no es la *cantidad* que compartes con los que te rodean lo que determina la fuerza de la impresión, sino tu *voluntad* de compartir lo que hayas ganado, aunque no sea mucho.

Problema de negocios nº 2: Las cosas en las que inviertes capital, como maquinaria de producción, ordenadores o vehículos se deterioran rápidamente o son poco fiables.

Solución: Deja de sentir envidia hacia otros negociantes y sus negocios; concéntrate en hacer que tu propia empresa sea innovadora, creativa y divertida, y no te sientas infeliz por el éxito ajeno.

Problema de negocios nº 3: Tu posición en la empresa es inestable, parece que pierdes autoridad.

Solución: Evita con un cuidado extremo tratar a los demás con arrogancia; desciende a su nivel, siéntate con la plantilla, escucha a los que trabajan contigo.

Problema de negocios nº 4: Eres incapaz de disfrutar del dinero y las cosas por las que has trabajado tan duramente.

Solución: Nunca escatimes a los demás el resultado de sus propios esfuerzos; deja de compararte con los demás, disfruta de lo que tienes; ocúpate de tus asuntos y aprecia lo que posees.

Problema de negocios nº 5: No importa lo grande e interesante que llegue a ser tu empresa, siempre tienes la sensación de que no es suficiente; te acompaña un sentimiento de insatisfacción.

Solución: Igual que la anterior.

Problema de negocios nº 6: Los empleados y la dirección parecen estar siempre peleando.

Solución: Evita escrupulosamente implicarte en conversaciones cuyo objetivo, explícito o implícito, sea separar a los demás. Por cierto, tanto da si lo que dices es verdadero como falso si tu intención principal es que dos personas se separen más de lo que estaban antes de tú abrir la boca. "¿Oíste lo que dijo de ti?" "¿Te has enterado de lo que realmente piensa de tu último proyecto?" Ya sabes a lo que me refiero.

A propósito, recuerda que no hablamos, necesariamente, de una impresión creada la semana pasada o el mes pasado; podría ser muy anterior y, por descontado, ha ido creciendo cuanto más tiempo ha estado en el inconsciente. La cuestión aquí es que *es posible que ya no exhibas el tipo de comportamiento que plantó la impresión que ahora te está creando el problema*. No importa, la solución es la misma: debes evitar repetir dicho comportamiento, incluso en su aspecto más nimio. *Precisamente tú*, puesto que te ves asediado *por este problema particular*, debes tener más cuidado que nadie en evitar caer en conversaciones que dividan a los demás.

¿Te has dado cuenta de que la solución no consiste en acercarte a esas personas para convencerles de que sean amables entre sí? Esta es la clave increíblemente profunda de este acercamiento: que estén peleando *ante tu presencia, en tu mundo*, es algo que tienes que experimentar por culpa de una impresión *en tu mente*. Si te arreglas a ti mismo, arreglas tu vida, tu trabajo y tu mundo.

Problema de negocios nº 7: Siempre tiendes a tener problemas con tus socios, te peleas con ellos una y otra vez, sin importar la frecuencia con la que los cambies.

Solución: Igual que la anterior.

Problema de negocios nº 8: Dudas de tus propias decisiones; estás desarrollando una creciente incapacidad para decidir en temas de negocios.

Solución: Este problema particular viene de dos causas dispares: no cuidar de los empleados y directivos que te rodean, y pretender ser ante tus clientes y proveedores algo que en realidad no eres en absoluto. Evitar esto último es harto difícil en el mundo de apariencias de los negocios actuales, pero si puedes presentarte tal como eres, si puedes mantener un alto grado de integridad, tus decisiones personales y las que hayas de tomar en tu negocio serán vigorosas, decisivas y efectivas.

Recuerda, *no se trata* de que tus clientes se den cuenta de que eres alguien honesto, y a partir de aquí confíen más en ti en el futuro. *La impresión de ser honesto* asciende a tu mente consciente y crea a tu alrededor una realidad donde la gente lo es también, tus decisiones surgen de modo veloz y claro, y el dinero aparece con facilidad.

Alguna gente cree que este tipo de realidad es menos real que su antigua "realidad"; pero de hecho siempre ha sido así. Un coche que te atropelle en la calle sólo puede ser resultado de una vieja impresión por haber herido a alguien, que ha subido a tu mente consciente. ¡Pero ojo que, de todos modos, te romperá las piernas! Acostúmbrate. Así es cómo suceden realmente las cosas, pero tú puedes controlarlo.

Problema de negocios nº 9: Quieres comprar otra empresa, ves la oportunidad de un negocio seguro, pero necesitarás dinero en metálico y tienes problemas para encontrarlo.

Solución: Muy simple. Deja de ser un tacaño, en tus negocios y en tu vida personal. Da, da, da a los demás; asegúrate de que tus tratos sean beneficiosos para ambas partes. No tiene nada que ver con la cantidad de dinero implicada, sino con mantener a diario un estado mental creativo, fluido y verdaderamente generoso que desea ver prosperar a los demás. Benjamín Franklin fue quizás el mayor hombre de estado, científico y negociante de la historia de los Estados Unidos, y su respuesta ante la competitividad fue invitar a sus competidores a formar una nueva sociedad llamada Cámara de Comercio, dedicada a encontrar maneras de trabajar juntos para *expandir el mercado* y hacer más ricos a todos los implicados.

Este modo de pensar, dicho sea de paso, ya crea poderosas impresiones en todos los implicados. Un grupo de negocios que coopera puede crear unas impresiones en la mente de cada uno para ver una realidad común: ese mercado en expansión. No hay ningún problema para ello. *No* ocurre que las impresiones se puedan compartir o transferir a otro, sino que un grupo de personas que actúa de un modo generoso concertado crea impresiones que hacen florecer una experiencia compartida, como, por ejemplo, una empresa de mucho éxito, o una nación muy próspera. Y ésta es la razón por la que algunos países son más ricos que otros, pero sería excesivo hablar de ello ahora. De cualquier modo, si piensas en los principios podrás conseguir una comprensión sorprendente sobre la riqueza a escala global o internacional.

Problema de negocios nº 10: Los desastres externos, lo que llaman "designios de Dios", problemas naturales como el mal tiempo, o problemas de infraestructura de la ciudad, o escasez de energía, perjudican tu negocio.

Solución: Mantén tus promesas, especialmente los compromisos que has tomado en cuanto a ceñirte a ciertos principios sobre cómo conducir tus transacciones en los negocios y tu vida personal.

La mente se rebela ante el pensamiento de que incluso fuerzas externas, como el tiempo o la manera en que fluye el tráfico en una ciudad, puedan ser resultado de nuestros propios esquemas de comportamiento. Pero, según las leyes de esta antigua sabiduría, es de aquí exactamente de donde provienen. Recuerda, estos sucesos son "vacíos", "neutros" o una "pantalla en blanco". Alguien puede entrar en una ciudad de manera fluida por alguna ruta, incluso en el peor día de tráfico por otras rutas; y cuando nieve o llueva demasiado, alguien hará su agosto (los explotadores de las estaciones de esquí, los fabricantes de paraguas).

Que experimentes un acontecimiento como positivo o negativo no viene del suceso en sí; si piensas en ello sólo un minuto es obvio que viene de tus percepciones, y ellas no vienen de la nada, sino que son forzadas por tus propios esquemas de comportamiento de modo que el *contenido* del comportamiento pasado (infidelidad a tus propios valores) se parece al resultado externo que produce (tiempo incierto e infraestructuras poco fiables).

Problema de negocios nº 11: Eres incapaz de concentrarte o mantener tu mente enfocada cuando has de enfrentarte a una decisión o a una situación de negocios desafiante.

Solución: Dedica un tiempo diario a concentrarte en las cuestiones más importantes de la vida. ¿Harías lo que haces ahora mismo si supieras que esta noche vas a morir? ¿Tienes tus prioridades ordenadas? ¿Te estás escondiendo de cuestiones importantes de la vida lanzándote a trabajar más horas y a hacer mayores transacciones?

Colócate a cierta distancia, observa tu vida y lo que hay en ella de importante. Las impresiones que siembras al dedicar un rato cada día a esta actividad ascienden a tu mente consciente en la forma de una intensa capacidad de concentrarte. Esto nos conduce a un tema muy importante: no sólo los acontecimientos externos y la gente a tu alrededor han sido creados por el florecer de estas viejas impresiones en tu mente; el *modo mismo en que experimentas tu propia mente y pensamientos* también es resultado de tu comportamiento e impresiones previas, que ascienden a la mente consciente cuando llega el momento.

Problema de negocios nº 12: Te ves incapaz de entender conceptos amplios en los negocios, esquemas de mercado, o dinámicas como por ejemplo procesos de fabricación.

Solución: Enfréntate a las deficiencias de tus propios puntos de vista sobre el por qué de las cosas más importantes que suceden en el mundo. Enfréntate a ello: sólo hay tres respuestas al por qué suceden cosas como el calentamiento global, las guerras en ciertos países este mes o la vida y la muerte mismas; o por qué estamos aquí, cómo hemos llegado, por qué las cosas suceden como suceden.

No puedes ignorar la cuestión de por qué el mundo funciona del modo en que lo hace, y esperar comprender la cuestión de por qué los negocios funcionan (o no) como lo hacen. No es una cuestión de creencias y orientación religiosa ni nada parecido, igual que tampoco lo es el hecho de que explote una bomba atómica debido a que eres irlandés o de Tasmania.

Primera explicación: Las cosas vienen de la nada, todo es casual, no hay un plan, esquema o lógica en absoluto en lo relativo a cómo y por qué suceden las cosas. Este es el acercamiento científico del "big bang". "Todo sucede gracias a otras cosas y el método científico depende de la coherencia de la causa y el efecto, excepto en las cosas importantes, como el principio de todo, que simplemente emergió de la nada". Tú estás aquí porque algo estalló hace *mucho, mucho tiempo*: ciertos electrones chocaron con otros, formaron ciertos átomos que se transformaron en todo tipo de moléculas y se unieron lo suficiente como para crear un gas, que empezó a girar y a endurecerse, y una parte de la materia que se formó se convirtió en el sol, otra se convirtió en la tierra, y se formó también el mar, y una pequeña criatura salió arrastrándose, perdió unas cuantas patas, y en algún momento de este proceso aparecen tu abuelo y tu abuela. Todo es casualidad. Si llegado a este punto te partes de la risa, piensa que te estás riendo de los cimientos que sostienen el modo en que tu cultura concibe el mundo. Como mínimo, es divertido.

Segunda explicación: El mundo que te rodea y todo en él es resultado del esfuerzo consciente de un ser muy poderoso que se encuentra más allá de nuestra experiencia inmediata. Esta explicación no tiene en cuenta de dónde vino este ser en primer lugar (¿del esfuerzo consciente de algún otro gran ser?). Tampoco tiene en cuenta la inexplicable crueldad de muchos acontecimientos de nuestra vida, como el hecho de que haya bebés que mueren en incendios terribles; que haya gente que vive siempre atrapada en la soledad y la ansiedad; el hecho de que todo aquello por lo que trabajamos y quien sea que amemos en esta vida nos será arrebatado.

Tercera explicación: Precisamente, los principios que se han expuesto aquí. Nada es casual, nada es accidental, y tampoco existe nadie allí afuera a quien culpar de que nuestro mundo sea como es. Las cosas nos ocurren de acuerdo con el modo exacto en que tratamos a quienes nos rodean, no por la decisión de ninguna persona externa, sino en conformidad exacta con una ley moral tan segura, innegable e implacable como la ley de la gravedad.

En cualquier caso, varias horas de reflexión honesta cada pocos días sobre de dónde crees realmente que proceden este mundo, su gente y los acontecimientos, te capacita para conceptualizar grandes esquemas en procesos de mercado y negocios, lo cual te hace una persona eficaz y próspera.

Problema de negocios nº 13: ¡Los alquileres son demasiado elevados! No puedes encontrar un edificio en el que ubicar la nueva sucursal.

Solución: Asegúrate de ayudar a los demás a encontrar un lugar cuando lo necesiten. De nuevo, puede parecer muy simple afirmar que negarle una cama a la tía Marta cuando viene de vacaciones a la ciudad tenga algo que ver con la dificultad de encontrar un lugar para tu millonaria sucursal, pero encaja perfectamente con las normas que se han expuesto. Una pequeña impresión se deposita en el inconsciente, y con el tiempo crece hasta manifestarse en la mente consciente y hace que te veas ante una carencia del espacio que necesitas. No lo rechaces porque creas que es una idea tonta, ¡pruébalo y verás lo que sucede! Pero recuerda, hablamos de un esfuerzo voluntario para buscarles un lugar a los que lo necesitan, junto con una revisión intelectual continua de los principios expuestos aquí: las impresiones son *mucho más poderosas* cuando las creas siendo consciente de lo que haces.

Problema de negocios nº 14: Las empresas y los individuos a quienes consideras especialmente notorios y capacitados dudan sobre si establecer contacto contigo.

Solución: Esta impresión particular se planta al escoger erróneamente a los socios. Es típico en los negocios engancharse a aquellos que nos pueden ser de ayuda financiera, que pueden proporcionarnos un buen apoyo, fondos necesarios, habilidades o contactos particulares y, coaccionados por nuestra necesidad particular, pasamos por alto problemas evidentes en estos socios potenciales relacionados con su carácter, honestidad y otros rasgos similares.

A la larga, un socio que carece de integridad perjudicará el negocio, y alguien íntegro, con el tiempo, ayudará a que el negocio tenga un éxito financiero importante. Por cierto, aquí distinguimos entre una negociación dura pero honesta y la falta de honestidad: Ofer, el presidente de Andin, era uno de los negociadores más duros que podías encontrar. Recuerdo que una de las antiguas directoras de la empresa vino a pedirme que fuera a su oficina en su lugar para pedirle la revisión anual. Quedé sorprendido por la sugerencia y le pregunté por qué diablos quería que fuera yo.

-Porque él siempre accede a un ridículo aumento y es tan persuasivo que, cuando me voy de su oficina, ¡le doy la razón sobre por qué no merezco ni un penique más!

Aunque Ofer negociaba como un tigre, nunca oí que dejase de cumplir lo que había acordado. Estoy convencido de que esto tiene mucho que ver con el éxito de Andin.

Problema de negocios nº 15: La competencia es despiadada y siempre parece que le va mejor que a ti.

Solución: Una de las causas principales de este fenómeno particular es hablar con dureza a los demás. Los libros antiguos tienen un modo interesante de explicar lo que se debe entender por hablar con dureza. Dividen las palabras duras en dos tipos: las que son desagradables en sí, y las que son agradables pero son dichas con la intención de hacer daño. Reñir a un empleado delante de sus compañeros, obviamente planta este tipo de impresión; también lo hacen las palabras aparentemente inocentes, como: "¡Me encantó la exposición de Sears!", dirigidas a un vendedor que sabes positivamente que acaba de llegar de la oficina de Sears sin pedido y con la cola entre las piernas. Evita los dos tipos de palabras duras. Hazlo reiteradamente durante un largo periodo de tiempo, teniendo presente cuántas impresiones evitas plantar en tu cabeza. Después siéntate, y observa cómo le das tres vueltas a la competencia.

Problema de negocios nº 16: De manera repetida, cuando estás cerca de cerrar un trato con alguien, éste parece volverse en tu contra y te apuñala por la espalda.

Solución: La impresión que provoca esta situación es plantada en la mente por una actitud muy específica hacia los demás: cuando vemos a alguien tropezar en cualquier actividad, bien sea un compañero que se derrama el café encima o a un competidor que pierde varios millones de dólares porque un cliente suyo se ha arruinado, en secreto nos sentimos satisfechos por su contrariedad. Esta argucia de la mente humana es tan común que los libros antiguos del Tíbet la clasifican como uno de los diez creadores principales de problemas. Parece que tenemos el hábito insano de interesarnos por las desgracias de los que nos rodean; en el peor de los casos, se constata en la obsesión pública por los problemas de los famosos.

Para prevenir esta impresión, intenta sentir simpatía hacia quienquiera que experimente problemas, aunque sea un competidor. Es más divertido tener una competitividad entre empresas creativas, activas, que juegan limpio, donde los directivos de las respectivas empresas incluso salen a cenar juntos de vez en cuando, que reírse de los demás cuando están por los suelos. Recuerda también la máxima: "Sé bueno con la gente mientras subas, ya que cuando bajas te los podrías volver a encontrar".

Este es un consejo para los sabios, especialmente para vosotros, jóvenes ejecutivos: respetad a todo el mundo, a otros directivos, a empleados menores, a vuestro peor competidor. He visto literalmente a docenas de ejecutivos que han terminado trabajando a las órdenes de aquellos a quienes solían atormentar cuando las cosas les iban mejor, y te resultará fácil imaginar cómo se les trata ahora.

Problema de negocios nº 17: Concibes un proyecto importante, lo preparas todo hasta el mínimo detalle, trabajas duramente para conseguir que funcione, pero se viene abajo.

Solución: Esto se debe, de nuevo, a una impresión muy especial: no comprender el modo real en que funcionan las cosas. No es sólo no comprender los principios de los que hemos hablado lo que te fastidia, sino el hecho de que cada vez que emprendes un proyecto en base a alguna idea errónea sobre el modo en que funcionan las cosas —como, por ejemplo, pensar que si trabajas duramente y empleas suficientes horas extra todo debe ir bien— plantas una impresión en tu mente *para continuar malinterpretando el modo en que funcionan las cosas*, y así continuar fallando.

No es sólo por culpa del capital: hay muchos proyectos que se derrumban y tenían suficiente capital. Ni de la gente: hay muchos proyectos que implican a gente competente y que también se derrumban. No es el mercado: hay otros allí afuera, en ese mismo mercado, que emprenden proyectos que funcionan a las mil maravillas. Ni tampoco por lo duro que trabajas: hay gente que sin invertir casi nada de tiempo, parece gozar de éxito, mientras que otros trabajan horas extra y fines de semana y fracasan. La clave del éxito es, más bien, un estado mental en el que se comprenden los principios expuestos aquí. Aquellos proyectos que se emprenden con este *conocimiento* funcionan. Pensar de un modo correcto planta impresiones que subirán a la mente consciente bajo la forma de ¡volver a pensar correctamente!

Problema de negocios nº 18: La gente que te rodea no te ayuda cuando más lo necesitas.

Solución: Esto es resultado de sentir un placer insano ante los problemas ajenos. En el mejor de los casos, intenta implicarte en cualquier situación en la que puedas ayudar, ya sea ofreciendo una aspirina a alguien que tiene dolor de cabeza en la mesa de al lado, o apareciendo para echar una mano la noche antes de una exposición para uno de los clientes principales. Al menos, vigila bien tu mente y procura evitar caer en la fascinación morbosa por los problemas ajenos.

Problema de negocios nº 19: Te sientes incapaz de controlar tu temperamento; te enfadas con los empleados, los proveedores, los clientes, el tiempo, el teléfono y demás.

Solución: Enfados así son un problema curioso en el mundo del potencial y las impresiones. Son también un *resultado* de desear problemas a los demás, o al menos de no sentirte afectado ante un problema ajeno. Esta es, por cierto, una actitud muy común hacia aquellos que nos desagradan y, si piensas en ello, es una de las cosas menos amables de la mente humana. ¿Por qué desear mal a nadie, incluyendo a aquellos que nos desean mal a nosotros? Tener problemas en nuestras vidas, problemas en los negocios y en nuestras familias, es un enemigo común para todos, como lo son el Sida o el cáncer: un sufrimiento que no es bueno para nadie; una plaga de nuestro mundo. Si realmente anhelamos tener algún éxito, intentemos eliminar cualquier tipo de infelicidad de cualquiera, incluso de aquellos que compiten con nosotros por conseguir ascender en el mercado.

Problema de negocios nº 20: La atmósfera del mercado y de los negocios es caótica, parece subir y bajar sin sentido ni lógica.

Solución: De nuevo, este caos es resultado de una intención caótica: desear que los demás fracasen. El desorden global, a nivel del mercado, a nivel de los negocios (ya sea el propio o el de la competencia) y en el ámbito personal, es tan sólo otra forma de infelicidad para quien sea que se encuentre en ella, y hemos de llegar al punto de no desear el mal a nadie. La impresión que planta en tu mente el desear el bien a todos los que te rodean, incluso a tus competidores, crea un mercado estable, una economía en constante aumento que alimenta a cada participante más de lo que podrían desear nunca.

La implicación de este punto de vista sobre la economía es profunda. No es cierto que hayas recursos limitados y que sólo un cierto número de personas pueda ser rica en un tiempo concreto. Piensa en la riqueza nueva y adicional creada por la invención del ordenador personal; piensa en la riqueza adicional generada al inventarse el teléfono; piensa en el potencial de la riqueza adicional global inherente a las vastas redes de ordenadores de empresas y personales —ya sea Internet o algo similar en el futuro—.

Según el punto de vista del potencial y las impresiones, esta nueva riqueza es el resultado de nuevas impresiones, en las mentes de todos los afectados, que suben a sus mentes conscientes creando la percepción de nuevas fuentes de riqueza para grandes grupos de personas. Que los recursos sean limitados para un número creciente de gente es algo que tiene sus propias causas; si las impresiones hubieran sido diferentes, podría tratarse igualmente de recursos que creciesen a la misma velocidad, o un poco más deprisa que la población. Tenemos que ser lo suficientemente visionarios como para crear una magnitud de nueva riqueza, para no restringirnos ni a nosotros ni a nuestro futuro a lo que ha existido hasta ahora.

Problema de negocios nº 21: La corrupción es un problema en tu negocio: en el modo en que lo regula el gobierno, en cómo se relacionan las empresas y se comportan los empleados.

Solución: La solución vuelve a ser muy agradable: de modo consciente, siéntete feliz por el éxito de aquellos que te rodean, por los pequeños y los grandes éxitos, el éxito de tu empresa o el de la competencia. Admira cualquier trabajo bien hecho, no importa de quien sea, y evita entregarte al sentimiento bajo de envidiar la felicidad ajena. La vida es preciosa y corta; tanto tú como tus competidores estaréis muertos y olvidados antes de poder parpadear, y una pizca de felicidad es escasa y valiosa. Cuando alguien de tu empresa haga un buen trabajo, o se le reconozca su importante contribución, párale en el pasillo y aprovecha la oportunidad para aumentar tu propia felicidad compartiendo el éxito con *él,* en vez de envidiarle por uno de esos buenos momentos de la vida que llega en contadas ocasiones y que, de cualquier modo, termina rápidamente.

Cuando un competidor haya tenido una gran idea, párale cuando coincides con él en una feria del ramo o en una cena benéfica, y exprésale tu sincera admiración y satisfacción por su logro. *La impresión mental que planta este tipo de comportamiento* subirá a tu mente consciente dando lugar a *¡la siguiente gran idea del mercado!* Esto es más divertido que sentarte en casa sintiéndote desgraciado por las cosas buenas que les pasan a los demás.

Problema de negocios nº 22. A medida que pasan los años en tu carrera corporativa, empiezas a notar pequeños problemas de salud que se vuelven más serios.

Solución: Este problema tiene una solución muy satisfactoria y específica. Pasea por la empresa con ojos nuevos: camina de pasillo en pasillo y observa cada departamento. Intenta localizar cualquier condición que podría influir negativamente en la salud de cualquier empleado. ¿Hay suficiente luz? ¿Están las mesas y las sillas dispuestas del modo más adecuado para favorecer la salud y la comodidad? ¿Cumples honestamente la normativa de seguridad ante incendios, o simplemente te limitas a poner las señales con las que la administración es especialmente inflexible? ¿Te aseguras de que tus empleados no trabajan más de la cuenta, no sólo por culpa del trabajo extra que tú les impones, sino por el que ellos mismos tienden a imponerse? La impresión que brota de ocuparse de los demás de este modo florecerá en la mente consciente como una mejor salud personal.

Esto, por supuesto, no es algo que vaya a suceder en un día. Recuerda la comparación con aprender a tocar el piano o a dominar el golf. Para que tu propia salud se vea influida, tu interés por el bienestar de los que te rodean en la empresa tiene que llegar al punto de formar parte natural de tu vida, venir de modo automático, igual que una canción que has practicado mucho al piano, de forma que las manos se deslizan por las teclas sin esfuerzo.

Problema de negocios nº 23: Tus antiguas estrategias en el mercado ya no tienen éxito.

Solución: Si has estado lo suficiente en los negocios ya sabes cómo funciona. Empiezas con una idea o un producto nuevo. El dinero empieza a fluir. Tu gran problema es cómo servir todos los pedidos, cómo adiestrar personal nuevo a medida que la empresa crece y crece. Estás en el séptimo cielo, no puedes hacer nada mal y te preguntas por qué no les va tan bien a las empresas a tu alrededor.

Pasan un par de años y, de repente, un día, viene tu mejor cliente y te dice que se han acabado los pedidos de su compañía; y ya eres el número dos. Ni tan siquiera conoces a la empresa número uno. Envías a tu gente a los almacenes a comprar sus productos; lo que sea, para intentar averiguar cómo lo hacen. Crees ver algo que se puede hacer, convocas a la plantilla de la empresa para una enérgica charla sobre lo que le sucedió a la Coca Cola cuando permitió que la Pepsi entrase en el mercado. Envías a cada director a hacer lo mejor que sepa; conocen el tema, saben lo que hay que hacer. Salen para hacer lo que siempre han hecho, y todos creéis que va a funcionar, como siempre.

Pasan los días y las semanas, y, por primera vez, es como caminar por una larga y fangosa carretera de pueblo. Fallan una fuente segura de éxito tras otra, en contraste con lo que siempre había ocurrido en el pasado. En un momento dado, tiene lugar la primera crisis moral de la empresa: el momento en que la gente se da cuenta de que las cosas han cambiado y que, por alguna razón, la vieja magia ya no aparece con tanta facilidad como antes.

Puedes echar la culpa a muchas cosas: el mercado se ha vuelto más competitivo, tu producto en particular ya no se abre paso tan fácilmente como cuando entraste en él; varias personas clave que solían hacer funcionar las cosas ya no están contigo, o las fabricas de tal y cual país extranjero están creciendo hoy en día. Ya conoces las excusas: las has revisado miles de veces.

Aquí es vital comprender que no has identificado *por qué* tus viejas estrategias ya no funcionan. Te has limitado a constatar *cómo* ya no funcionan. La cuestión real no son los factores que han surgido y han amenazado tu acercamiento tradicional, sino *por qué* estos factores, en este momento particular, ahora, *pueden* amenazar tu negocio. Es, de nuevo, resultado de una impresión en tu propia mente, algo que se plantó allí en el pasado y que ahora sube a la superficie de tus percepciones. Trata de entender esto: las estrategias en el negocio, en sí mismas, no cambian en su eficacia. En algunas ocasiones una estrategia funciona durante años, en otras sólo durante meses, y a veces no funciona en absoluto. En unas ocasiones es sabio cambiar de estrategia, mientras que en otras es inteligente dejarlas como están. No son las condiciones externas las que cambian, sino tus propias percepciones. Tus estrategias continuarán estando o no de moda en tu mundo exactamente el tiempo que tardes en ver lo que está cambiando realmente: tus propias percepciones.

La impresión causante de que tus percepciones cambien, la impresión que en realidad explica *por qué* se ven amenazadas tus estrategias tradicionales, no es más que alguna forma de engaño, algún tipo de deshonestidad en tu manera de ganar dinero. De nuevo no decimos que necesariamente hayas estado vendiendo extintores para apagar fuego que no funcionan, y que sabes positivamente que no lo harán, ni nada tan pérfido como esto. Las impresiones que te conducen hacia el problema son las menores, aquellas que plantas continuamente a lo largo del día. Una pequeña exageración a un cliente potencial para endosarle el primer pedido; una diminuta mentira piadosa a un cliente sobre por qué el pedido se ha retrasado; un pequeño ajuste en el registro de balances para el banco que hizo posible tu último proyecto. Evita estos giros de tu ética, evita incluso la menor grieta en tu integridad, y encontrarás que tu acercamiento tradicional al negocio te seguirá funcionando, como siempre lo ha hecho.

Problema de negocios nº 24: Vaya el negocio bien o mal, empiezas a tener pequeños ataques de depresión o inseguridad en ti mismo.

Solución: Este fenómeno también tiene un arreglo directo y sencillo. Examina cómo te relacionas con la gente que trabaja para ti. ¿Hay alguna circunstancia en la que, aunque sea sólo un poco, les animes a decir embustes? ¿Tienes una política, directa o indirecta, que lleve a un empleado a pensar que le disculpas un comportamiento negativo o deshonesto hacia un cliente, un proveedor, un empleado o incluso la competencia?

Nunca me ha dejado de sorprender en el negocio del diamante cuando un jefe animaba a un empleado a engañar a un cliente o a un competidor en nombre suyo. De vez en cuando, topábamos con compañías en las que el propietario había enseñado a su gente a confundir a los clientes o a preparar informes falsos para los auditores, o incluso a amañar el peso de algunas piedras. Tuvimos un proveedor que durante semanas nos abasteció con paquetes de piedras envueltas en plástico de burbujas de modo que resultaba difícil comprobar el peso preciso de las piedras sin tener que mezclarlas todas.

Se había ofrecido a proveernos rubíes encajados en juegos de piedras que se podían engarzar fácilmente, por ejemplo en un brazalete que requiriese cinco lanzaderas, o gemas en forma de barquichuelo colocadas en fila. Normalmente el trabajo de asegurar que las cinco piedras fueran exactamente del mismo matiz y tuvieran la misma forma era particularmente intenso, y requería un "encajador" altamente adiestrado y con ojo excelente para el color. En la mayoría de la gente este tipo de visión, la capacidad de distinguir ligeros matices de color, no dura más allá de los cuarenta años: la percepción del color se deteriora gradualmente mucho antes, y por ello es difícil encontrar un encajador que sea verdaderamente experimentado.

De todos modos, nos sentimos agradecidos por la oferta de poder tener juegos de piedras encajadas, y pensamos que sería también un buen trato para el proveedor puesto que le favoreceríamos al llegar el momento de satisfacer un pedido mayor. Al principio, no le dimos importancia al hecho de no poder pesar las piedras adecuadamente pues estaban encajadas en el plástico, pero por precaución comprobamos el peso de algunas, al azar.

El engaño funcionaba de modo inteligente: el peso de

cada juego de piedras aumentaba ligeramente y exactamente en el mismo porcentaje, un porcentaje pequeño, pero muy provechoso en un negocio en el que el uno o el dos por ciento de una venta puede ser todo el beneficio. La cantidad de dinero que cambia de mano en cualquier trato que implique miles de piedras es tan grande, y se mueve tan rápido, que incluso un ahorro de un uno por ciento te puede hacer ganar el doble de dinero al final del año. Por lo tanto, el engaño abarcaba más de mil conjuntos de piedras, en vez de correr el riesgo de exagerar el peso de solo unos cuantos juegos.

Nos hicimos los tontos para comprobar si el proveedor persistía. Y así lo hizo. Con tranquilidad contamos de modo cuidadoso el excedente de peso, y almacenamos con cuidado cada hoja de plástico con los cientos de rubíes presionados en ellas. Al final invitamos al proveedor a revisar el peso con nosotros y a ajustar sus facturas, y posteriormente, de modo gradual, procedimos a reducir sus pedidos hasta la nada.

Aquí la idea es lo estúpido que resulta enseñar a ser deshonestos a los que trabajan para ti. Resulta ingenua la persona que cree que aquellos a quienes ha enseñado a engañar *en favor de su beneficio*, con el tiempo, no *le engañarán a él*. Unos años después este proveedor tuvo serios problemas a causa del hurto interno, y llegó a perder decenas de miles de dólares diariamente. Los propietarios, dos hermanos, se volvieron cada año más desgraciados, con problemas personales, malos matrimonios y cosas parecidas.

Este tipo de tristeza o depresión es resultado directo de una impresión plantada en la mente al animar a aquellos que trabajan para ti a no tener una integridad total en todos los tratos hechos en tu nombre. Cuando animas a que cada empleado de tu empresa sea íntegro, se produce una gran confianza y alegría en tu trabajo.

Problema de negocios nº 25: La gente que te rodea —ya sean empleados, amigos, directivos, clientes o proveedores—

nunca se creen lo que les dices, aunque sea la verdad.

Solución: La mayoría de nosotros hemos dicho pequeñas mentiras a los que nos rodean en el trabajo. Que te pillen, como ocurre ocasionalmente, es embarazoso pero, si no es algo grande, no se le suele dar mucha importancia. Aquí nos referimos a algo diferente: dices la verdad y nadie te cree. Ya sabes lo frustrante que puede ser, y a veces, cuanto más protestas, más creen los demás que no dices la verdad.

Es importante darse cuenta de que esta percepción de la otra persona no viene de tu honestidad presente: una norma de las impresiones es que *su contenido* está relacionado con *su resultado*; es decir, que nunca podrías obtener un resultado negativo -que alguien piense que mientes- de una impresión positiva -la impresión causada por ser sincero de un modo consciente-. Más bien resulta que el hecho de que no te crean viene de actos deshonestos pasados, incluso relativamente poco importantes, y de las impresiones que éstos han plantado en la mente.

La solución, pues, consiste en ser muy preciso con tus palabras. Recuerda lo que realmente entraña *mentir*: transmitirle a otro una impresión referente a un suceso que no se corresponde estrictamente con la impresión que tú mismo experimentas. Así pues, la honestidad completa en lo que dices consiste en asegurarte de que la huella que dejan tus palabras en el otro encaje con la misma percepción que tienes tú mismo del suceso. Es mucho más difícil de lo que normalmente entendemos por honestidad. Pero si lo practicas durante un largo periodo de tiempo verás que tanto la empresa como el mercado en el que te mueves hacen honor a tu propia credibilidad. Es una sensación estupenda, y también resulta muy provechosa.

Problema de negocios nº 26: Cuando emprendes alguna forma de esfuerzo cooperativo —ya sea un proyecto de grupo, una sociedad para un fin empresarial o fusionar tu empresa— éste parece no funcionar.

Solución: Arreglar este tipo de problema resulta un poco diferente de lo que se podría suponer. Sorprendentemente no tiene nada que ver con reunir a todos los implicados en una habitación e intentar razonar con ellos para que cooperen mejor. Más bien consiste en tener mucho cuidado de ser totalmente honesto. Intenta comprobar en todo momento que el modo en que describes las cosas a los demás *les dé la misma impresión* que tienes tú. Es decir, el resultado de tus palabras debería ser que el otro tenga siempre la misma comprensión que tú mismo tienes del objeto o suceso particular.

Se dice que "la verdad se sostiene con las dos piernas y la mentira sólo con una". La total honradez, y especialmente la conciencia de ser completamente honesto, conduce a la paz mental y planta impresiones sólidas en el inconsciente que, posteriormente, flotarán hasta la mente consciente bajo el aspecto de una percepción de gran unidad y éxito en cualquier trabajo cooperativo que puedas emprender con otros.

Problema de negocios nº 27: Trabajas en una industria donde todos hacen trampa.

Solución: Esta es una queja común que, estoy seguro, habréis oído a personas relacionadas con una gran variedad de negocios. "Estoy harto de la ley, todos los abogados que he conocido en este negocio, incluyendo el mío, son deshonestos"; o : "Todo el mundo en el negocio de la música está dispuesto a desplumarte", o: "La gente del ramo de la joyería son unos embaucadores".

Puedes evitar esta clase de mundo a tu alrededor si eres completamente recto y directo en tus transacciones comerciales. Después, de modo gradual, encontrarás menos gente que pretenda engañarte a ti o a los demás. Esto es así porque toda persona con la que puedas entrar en contacto y que desee engañar a otro es resultado de una impresión que has plantado en el pasado, al no ser tú mismo totalmente honesto.

Problema de negocios nº 28: A menudo, tu jefe te habla de un modo ofensivo.

Solución: Este problema particular se evita siendo muy cuidadoso en controlar el enfado cuando aparezca en tu mente, por ejemplo, ¡cuando tu jefe te hable de modo ofensivo! Si realmente estudias los libros antiguos del Tíbet hay una cosa que te llama muchísimo la atención, y es lo siguiente: la reacción natural ante una experiencia negativa deja, precisamente, la impresión exacta que causará que vuelvas a experimentar esa misma situación en el futuro. En resumen, enfadarte con tu jefe porque te insulta siembra la impresión que te hará ver que alguien te insulta de nuevo en el futuro.

La retirada de este tipo de guerra ha de ser unilateral. A menudo constatamos el modo en que pequeños conflictos en el mundo producen problemas mayores cuando individuos, grupos o países rehusan romper el ciclo de la violencia: *me hirieron, por lo tanto yo haré lo mismo con ellos*. La idea aquí es que te *retires* de la violencia, aunque el oponente no se avenga a hacerlo al mismo tiempo que tú. Evita una, dos o incluso cien veces responder con un insulto a otro ("pon la otra mejilla para que te puedan pegar en ella también"): al hacerlo eliminas las impresiones de tu mente para que la situación se repita. Se rompe el ciclo de la violencia.

En broma suelo decir a mis amigos que ésta es la verdadera manera de eliminar a las personas de tu oficina a quienes encuentras irritantes: no hace falta dispararles, ni nada parecido, sino tan sólo evitar perpetuar la violencia con ellos. Si durante el tiempo suficiente eres amable con quien te insulta, si rehuyes en todo momento responder nocivamente ante lo negativo, de modo gradual y con toda seguridad verás que esta clase de personas se aleja de tu vida. De repente se trasladarán a otro estado, se retirarán antes de tiempo, u otra empresa les cogerá… Lo que sea. Tras años de poner en práctica este principio en Andin International, puedo afirmar honestamente que en mi situación laboral las personas de la sección que yo dirigía me resultaban siempre agradables. Esto hizo que el trabajo resultase realmente alegre y, por supuesto, tuvo como consecuencia que nuestra empresa fuera muy productiva: cuando gente de talento trabaja al unísono y con armonía desaparecen la mitad de los problemas que impiden a una empresa llegar a su verdadero potencial.

Problema de negocios nº 29: Te empiezas a dar cuenta de que los años en el negocio se han cobrado una tasa demasiado elevada sobre tu apariencia personal.

Solución: Puede parecer estúpido clasificar esta situación como un problema de negocios, pero cualquiera que haya estado implicado en ellos puede asegurar —sea esto justo o no— que la apariencia física en el trabajo no juega un papel secundario en lo relativo a determinar el tipo de posición o salario que recibes. También sabes, si has estado mucho tiempo en una gran empresa, que, con el paso del tiempo, el estilo de vida del trabajo parece tener un efecto particularmente negativo en la apariencia personal de la gente. Se sale de la Universidad con un brillo y atractivo relativos, y tras varios años de duros negocios en la vida real empiezan a salir canas, barriga, grandes traseros y demás. Tiendes a atribuirlo a la tensión de tu estilo de vida: las últimas noches en vela para servir aquel pedido, los viajes continuos, las subidas y bajadas emocionales por las oscilaciones en tu fortuna con los negocios día tras día. Crees que si las cosas se calmasen un poco podrías volver a tener una buena apariencia, pero nunca tienes la oportunidad de averiguarlo.

La solución aquí es inesperada, pero funciona. Tienes que ser *extremadamente diligente* en observar la mente para detectar la menor traza de enfado hacia otro. Los antiguos libros tibetanos afirman que, si realmente vas a aplicar esta solución con seriedad, tienes que apartarte del enfado y ser cuidadoso en evitarlo asiduamente, incluso antes de que se hayan podido reunir las causas particulares que lo provocan. A propósito, las causas particulares del enfado son emociones que te hacen sentir disgustado por algo, y aparecen justo antes de que te enfades.

Por tanto, si realmente quieres convertirte en experto en evitar el enfado, tienes que ser experto en no disgustarte por nada: evita el enfado eludiendo su preludio, que no es otro que perder el equilibrio o descontrolarse por un incidente particular, ya sea éste un pequeño desastre con un pedido para un cliente importante o un inesperado atasco cuando estás de camino hacia una importante reunión. Evitar en todo momento el enfado tiene el efecto, tras un largo tiempo, de plantar interesantes impresiones en tu mente que causarán que tú y los demás percibáis tu apariencia física como más bien atractiva. Aunque pasen los años, no pareces envejecer. Es mucho más fácil y barato que invertir en cremas exóticas, programas de ejercicio u operaciones quirúrgicas.

Problema de negocios nº 30: Por bien que trabajes, la gente que te rodea siempre te critica.

Solución: La solución para este problema consiste en ser *muy cuidadoso* en prestar atención a la manera en que tus actos y palabras afectan a aquellos que están a tu alrededor. Antes de decir o hacer algo, considera con cuidado cómo afectará a los demás. Un antiguo libro budista llamado *La Casa del Tesoro del Conocimiento Más Elevado*, escrito hace más de dieciséis siglos, señala que cada acto bueno tiene como base una o dos características: o procuras actuar de modo que puedas sentirte satisfecho, o procuras actuar de modo que los demás, con razón, sientan satisfacción por tu acto. En otras palabras, cuando intentas ser consciente de si lo que haces te afectará a ti o a los demás de un modo positivo, casi siempre estás plantando impresiones muy buenas en la mente.

Tengo que decir unas palabras sobre la imagen americana del joven ejecutivo: agresivo, inteligente, incansable, ingenioso y que continuamente se burla de los que le rodean por no poder llevar su ritmo. Se ha de comprender que dichas personas *viven de la buena energía del pasado*: la vieja energía de antiguas impresiones que, sin embargo, se desgasta mientras viven y respiran día a día, se consume. Su comportamiento irreverente y arrogante del presente, su deseo de ignorar el modo en que sus actos y palabras afectan a los que les rodean, sólo puede plantar semillas que causen verse criticados por más gente a medida que se desarrolla su carrera en los negocios.

Recuerda: no es que, en sí, faltar al respeto a los sentimientos ajenos conduzca directamente a la crítica, aunque así lo pueda parecer, sino que el acto de faltar al respeto planta una impresión, en la mente del joven ejecutivo, que cae en el inconsciente, donde se queda un tiempo acumulando fuerza para después regresar a la mente consciente bajo la forma de la experiencia de que los demás le critiquen. Si tienes el problema particular de ser criticado con frecuencia, lo mejor que puedes hacer es, conscientemente, día a día, interesarte más en cómo lo que haces y dices puede afectar a los que trabajan a tu alrededor.

Problema de negocios nº 31: Los trabajos que encargas a tus subordinados nunca se hacen.

Solución: La impresión que causa este problema particular se puede evitar adoptando un cuidado especial para hacer más fácil el trabajo de las personas que te rodean en la empresa. Si alguien necesita una ayuda especial, les haces de abogado defensor, les echas un cable para que reciban todo lo que necesitan, incluso a expensas de tu propio departamento. Si otra división de la empresa necesita que le prestes varios trabajadores para sacar adelante un proyecto durante aquella semana, se los prestas de buen grado, y por supuesto no les envías a los lentos, sino a los mejores. Si alguien cuenta contigo para conseguir unas cifras para terminar un informe en el que trabaja, asegúrate de que las recibe aunque el tiempo extra que emplees para su beneficio salga del tiempo que necesitas para terminar tus propios asuntos.

Las impresiones que produce dicho comportamiento son muy poderosas y, en poco tiempo, verás que todo el trabajo que has encargado regresa a ti sin exceder el presupuesto, a tiempo y con una calidad que sobrepasa tus expectativas.

Problema de negocios nº 32: Los proyectos de negocios que llevas a cabo son dulces cuando empiezan, pero con el tiempo se vuelven amargos.

Solución: Como sucede con los problemas de los negocios descritos, el origen de éste es una impresión que ni tan siquiera imaginarías, pero que, si piensas en ello un poco, tiene sentido. En el saber antiguo de la tradición tibetana hay una meditación especial, que se puede denominar "meditación de la gratitud".

Siéntate en una silla en un rincón tranquilo de la empresa (aunque escasean, sabes dónde encontrar uno,) un lugar donde sepas que nadie te molestará durante cinco o diez minutos. Revisa tu vida y piensa en la gente que te ayudó a hacerla posible. Quizás la habilidad particular que aportas a tu trabajo sea el resultado del sufrimiento de las personas que te enseñaron, seguramente hace años. Pero, ¿no crees que les encantaría tener noticias tuyas, una breve nota de agradecimiento por el regalo que te dieron y que, tanto tiempo después, aún te sirve tan bien?

¿Hay gente en tu hogar, ya sea tu esposa, tus padres o alguien que hace algún trabajo especial en tu casa para ti, cuya presencia en tu vida te *permite* hacer el trabajo que haces? ¿Cuándo fue la última vez que se lo agradeciste? ¿No existe, de hecho, una red de apoyo a tu alrededor que te ayuda a llegar a la oficina para hacer lo que haces? ¿La tintorería? ¿El dentista? ¿El cartero? ¿La gente del colmado, la de tu banco, la persona que te entrega el periódico cada mañana? Puedes responder: "Oh, a todos ellos les pagan, si no pudieran extraer algo de ello no se levantarían cada mañana por mí". Si piensas así obvias la idea básica: les pueden pagar, pero esto no cambia el hecho de que dedican unas horas preciosas de sus vidas, momentos valiosos de sus pocos años de salud, para ayudarte a conseguir lo que quieres. Dejar de reconocer lo mucho que te apoyan los demás y dejar de apreciar que todo lo que haces es gracias a la amabilidad de los que te rodean revela una debilidad de la forma de pensar occidental.

Existe también una relación directa entre la gratitud que sentimos por los demás y lo felices que son nuestras vidas: la gente feliz suele ser muy consciente de lo mucho que los demás han trabajado para ayudarles a tener una vida cómoda y a ser dichosos (que les paguen o no no es algo que importe mucho a una mente que de verdad es feliz). Es decir, aquellos que son realmente felices tienden a estar muy agradecidos por cualquier pequeña amabilidad que contribuya a su felicidad. Por el contrario, la gente infeliz tiende a cultivar su infelicidad evitando cualquier pensamiento que tenga en cuenta lo mucho que han recibido de los demás, lo mucho que los demás se han sacrificado para hacer posible su felicidad, sea cobrando o sin cobrar.

Por tanto, si realmente quieres asegurarte que los proyectos que se han desviado de unos inicios increíbles continúen funcionando, ten mucho cuidado de plantar las impresiones correctas para que esto sea una realidad: tómate el tiempo y la molestia de expresar en todo momento tu agradecimiento sincero a todos aquellos que están en la red de apoyo a tu alrededor. Las impresiones no tienen que ser necesariamente plantadas por una acción concreta, aunque la importancia de la acción resulte obvia. Lo principal es tener en todo momento pensamientos de gratitud: que cuando miras tu taza de cereales por la mañana, realmente aprecies que cientos o miles de personas han sacrificado preciosos momentos de su breve vida humana para que ahora puedas gozar de esta comida en tu mesa. Esta forma de pensar escasea mucho en el mundo moderno, pero una vez empiezas te hace sentir de maravilla. ¡Pruébalo!

Problema de negocios nº 33: En tu trabajo te ves expuesto a un medio ambiente desagradable, tienes que viajar y trabajar en países cuyas calles apestan, por zonas de mucha polución, o trabajar en una planta donde lo que fabricas requiere productos tóxicos, o cosas parecidas.

Solución: La solución típica a este problema particular ni te la imaginas, pero todos los libros antiguos están de acuerdo en la línea de conducta necesaria. Trata de revisar tu empresa o departamento para ver si existe algún tipo de abuso sexual o lascivia, y elimínalo.

Una de las cosas más agradables de trabajar en Andin International era la ausencia de cualquier forma de acoso hacia las mujeres, tan común en muchos lugares. Desde el propietario hasta el último empleado respetaban a las mujeres por la contribución que pudieran hacer, y éstas recibían aumentos de sueldo, ascensos y posiciones de responsabilidad de acuerdo a su capacidad. Jamás un directivo o un empleado sometió a ninguna mujer al comportamiento degradante de toqueteos, miradas, silbidos no deseados, conversaciones obscenas o cosas parecidas. La ausencia total de ese burdo comportamiento se notaba, y era un alivio: no corrían los chistes del "simpático" de turno sobre sexo y mujeres, ni se utilizaba el lenguaje sucio; ni existía un caldo de cultivo que animase a los casados y casadas a romper sus compromisos.

Creer que la suciedad de tu medio ambiente externo pueda ser causada por una especie de suciedad en el modo en que hablas o piensas puede parecer simplista. Esta idea es tan extraña para nuestra perspectiva occidental que casi nos parece un cuento de niños. Pero piensa: todo tiene su causa. Debe haber una razón por la que ciertas partes del país padecen polución y otras no. Te dirás: "Por supuesto que hay una razón: algunos lugares tienen más coches, más fábricas y leyes menos estrictas para controlar la polución".

El antiguo pensamiento tibetano distingue estrictamente entre el "cómo" y el "por qué". Afirmar que hay más polución en una zona particular porque hay más fuentes de polución sólo tiene que ver con el *cómo* se produce la polución, pero *fracasa* totalmente en explicar el *por qué* resulta que estas fuentes de polución están presentes en una zona y en un momento específicos. Ya sabemos que las chimeneas de fábricas crean polución; esta no es la cuestión. La cuestión real, lo que siempre quisiste saber pero que *de niño te decían que dejases de preguntar* es: **¿Por qué están las chimeneas allí y no en otra parte?**

De nuevo, la mente se rebela y dice: "Esta es una pregunta estúpida: así es como son las cosas, y punto". Pero, ¿no afirma la ciencia que todo tiene una causa? ¿No es el fundamento de nuestra sociedad occidental la afirmación de que todo fenómeno tiene una explicación racional? Es obvio *que la causa de la polución* es la chimenea industrial. Pero, ¿cuál es *la causa que hace que la chimenea esté precisamente allí?* ¿No la deberíamos identificar también? *¿No es también un fenómeno, en sí mismo, el hecho de que la chimenea esté precisamente allí?* Y, ¿no tienen todos los fenómenos causas que los activan?

La realidad es que las chimeneas están allí porque te ves forzado a verlas, te ves forzado a percibirlas por culpa de una impresión que desde tu inconsciente ha ascendido a la mente consciente. *Tú* has creado la polución así como las fuentes que te la envían, por culpa de una acción que fue: 1) *previa* al resultado que la activó y 2) *similar en contenido* al resultado. Y la sabiduría milenaria de pensadores extraordinarios del otro lado del mundo afirma que la causa precisa de los entornos sucios y de mal olor son los asuntos sexuales sucios.

No tienes ni que creer ni que dejar de creer, pruébalo. Desenraíza este tipo de cosas de tu empresa —cosas que, de todos modos y con seguridad, hieren la sensibilidad de cualquiera que trabaje allí— y observa si el lugar se va volviendo también más bello. ¡Ver es creer!

Problema de negocios nº 34: La gente que te rodea no es de fiar: les das un trabajo y nunca estás seguro de si lo harán. Esto te obliga a encomendar el mismo trabajo a tres personas diferentes como medida de seguridad, y tú en persona tienes que vigilar hasta el menor detalle: un modo agotador y poco eficiente de trabajar.

Solución: Uno de los actos principales que has de seguir para asegurarte la percepción (y por tanto la realidad) de tener una plantilla de confianza es que tú seas totalmente de fiar en un contexto específico: en tu matrimonio o en compromisos familiares parecidos. Hoy en día no está muy de moda hablar de esta forma de confianza pero, según la ley del potencial de las cosas y las impresiones de nuestras acciones, es uno de los pasos más importantes que podemos dar para asegurarnos estabilidad en la vida personal y en los negocios.

Yo crecí durante los días de la guerra del Vietnam y la protesta contra todo lo que considerábamos las ideas estúpidas de la generación anterior, incluyendo la institución de la guerra y la posesión de otra persona que tiene lugar en la institución del matrimonio. Mi propia madre fue una de las primeras en divorciarse en nuestra ciudad, y recuerdo que pagó su decisión con las miradas y comentarios de los vecinos, y con su esfuerzo para ganarse la vida como madre soltera.

La combinación de casarse por capricho para después divorciarse con facilidad, en ocasiones después de tener hijos que sufrirán mucho a lo largo del proceso, es una acción que planta impresiones muy negativas en la mente, y afecta enormemente a las percepciones que tenemos del mundo que nos rodea. Los grandes libros de la sabiduría tibetana afirman claramente que la carencia de lo que se podría llamar orden social en nuestra cultura occidental, el hecho de que una persona que camina por una calle en una ciudad americana lance un vaso de plástico al suelo sin pensar lo más mínimo en cómo esto afectará a la persona que le sigue, es un producto de nuestra incapacidad de mantener compromisos. Si quieres empleados de fiar, sé alguien con quien tu esposa e hijos puedan contar.

Problema de negocios nº 35: No tienes independencia financiera, no puedes ser tu propio dueño, y especialmente te resulta imposible tomar decisiones sobre lo que has ganado sin consultar con los demás.

Solución: La solución para este problema específico consiste en ser muy estricto a la hora de respetar la propiedad y el espacio de los demás. En un medio ambiente comunitario esto implicaría, por ejemplo, no gastar recursos de otros departamentos o directivos sin asegurarse de que te lo permiten. Presta también tus recursos a otros siempre que sea posible y estés en posición de poder cubrir esta necesidad, compartiendo así con los demás para poder conseguir logros comunes.

Aquí, el concepto es el de "un cuerpo" tal y como lo expresa de modo elocuente el antiguo libro budista denominado *Una Guía a la Forma de Vida de un Santo Guerrero*, escrito en Asia hace unos trece siglos. Piensa en la idea de "mi cuerpo" o "mi yo". Normalmente tendemos a igualarlo con el borde de nuestra piel: si nos damos la mano, "yo" termino al final de *mis* dedos y "tú" empiezas al principio de los *tuyos*. No obstante, cuando una mujer tiene un hijo es obvio que aparece una nueva definición de "yo": la frontera del "yo" se ha expandido hasta llegar al hijo, y cualquier dolor que él sienta es un dolor que se le inflige a la madre, la cual reacciona como una "mamá leona". La definición del "tú" también se expande cuando estrenas un coche, que representará nuevas cuotas mensuales que se comerán gran parte de tu salario. En Nueva York esto se expresa en la vida cotidiana cuando vemos a un grupo de quinceañeros que se acercan a comprobar las cerraduras de los coches y a mirar por las ventanillas de los asientos traseros. Ayer era una molestia que probablemente mencionarías al guardia al entrar en el edificio; hoy, cuando se acercan a *tu* nuevo coche, es un ultraje, y serías capaz de correr hacia ellos para pararles o, alarmado, llamar a la policía.

El "yo" también puede encogerse: un cirujano te dice que uno de tus riñones tiene un cáncer y que se debe extirpar, y tras pelear contigo mismo empiezas a *disociarte* del riñón; pasas por un proceso en el que lo divorcias de lo que denominas "tú", hasta que el día de la operación estás resignado a extirparlo del "yo".

En una gran empresa, el "yo" en el sentido de "mis intereses" también se puede encoger y expandir. Un indicador de la salud de una empresa es cuando el sentido del "yo" en cada división directiva se estira e incluye a las demás divisiones: lo que es bueno para tu división es bueno para la mía; la empresa somos todos. Es importante comprender que esto no es una ficción, no es más artificial hacer que tu "yo" se estire hasta abarcar tres divisiones que hacer que se estire hasta abrazar tu propia división, solo porque alguien te dijo un día que tú eras el jefe de una división concreta, instante en que expandiste el "yo" hasta abrazar *esa* división.

En cada momento de nuestras vidas el "yo" es una decisión, y restringirlo a lo que parece ser "tu" preocupación inmediata es, según la sabiduría antigua del Tíbet, la fuente de todo problema personal o comunitario. No me malinterpretes, esto no es una especie de sentimiento noble, sino algo totalmente práctico. Todos tenemos el deseo de ser independientes, tanto financiera como organizativamente, y esto se logra *siguiendo estrictamente la costumbre de* compartir tus recursos con los que te rodean en la empresa. Acostúmbrate a esta idea. Nada proviene de la nada. Cualquier grado de independencia que puedas conseguir es una percepción, y por tanto una realidad, creada por impresiones plantadas en tu mente cuando compartes tus recursos felizmente y de modo consciente con los demás.

Problema de negocios nº 36: En tus negocios y tratos diarios la gente que te rodea —clientes, proveedores y empleados— tiende a engañarte.

Solución: La solución a este problema tampoco te la imaginarías. Todos sabemos lo frustrante que es en los negocios encontrarnos en situaciones en las que no estamos seguros de si podemos creer lo que nos dicen. Un cliente nos asegura que nos pagará en cierta fecha, y más tarde descubrimos que el pago no viene en el plazo acordado y que el cliente era consciente de ello todo el tiempo. Un proveedor nos asegura que la mercancía que necesitamos para completar un pedido vital para uno de los clientes más importantes estará en nuestros almacenes a tiempo, y después averiguamos que ni tan siquiera la tiene, o lo que es peor, que la tenía y ese mismo día se la entregó a la competencia porque le ofrecieron un poco más de dinero. Un empleado se marcha de una reunión en tu oficina con el encargo de un trabajo que es parte esencial para otro mayor; ya se ha hecho previamente, por tanto, sigues el tema de lejos, y cuando te interesas siempre te asegura que su parte va bien. Finalmente, llega el día de entrega del proyecto y te das cuenta de que se tendrá que retrasar porque *no lo ha terminado*, y de hecho no se ha progresado en absoluto durante todo ese tiempo.

Puedes evitar encontrarte con gente que te engaña actuando en dos frentes. En primer lugar, sé sensible ante cualquier sentimiento de orgullo del que puedas ser víctima. La vida empresarial es rápida y cruel, las estrellas suben deprisa, pero la caída es dura, por lo que podrías pensar que el orgullo es una aflicción rara en las empresas. Los hombres de negocios se encuentran entre la gente de más inteligencia y talento del mundo occidental, pero parecen tener un punto débil aquí, en la incapacidad para controlar una emoción totalmente inapropiada en un mundo en el que un día malo puede llevarte de vicepresidente de una sección a "antiguo director que busca trabajo de oficinista".

Quizá el problema más grave con el orgullo no es lo desagradable que resulta para los que te rodean, sino lo perjudicial que resulta para tu propio desarrollo. Los pastores de yak tibetanos tienen un dicho: "En verano la hierba siempre empieza a crecer desde los valles, y sólo después se abre camino hasta los pies de las cimas nevadas". Una persona libre de orgullo, una persona humilde, está más capacitada para escuchar a los demás sin importarle en qué escalafón de la empresa están situados, y usa lo que aprende para conseguir éxito.

Siempre existe la posibilidad de aprender algo de cada una de las personas con las que topamos en un día de trabajo, solamente tenemos que *abrir nuestros oídos a lo que nos dicen*. Esto no significa que tengas que aceptar todas las sugerencias; si has llegado hasta aquí, seguramente es porque eres capaz de tomar buenas decisiones. Más a menudo de lo que piensas aprenderás de tu gente cosas que ni tan siquiera han cristalizado aún en sus propias mentes —las directrices que siguen o soluciones colectivas que te deberían sugerir una estrategia más abierta en tu propio pensamiento —, sólo necesitas estar atento a lo largo del día y escuchar a los de tu departamento.

El segundo frente con el que tienes que trabajar es evitar la trampa de vivir pendiente del reconocimiento ajeno. En algún momento de la vida personal y laboral todos tenemos que madurar hasta llegar al extremo de hacer lo que es bueno y correcto, no porque alguien lo vaya a agradecer o a alabar, sino, simplemente, porque es lo que se debe hacer y estamos en la mejor posición para hacerlo. De hecho se puede afirmar que uno es mejor jefe o administrador cuanto menos reconocimiento necesita de los demás. Las madres se ocupan de sus bebés porque son las más indicadas para hacerlo, y aprenden a vivir sin ninguna expectativa de recibir expresiones externas de gratitud o reconocimiento de la persona a la que sirven.

Los directivos y líderes competentes buscan en todo momento la manera de poder alabar a los demás. No es otra estrategia de la empresa, sino su verdadera percepción de la situación a su alrededor: son muy conscientes de las contribuciones de los que les rodean, y reconocen y recompensan dichas contribuciones *no* porque esta sea una buena manera de motivar a los empleados, etc., sino porque *reconocen* sinceramente que los que les rodean, y no sólo ellos mismos, juegan una parte integral e importante en el éxito de la empresa, incluso en un papel aparentemente más limitado, como operario en una máquina o guardia de seguridad.

Abandonad el hábito de esperar reconocimiento o alabanzas, acostumbraros a buscar ocasiones para reconocer y alabar a los que os rodean y, de repente, nadie en vuestro mundo, ya sea éste cliente, proveedor o empleado, actuará de un modo engañoso. Es el efecto de la impresión de ser sinceramente consciente de las contribuciones de los que te rodean.

Por último, se debe enfatizar que no es necesario ser falso o buscar excusas para alabar o reconocer a quien no lo merece. La cuestión es que, trabajes en una empresa grande o pequeña, esta no funcionaría en la práctica sin la labor y dedicación de un cierto núcleo de personas, gente que ha trabajado bien a tu lado durante mucho tiempo de manera tan regular que, probablemente, ya no percibes lo mucho que hacen por ti. Un fenómeno que sucede tanto en la vida empresarial como en la personal es que cuanto más cerca está y más tiempo nos ayuda alguien, menos lo reconocemos y recompensamos. Por ejemplo: ¿cuándo fue la última vez que llevaste a tu casa un ramo de rosas o una caja de bombones?

Problema de negocios nº 37: Nadie en la empresa respeta lo que dices: cualquier sugerencia que formulas, o bien se ignora o se considera estúpida.

Solución: Quienquiera que haya pasado horas sentado en la mesa del despacho de reuniones de una gran empresa reconocerá este problema. En ocasiones, es tan obvio que temes volverte loco. El lunes tienes una reunión de seis horas con otros directivos (se alarga hasta la hora de comer; el jefe dice: "Después de la reunión id al restaurante y cargadlo a mi cuenta"; pero luego hay una crisis en tu departamento porque no te han podido localizar en el despacho de reuniones durante las últimas seis horas. Ya conoces la historia, pero no tratamos de eso aquí).

El jefe pide algunas sugerencias para ahorrar dinero durante el presente trimestre (lo que vas a leer, por cierto, ocurrió en realidad). Una persona que, en ese momento, es el favorito del jefe, dice:

-Intentemos usar como papel de notas todos los informes viejos de los ordenadores, que no se coja papel en blanco nuevo de la copiadora para tomar notas; en lugar de ello poned una caja llena de informes viejos al lado de la máquina para que se puedan emplear.

El jefe mira a su alrededor y todos parecen estar de acuerdo con la sugerencia, aunque la mayoría piensa que pasearse por la empresa diariamente repartiendo los informes usados no ahorrará mucho dinero, pero está bien, el espíritu es correcto.

El jefe dice:

-Buena idea, ¿alguien más?.

Yo levanto la mano:

-¿Qué os parece si ponemos una alfombra especial en el suelo del ascensor para recoger los pequeños diamantes que se caen de los zapatos de la gente cuando sale? Veo un montón cada día allí al marcharme, y terminan en la aspiradora, donde los tiran los encargados de la limpieza que vienen por la noche.

El tipo de paquete de diamantes con los que trabajábamos regularmente contenía miles de diamantes, y algunos eran *realmente* tan pequeños que un estornudo, el cable del teléfono que pasa por encima de ellos mientras estás sentado en tu silla, o alguien que lanza un lápiz hasta tu mesa, puede provocar que un buen número de ellos caiga al suelo. Una vez allí, misteriosamente, tienden a esconderse en sitios en los que nunca se encuentran.

Cuando esto sucede con un montón de piedrecitas te levantas con cuidado (por si alguno ha caído en tu regazo) y después, de puntillas, te acercas a la esquina para coger la escoba. Vas de puntillas para que las piedras que aterrizaron con la cara arriba no se enganchen en la suela de tus zapatos y te los lleves, atravesando las puertas de seguridad, al cuarto de baño o al ascensor, donde por alguna misteriosa razón, muchos parecen desprenderse. Por este motivo sugería yo poner una alfombra en el ascensor.

A continuación te arrastras por el suelo, cosa que nadie cree que sea de tontos, porque los demás también lo hacen cuando se les cae alguna piedra. Barres con cuidado, o quizás te inclinas más, de forma que tu ángulo de visión te permita percibir el destello de algún *bebé* perdido. Debido a que los diamantes son la sustancia más dura, y a que tienen un índice refractivo más elevado que cualquier otro material, así como una capacidad mayor para emitir luz, cuando una chispa de luz los toca, emiten un destello muy característico, y cualquier diamantista es consciente de ello.

Pongamos que caminas por un pasillo enmoquetado en la oficina de ejecutivos, ves dicho destello en una esquina e, instintivamente, te agachas y ya tienes una piedra increíblemente pequeña en la palma de la mano; es como un instinto.

Recuerdo una acera delante del edificio International Paper en la Calle Cuarenta y Cinco con la Avenida de las Américas, que se hizo con una especie de cemento chispeante. Esta solía volverme loco al regresar a casa debido a que mi "instinto de la piedra brillante en el suelo" se disparaba y allí me tienes, agachado de modo involuntario, tratando de recuperar a la pobre oveja perdida.

De todos modos, no siempre resplandecen, puesto que en ocasiones no se quedan en el ángulo adecuado para recibir luz, por ello se tiene que barrer toda la habitación con mucho cuidado. Despues, se lleva todo a una esquina y se revisan los pelos y la caspa (que se parece un poco a las pequeñas piedras), los trozos de patatas fritas de ayer, los clips de papel y las grapas (bajo los que una piedra se podría esconder), así como todas las piedras de hace tres semanas que tampoco encontraste. *Nunca* se encuentran todas las que se han caído y algunas *siempre* salen hasta el ascensor.

El jefe se balancea en su silla (por supuesto es el único que tiene una silla giratoria; y nunca adiviné por qué) y refunfuña:

-Esta es la sugerencia más estúpida que he oído nunca, Roach.

Procedí a poner en práctica el arte de volverme invisible en el borde de la mesa.

-Tengo una idea- balbucea otra persona, que aquel mes goza del favor del jefe -. ¿Sabéis aquellas barras de chocolate que regalamos a nuestros clientes y proveedores por vacaciones, las que llevan escrito Andin? Son gruesas realmente. ¿Qué os parece si las desenvolvemos, cortamos una parte del chocolate y hacemos más barras?

El jefe se estira hacia atrás en su silla con un aire triunfante y la mira fijamente. El resto de nosotros no estamos seguros de si es un chiste o no (no lo era), y entonces aparentamos neutralidad hasta que el jefe diga "estúpido" (asentiremos con la cabeza) o "brillante" (moveremos ésta más deprisa, llenos de satisfacción).

Bueno, ya sabéis cómo termina la historia: una semana después los conserjes colocan una alfombra de goma negra con finas fibras en la superficie en el ascensor. Sales para irte a casa, con la cabeza baja, como un perro a quien hubieran dado una paliza, e instintivamente escaneas el suelo del ascensor, en busca de piedras perdidas.

Preguntas: -Eh, chicos, ¿qué hacéis?

-Poner estas alfombras nuevas en el ascensor; es una gran idea. Ya sabes, muchas piedras diminutas quedan pegadas a la suela de los zapatos de la gente y llegan cada día al ascensor. Las alfombras aglutinarán las piedras y cada noche las recogeremos junto con los restos de oro de la fábrica; después las piedras se reciclarán en el departamento de diamantes, en vez de perderse en la aspiradora de los chicos de la limpieza cada noche para ser lanzadas a la basura.

-Vaya, ¿quién tuvo esa gran idea?

-Oh, el jefe. Es muy listo.

Esta percepción tan frustrante es activada por una impresión particular, esta impresión es plantada por la charla vana. Es interesante cómo los libros de sabiduría de la antigua India y Tíbet escritos hace miles de años describen a la charla vana: "Implicarse de modo voluntario y con alegría en conversaciones inútiles sobre sexo, crímenes, guerra y política". A menudo, la gente me pregunta cómo encuentro tiempo para dirigir todos los proyectos que tenemos en muchas partes del mundo. La respuesta es que, de un modo consciente, intento evitar la charla vana. Me refiero a todas las horas conversando delante del periódico y el café, en las que se suele revisar el estado de los acontecimientos mundiales, de otras personas de las que no se sabe mucho, de cosas con las que no se tiene nada que ver y sobre las que no se puede tener ninguna influencia.

Aquí se pueden incluir todas las noticias de la televisión,

espectáculos, periódicos o revistas, así como el resto del "entretenimiento" de la televisión y la radio, y prácticamente todo lo que dices sobre los demás cuando en realidad lo único que quieres es escucharte a ti mismo. Un buen ejercicio para comprobar si la información de un periódico o una revista es relevante para ti es el examen de los tres días. Tres días después de leer con detalle el periódico (porque tu vuelo se retrasó y por fin tuviste tiempo de hacerlo, o algo parecido), intenta sentarte y anotar las noticias que todavía recuerdes.

Comprobarás que no recuerdas más de uno o dos artículos, y muy pocos detalles de cada uno. Entonces, ¿de qué sirve leerlos? Aunque el poder de la mente es magnífico, no es inagotable: al igual que un ordenador, tienes un espacio limitado en tu cabeza para acumular más información.

Por razones prácticas, el Budismo concede un elevado valor al silencio. Como describiré después, tenemos la costumbre de hacer retiros que pueden durar desde un par de días hasta un par de semanas, en los que, de un modo consciente, se evita hablar. La mayoría de la gente en Estados Unidos y en otros países occidentales nunca ha experimentado algo similar, excepto en situaciones extraordinarias (laringitis, o cuando estamos enfermos y nos quedamos solos en casa). Probablemente en nuestra vida no ha habido más de un día o dos en los que no hayamos hablado con nadie. Y la mayor parte de las conversaciones, como comprobarás cuando hagas un retiro de silencio, distraen y son, simplemente, vanas e innecesarias.

Estar solo y en silencio durante un tiempo es un método extraordinario para obtener conocimientos importantes sobre el estado de tus asuntos. Se explicará más al respecto después. Es suficiente con decir que la impresión que *causa que te veas ignorado, incluso cuando haces una buena sugerencia,* es el implicarte en conversaciones vanas. Y si este problema ocurre muy a menudo en tu vida sé *muy estricto,* mucho más que los demás, en no implicarte en ningún tipo de conversación frívola.

Problema de negocios nº 38: Te sientes afligido por la falta de confianza en ti mismo; solías sentirte muy seguro de ti y ahora es todo lo contrario.

Solución: Este problema se cura completamente evitando todo tipo de charla inútil, no sólo del tipo descrito, sino otra que tiene también una gran importancia: la charla insignificante, tan común en el mundo de los negocios, en la que se proyectan grandes planes y se hacen grandes afirmaciones, pero nunca se siguen hasta asegurarse de que se cumplan. Este fenómeno es evidente en las reuniones de negocios en las que se planifica la temporada siguiente: horas y horas de planes y determinaciones huecas que todos los presentes saben positivamente que no se pueden llevar a cabo.

No me refiero aquí al tipo de compromiso excesivo que hace de manera entusiasta un emprendedor auténtico; ni a la actividad frenética que fluye de una de aquellas pocas personas que tienen visión de futuro y también saben cómo hacer que un trabajo penoso convierta los sueños improbables en realidad, sino que nos referimos a conversaciones repetidas y planes a medio hacer que disipan los recursos y la atención de la gente.

Si deseas tener una intensa autoconfianza en los años próximos, asegúrate de hablar sólo de lo que realmente intentas hacer, de no desperdiciar las preciosas horas de tu vida hablando de cosas irrelevantes. Existe un delicado equilibrio entre el sueño y la visión de futuro, entre la fantasía y la esperanza, y lo que marca la diferencia es que uno tiende a materializar un buen número de sus sueños y convertirlos en una sorprendente realidad.

Problema de negocios nº 39: Te ves incapaz de tomarte tu bien merecido descanso; tienes problemas para relajarte y, en realidad, nunca disfrutas de unas vacaciones. Es como si el verdadero ocio no estuviera hecho para ti.

Solución: La capacidad de relajarse, la habilidad de apartarse del trabajo y disfrutar de verdad del ocio que uno se ha ganado es, una vez más, algo que se puede experimentar si se sabe cómo plantar las impresiones adecuadas en la mente. No es algo que vaya a venir de modo automático, ni algo con lo que todo el mundo nace, ni es una bendición que recibimos por casualidad.

Estas impresiones en concreto se plantan, principalmente, cuando procuras hablar sólo de lo que es significativo, que produce beneficio, y evitas las charlas sin sentido, ya sea el cotilleo o el planear cosas absurdas que no tienes intención de poner en práctica. El hilo común aquí es tener un *sentido de propósito*: hablar cuando es necesario, cuando hay una razón o acción que llevar a cabo; el resultado que produce es un sentimiento de contento o plenitud, ya que tú has llenado de sentido tu vida y tus palabras.

Recuerda que aunque seas el tipo de persona que, normalmente, sólo habla cuando tiene sentido hacerlo, no significa que no tengas *viejas* impresiones por haberte dejado llevar por la charla inútil en el pasado, o impresiones *previas menores* que han estado en tu inconsciente un tiempo, acumulando fuerza, hasta que te han forzado a verte a ti mismo como una de esas personas tristes que son incapaces de disfrutar del descanso.

Es importante saber que, si *no puedes* disfrutar de tu tiempo de ocio, *tienes* dichas impresiones. El poder de dichas impresiones se puede bloquear por medio de estar muy atento para no implicarse en ningún tipo de acción similar: ni una sola palabra de charla inútil o sin sentido. Otras personas se lo pueden "permitir" con *su* grupo particular de impresiones, pero tú no. Si te molesta el problema específico que se corresponde con una impresión particular, tú, *especialmente*, debes evitar incluso el menor contacto con este tipo de impresión.

Problema de negocios nº 40: Tienes un problema obvio *de precisión*. Inviertes en un producto justo antes de que éste empiece a decaer; sales de una inversión en medio de un boom, que sigue en activo mucho tiempo después de haber retirado tu dinero. Tu nuevo producto parece salir siempre al mismo tiempo que un producto de la competencia que es ligeramente mejor. Tu compromiso con un pedido de un proveedor importante le llega varios días después de que sus precios hayan subido.

Solución: De nuevo, el problema es el tipo de charla vana hacia la que desvías recursos, gente y energía mental en planes que, si lo piensas un poco, no tienes intención alguna de llevar a cabo. Asegúrate de hacer lo que dices que vas a hacer y de no hablar de aquello que no tienes verdadera intención de realizar.

Problema de negocios nº 41: Cuando pides que te hagan un favor nadie escucha.

Solución: En realidad éste es otro aspecto del problema *nº* 37, de cuando nadie respeta tus opiniones. La impresión que lo causa es, como podrías esperar, hablar una y otra vez sobre cosas sin importancia. Por ello, si te ves afligido por este problema en concreto, tienes que contrarrestar las impresiones que lo crean pensando cuidadosamente antes de abrir la boca, tratando siempre de decir algo que sea de beneficio y tenga sentido para la gente que te rodea.

Problema de negocios nº 42: Parece que la gente de tu empresa siempre se pelea.

Solución: Ya conoces los costes a pagar a escala individual por culpa de las pequeñas refriegas y su relación con el éxito de la empresa. Una sección que tiene empleados que se apoyan, funciona sola, mientras que una dividida, donde la gente riñe y se pelea, no es provechosa, y resulta un lugar agotador en el que trabajar. Trabajar con intensidad parece dar fuerza y un vínculo común a la gente; hablar con dureza, en cambio, tienen el efecto inmediato de consumir toda la energía de una división y de sus empleados. Parte de la hora de la comida de mi época en Andin, la pasaba sentado con empleados disgustados intentando unirles, y a menudo pensaba que me pagaban la astronómica cantidad que recibía sólo por mantener la paz. Si tenía éxito en ello, la producción se hacía sola.

Como se mencionó antes en el problema *nº* 6, las peleas en una empresa, seas tú quien se pelea con otro, o dos personas que se pelean entre sí, surgen de impresiones que has plantado al decir cosas —bien de un modo malicioso o a causa de un chismorreo— que llevan a la gente a separarse. La gente implicada pueden ser amigos o enemigos, o incluso dos empleados que no se conocen muy bien, pero debido a lo que les has dicho a uno o a los dos se distancian más de lo que lo estaban antes de tú empezar a hablar. Para contrarrestar esta impresión, apártate de esta tendencia y une a la gente todo el día, como y cuando puedas, incluso de manera muy sutil.

Junto con estos pequeños arreglos, enfatiza evitar cualquier pensamiento malicioso acerca de nadie de la empresa. Cualquier ejecutivo conoce a otros ejecutivos de la misma empresa que se lo han hecho pasar mal, y siempre tienes la tendencia a sentir cierto placer cuando oyes que uno de ellos tiene algún problema, aunque éste sea un problema que terminará hiriendo a otras personas de la empresa, incluido tú.

Esta es una impresión concreta que desciende al inconsciente, se queda nadando allí un tiempo, acumulando fuerza, para luego subir a la superficie, a la mente consciente, para forzarte a percibir a tu alrededor gente que se pelea. Se pelean entre sí, se pelean contigo; sientes un cierto placer cuando ves que tienen un problema; eso planta una nueva impresión para ver a gente a tu alrededor pelear y, bien, ya tienes la imagen. *Casi cada mala impresión que puedas llegar a plantar en la mente te hará ver exactamente lo mismo que estabas intentando evitar cuando plantaste la primera impresión*. La rueda da vueltas sobre sí misma.

Problema de negocios nº 43: Vives en un clima social y de negocios en el que la integridad no se respeta, donde sólo un loco es estrictamente ético cada hora de su día laboral, donde "los buenos chicos terminan mal".

Solución: Aquí llegamos al más serio de todos los problemas de negocios: los que tratan de la pureza general de lo que denominamos "visión del mundo" en tu sector o industria particular. Es cierto que existen ramos o industrias que tienen mayor respeto por la integridad que otros. Y cualquier hombre de negocios experimentado sabe que trabajar en una industria que tiene en alta estima la honestidad y la justicia eleva siempre los sentimientos, mientras que trabajar en un mundo pequeño en el que la bondad se considera estúpida es, en sí, una experiencia degradante. Se ha de tener el corazón como una piedra para no notar la diferencia.

Si te encuentras en este tipo de situación, es importante comprender que dicho sentimiento de corrupción a tu alrededor no es algo que debas evitar, primordialmente por medios externos. Es decir, probablemente no podrás evitar seguir rodeado de gente que no respeta la ética cambiando tus circunstancias externas, porque éstas no son la causa de la existencia de esa gente: son, más bien, tus propias impresiones. He empleado literalmente a cientos de personas para ocupar un amplio abanico de posiciones a lo largo de las últimas dos décadas, y ha habido unos cuantos que, de repente, me han dejado, aunque han sido muy pocos. Normalmente la conversación se desarrolla así:

-Quiero dejar la empresa.

- ¿Por qué? ¿Qué sucede? ¿Puedo hacer algo para ayudarte?

-Es inútil; fulanito de tal (normalmente alguien que se sienta cerca del empleado, con un poco más de autoridad que él) me está volviendo loco. No puedo seguir trabajando con él; es realmente incompetente y siento que me iría mejor en otra empresa, con un jefe más inteligente. Ya he tenido una entrevista y he aceptado trabajar para esa otra empresa, así que te lo comunico con dos semanas de antelación.

-De acuerdo, ya veo que no puedo hacer nada. Pero manténte en contacto y hazme saber cómo te va en tu nuevo puesto.

En el negocio del diamante, por cierto, se comunica esto con una antelación de dos semanas, lo cual es de agradecer: pides al empleado disgustado que se espere mientras haces tres llamadas. Una al oficial de seguridad para tener un guardia a su lado mientras limpia su mesa (por si hay gemas sueltas que hayan caído en su cajón mientras estaba trabajando de mala gana). Otra al departamento de recursos humanos para cancelar su tarjeta, de manera que no pueda entrar en la zona de seguridad. Y la última al departamento de pagos para que se prepare inmediatamente el cheque con la paga adelantada de sus dos últimas semanas, lo cual sale más barato que si se lleva consigo algún brillante.

De cualquier modo, te vuelves a poner en contacto tres semanas después para preguntarle cómo le van las cosas en el nuevo trabajo (después de todo, no está mal saber lo que hace la competencia). En muchas ocasiones, estos trabajadores parecen relajados y felices en su nueva situación. Le pides que se ponga en contacto contigo al cabo de seis meses, para ver qué tal le va. Y entonces, casi siempre, empiezas a oír exactamente las mismas quejas que ya hacía en tu propia empresa.

Las *impresiones* que producen verte rodeado de mala gente no se cambian manipulando las circunstancias externas. Los tibetanos dicen que, si la mayoría de nosotros nos encontrásemos en una habitación con diez personas, tres nos gustarían mucho, otras tres no nos gustarían en absoluto, y con respecto a las cuatro restantes no sentiríamos ni una cosa ni la otra. Si entrásemos en otra habitación de diez personas pasaría lo mismo. Incluso si cogiéramos diez de las personas que nos gustaban de tres o cuatro habitaciones y las pusiésemos juntas en otra habitación, nos empezarían a gustar tres y a desagradar otras tres.

No es por culpa de la realidad externa -de hecho no existe algo así-, sino más bien de las impresiones en nuestra propia mente. No busques fuera de tu industria otra más honesta: cambia tus impresiones, adiéstrate estrictamente en ser íntegro, en la lógica implacable detrás de la integridad, y después siéntate y disfruta observando los cambios en tu propia industria. Ese cambio será producido por las nuevas impresiones, y no porque hayas salido por piernas de una mala situación -cosa que nunca funciona-.

Problema de negocios nº 44: Pierdes tu olfato para los negocios, el hueso es cada vez más difícil de roer. Tienes problemas para seguir el ritmo de los cambios a tu alrededor, pareces más lento de lo que solías ser cuando abordabas complejos desafíos en el negocio.

Solución: Hasta ahora hemos hablado mucho del tipo de impresiones que crea tu medio ambiente y el tipo de gente con la que entrarás en contacto a lo largo del día. Pero, ¿qué sucede con tu mente?, ¿qué sucede con el intelecto? Los antiguos libros de sabiduría tibetana dicen que también tu capacidad de pensar con claridad es una percepción que te ves forzado a experimentar a causa de impresiones que has plantado en tu propia mente en el pasado. Y afirman que si no vives de acuerdo a la norma de que la bondad lleva a experimentar cosas buenas, es decir, si fracasas incluso en reconocer la existencia de esta profunda verdad, tu intelecto se verá resentido.

La gente que ha tenido el honor de vivir en contacto próximo con Lamas tibetanos tiene muchas historias acerca de la misteriosa sabiduría intuitiva que estos maestros despliegan ante los problemas más comunes. Un amigo mío viajaba por la India en un coche con un Lama refugiado recién llegado del Tíbet. Era un monje anciano que había vivido en áreas remotas de los Himalayas y que había subido a un coche sólo muy recientemente. El coche se averió y el conductor subió el capó para ver el motor. El Lama salió del automóvil porque, según dicen los libros antiguos, es bueno observar cómo la gente hace cosas que desconoces, porque podrías aprender algo que te sea útil para ayudar a alguien en otro lugar. El Lama se agacha sobre esta cosa que nunca ha visto antes, un motor de coche, y usa las pocas palabras de inglés que sabe para preguntar cómo funcionan sus diversos componentes. Luego, señala al alternador y dice: "Esto es lo que tienes que arreglar".

Y por supuesto lo era. A menudo imagino la mente de este Lama como una computadora muy rápida que revisa las posibles funciones de cada parte basándose en las pocas piezas cuya función entiende, casi reinventando el motor de explosión mentalmente, mientras observa esta cosa nueva y visualiza su funcionamiento interno, y llega a la conclusión, por medio de una lógica contundente, acerca de qué parte debe ser la que está averiada.

Esta avanzada capacidad de pensar, de razonar acerca de un problema de un modo más veloz y claro que el de la mayoría de las personas, no es resultado de la genética, ni de la nutrición o el adiestramiento: es otra percepción activada por una impresión mental plantada en la mente con anterioridad. Y el modo más poderoso de plantar este tipo de impresiones es muy simple: *comprender cómo funcionan las impresiones* para llegar a crear el mundo a nuestro alrededor, y después actuar sobre la base de esta comprensión siguiendo el sendero de la integridad personal.

Problema de negocios nº 45: Parece que los principios de la justicia no se apliquen a tu vida: siempre que te perjudican de manera injusta, ya sea un compañero de trabajo o un competidor, las autoridades —tu jefe o el juzgado— ni te ayudan ni te protegen como esperabas.

Solución: Si piensas en ello, el no recibir la ayuda y protección que se te debe por parte de la autoridad representa un desarreglo fundamental y molesto en el orden de las cosas. Quizá no haya una situación en la vida más frustrante que la de ser perjudicado, buscar el justo desagravio y que no se haga justicia. Esta percepción, esta realidad particular, tiene sus propias causas específicas: una impresión plantada en tu mente *cuando rehusaste reconocer el orden de las cosas*, el modo real en que funcionan las cosas, negando en especial la primera norma de las impresiones, la que afirma que una impresión plantada por una acción negativa, una acción en la que has perjudicado de modo voluntario y consciente a otra persona, sólo puede conducir a un resultado negativo: una percepción negativa, una experiencia negativa del mundo a tu alrededor o en tu interior.

Desprecias este principio siempre que crees y actúas del modo opuesto, siempre que, de modo consciente, emprendes una acción perjudicial esperando recibir a cambio un buen resultado. Es decir: las mentiras piadosas (una impresión negativa) para cerrar un trato (una percepción deseable); engañar en los impuestos (una impresión negativa) para poder tener más dinero (una percepción deseable); o encontrar el modo de no pagar una tarifa correcta de importación (una impresión negativa) para reducir precios en tu producto y ser más competitivo (una percepción deseable). **Es esencial comprender que, en términos de** *contenido*, **un resultado positivo** (éxito personal y en los negocios) **nunca puede venir de una causa negativa** (como es herir o perjudicar a nadie).

Para expresarlo de otro modo, es imposible que una percepción agradable provenga de una impresión negativa. Cada vez que *piensas* de este modo, cada vez que niegas el orden natural de las cosas, directa o indirectamente, plantas otra impresión en tu mente que te forzará a ver el orden social externo de tu mundo al revés: es decir, el juzgado o tu jefe decidirán en tu contra, aunque la "razón" parezca asistirte.

La solución entonces es de una sencillez dolorosa: *tómate tiempo y esfuerzo* para familiarizarte con las nuevas ideas que se presentan aquí (bien, sólo son nuevas en occidente), con el concepto de que el *mundo que te rodea es creado por tu integridad o por tu carencia de ella.* Supera esa peligrosa indolencia cultural que rehusa pensar en cosas como: ¿De dónde viene realmente el mundo y las cosas malas en él? ¿Por qué a pesar de haber hecho exactamente las mismas acciones, un hombre de negocios fracasa mientras otro tiene éxito? Los acontecimientos negativos deben venir de acciones negativas: asegúrate de entender por qué y cómo; después siéntate y disfruta de los fuegos artificiales.

Problema de negocios nº 46: Gradualmente te vas dando cuenta de que, a lo largo de tu carrera en el mundo de los negocios, el nivel de tu integridad ha descendido de modo notable.

Solución: La solución final al último problema de este capítulo, en un libro acerca de la integridad en los negocios, no es lo que se podría suponer, *ya que la pérdida de tu integridad es una percepción a la que te fuerza tu propia carencia de respeto por la integridad en el pasado.* Para expresarlo con sencillez: durante tanto tiempo has mantenido la opinión inarticulada de que la integridad no tiene relevancia alguna en el negocio, que ahora debes enfrentarte a la pérdida de tu propia integridad. El auténtico desastre aquí es que ese mismo potencial escondido que te podría haber llenado de éxitos ahora operará en tu contra, ya que la impresión que te causa malinterpretar el porqué de las cosas es la más difícil de eliminar, porque *eliminar impresiones se consigue por medio de comprenderlas.* Fracasar en comprender cómo tener éxito en tu vida y negocios provoca el fracaso continuo en entender estas cosas.

Por supuesto, la solución consiste en trabajar duramente

para superar tu resistencia natural al tipo de pensamiento que se presenta en este libro. Si lo piensas bien, muchos de tus puntos de vista y creencias acerca de dónde o de cómo viene el éxito se plantaron en ti a muy temprana edad: muchas de tus suposiciones acerca de la vida te las impartieron los maestros de primero o segundo, de quienes, si los encontrases hoy y pudieses hablar con ellos, te sorprendería la ridiculez de sus opiniones.

Para tener realmente éxito debes aprender a superar formas de pensar y comportamientos que han demostrado ser, a lo largo de décadas de tu vida, contraproducentes o, en el mejor de los casos, casi casuales para producir los resultados que deseas. Los grandes innovadores de todas las épocas y de cada parte del globo han tenido que aprender a reevaluar las creencias con las que crecieron.

No dejes el éxito de tu negocio y tu vida a merced de suposiciones no examinadas y prejuicios propios de tu mismo país y cultura. Además, lo que tu cultura dice que es bueno o malo, erróneo o correcto, exitoso o no exitoso varía de año en año, incluso en tu propia vida. Cuando era un joven que crecía en el sudoeste de los Estados Unidos, una de las actividades peores en las que un delincuente se podía implicar era "hacer correr números".

No sabía lo que significaba "hacer correr", y se lo pregunté a mi madre, me respondió que sólo la gente mala hacía correr los números, normalmente en la parte sur de nuestra ciudad, al otro lado de las vías del tren. Se pinchaban heroína, se emborrachaban en bares y hacían correr números. Hacer correr los números consistía en que un número de personas se reunía en una habitación oscura, entregaba dinero a un encargado a cambio de un número, y cuando mucha más gente había entregado dinero y cada uno tenía su propio número, el encargado cerraba los ojos, elegía un número, y de todos los presentes sólo uno ganaba el dinero de los demás (por supuesto, después de que el encargado hubiera sacado su parte).

A esta actividad hoy en día, en los Estados Unidos, se le denomina "lotería", y la dirige el gobierno. A la gente que hacía correr números los ponían en prisión, mientras que los que hoy dirigen la lotería ayudan a la sociedad. Hacen exactamente lo mismo. Excepto que ahora es moral. En los años veinte poseer o beber alcohol era un crimen federal en los Estados Unidos. Ahora es un negocio legal y sofisticado. Los brillantes padres fundadores de América tenían negros como esclavos, y durante décadas debatieron sobre si eran animales o personas. En Nueva York es ilegal maltratar a tu animal de compañía, presumiblemente porque tiene senti-mientos. Millones de animales similares son despedazados en los Estados Unidos cada año por su carne. Presumiblemente, no tienen sentimientos.

Este no es un juicio de valor acerca del juego o del ra-cismo, o sobre comer o no comer carne, sino sobre creerse todo lo que tu cultura dice. No puedes creer ciegamente lo que te contaron de niño, ya sea lo que te enseñaron tus maestros de primaria, tus padres, o la gente de tu iglesia o templo. No se puede aceptar ciegamente lo que es popular, legal o aceptado en un momento dado en esa pequeña parte del mundo a la que llamas tu "hogar". No puedes seguir una manera de hacer negocios sólo porque este es el modo en que los demás lo hacen ahora.

Nunca dejó de sorprenderme cómo el dueño de Andin, Ofer, solía reunirnos en el despacho cada par de meses para mover en la mano un libro con excitación y decir: "¡Es éste! ¡Mirad lo que encontré en la tienda del aeropuerto, yendo a Dallas! ¡Aquí se encuentra la respuesta a todos nuestros problemas de negocios!" Y era un ejemplar del último éxito de ventas sobre cómo llevar los negocios.

-Ofer, ¿te das cuenta de quién ha escrito este libro?

-Sí, claro, es aquel que da charlas por todo el país sobre cómo tener éxito en los negocios.

-Y, ¿sabes cuánto dinero gana al año?

-No lo sé, parece ganar ochenta o noventa mil dólares al año.

-¿Y cuánto dinero ganas tú al año?

-Bien, un par de millones.

-Entonces, ¿por qué lees este libro estúpido de alguien que sólo gana una parte de lo que ganas tú? ¿Te das cuenta que te anima a hacer lo contrario de lo que te decía el autor de aquel libro del año pasado?"

Ya que dedicas tanto tiempo *a los negocios* deberías estar dispuesto a dedicarle un poco a averiguar *cómo funcionan realmente*. En última instancia, *conservarías tu vida más años* si pudieras descifrar por qué se produce o no el éxito en los negocios. El éxito personal o en los negocios es un resultado, y como todo resultado tiene sus propias causas. Cuando repites las mismas causas, obtienes el mismo resultado. Si te implicas en los negocios de un modo que no siempre produce los mismos resultados significa que no has encontrado las causas. Si tú ignoras lo que causa un resultado, pero insistes en algo que no siempre suscita el resultado anhelado, estás siendo perezoso, y no te sorprendas si no tienes éxito.

Algo en lo que coinciden unánimemente todos los libros antiguos es en la capacidad de la mente humana. Su potencial es ilimitado. Lee este libro, no una vez, sino una tras otra, especialmente las "correlaciones", o soluciones reales a los problemas específicos en los negocios. Lo más importante no es que recuerdes qué solución tiene cada problema, esto lo puedes averiguar en todo momento tan sólo con abrir el libro y revisar la lista de problemas, sino que empieces a obtener una comprensión más profunda acerca *de cómo la realidad misma, lo que hay detrás del éxito o el fracaso en los negocios, es empujado por las impresiones que implantamos en nuestra propia mente*, por el bien o el mal infligido hacia los que nos rodean durante un día de trabajo. Entonces puedes muy bien diseñar tu propio futuro. Y será como quieres que sea.

Capítulo ocho

El acto de la verdad

Por las bendiciones del hecho de que los Vencedores y sus hijos nunca pueden fallar;

Por el poder del hecho de que el potencial escondido y lo que vemos son totalmente compatibles;

Por la fuerza de la naturaleza más profunda de las cosas Y la verdad de que todas dependen de las percepciones;

Y por el poder de la verdad de lo que deseamos profundamente y de corazón,

Pueda aquello por lo que rezamos hacerse realidad, por sí mismo, tal como esperamos.

Estas líneas expresan lo que los tibetanos denominan el acto de la verdad:

Si lo que he hecho es verdadero,
que todo esto se convierta en realidad.

Dejémoslo claro. En muchas ocasiones vemos en los negocios a gente buena e íntegra que fracasa y a gente egoísta, avariciosa e inmoral que nada en la abundancia. ¿Cómo encaja esto con todo lo dicho? ¿Por qué prospera el malvado, como diría la Biblia, y los que son íntegros parecen no prosperar? La explicación es muy simple según este sistema. Hay que tener en cuenta varios principios básicos:

1. Las causas se dan antes que sus resultados.

Esto es tan obvio que, como sucede habitualmente con las cosas más obvias, nos pasa completamente desapercibido. Que a alguien le vayan bien las cosas financieramente debe provenir, según todo lo explicado, de impresiones que depositó en su mente siendo generoso en el pasado. El éxito presente, pues, proviene de haber mantenido un estado mental generoso con anterioridad.

Esto *no significa necesariamente* que la persona que está disfrutando del éxito *tenga un estado mental generoso ahora*, del mismo modo que la presencia de un pastel de manzana sobre la mesa de la cocina no significa que un manzano empiece a crecer debajo del suelo de la cocina. El pastel de manzana es resultado de un manzano que ya ha crecido, y el manzano que empieza a crecer ahora causará manzanas futuras.

Es del todo posible, pues, que un hombre de negocios próspero disfrute del resultado de impresiones generosas que plantó en el pasado, y al ser avaricioso o tacaño ahora esté plantando impresiones nuevas para en el futuro sufrir un desastre financiero.

2. Las causas son más pequeñas que sus resultados.

Recuerda que las impresiones plantadas bajo circunstancias especialmente poderosas, como un buen acto motivado por una intensa compasión, o un pequeño regalo a quien lo necesita mucho, tienen un poder inmenso. Y todas las impresiones acumulan fuerza mientras se incuban en el inconsciente. La persona que disfruta de una riqueza extrema en el presente puede haber sido relativamente amable con otra persona bajo condiciones así, no hay nada que objetar a esto.

3. Que las cosas crezcan lleva tiempo.

Las impresiones funcionan como las plantas, no lo dudes. Nadie planta en su jardín unas semillas de flores el lunes y, si no aparecen las flores el martes por la noche, se enfada o se siente decepcionado.

He intentado presentar la información de este libro del modo más moderno posible, pero me he ceñido estrictamente al sentido original de los libros antiguos. No obstante, se debe admitir un detalle que no será muy popular en la manera de pensar de nuestra era Mc Donalds. Plantar y cuidar impresiones mentales lleva *tiempo y paciencia*. He enseñado este sistema a un gran número de personas, y un tanto por ciento de ellas siempre lo deja a mitad de camino. Los principios esbozados en este libro se deben seguir continuamente durante meses, antes de esperar resultados concretos.

Hay dos razones por las que no se tiene éxito con estos principios: o no se siguen con persistencia durante un periodo de tiempo apropiado, o no se siguen bien (y normalmente la gente cree que los *está* siguiendo bien hasta que se detienen a pensarlo). Recuerda que las impresiones mentales se plantan a un ritmo de sesenta y cinco por cada chasquido de dedos, es decir, sesenta y cinco por segundo. Un par de intenciones nobles en un día de irritación por los acontecimientos y la gente que te rodea no producirá resultados notables, ni tampoco los deberías esperar.

Los antiguos budistas del Tíbet eran conocidos como kadampas. Eran gente sencilla: pastores, carpinteros y campesinos que se adaptaron a esas nuevas ideas de modo simple y exquisito, como pez en el agua. Solían llevar una pequeña bolsa de guijarros, la mitad de ellos blancos y la otra mitad negros. Cada vez que tenían un buen pensamiento, decían algo positivo a otra persona o la correspondían con amabilidad, cogían un guijarro blanco y lo ponían, digamos, en su bolsillo izquierdo. Cada vez que tenían un pensamiento negativo, decían o hacían algo desagradable a otra persona, cogían un guijarro negro de la bolsa y lo ponían en el bolsillo derecho.

Al final del día, justo antes de acostarse, sacaban los guijarros de sus bolsillos y los contaban. Inmediatamente se daban cuenta -como también te ocurrirá a ti- de que había más guijarros negros que blancos. Esto no quiere decir que seamos malos, o que debamos sentirnos sucios o culpables, sino tan sólo que, para la mayoría, la condición básica de la mente en este rincón del universo (y hay muchos otros rincones) funciona de este modo. Sin embargo, una cualidad muy importante de la mente, y que uno mismo puede comprobar, es que se la puede *adiestrar*. Con un poco de práctica, tu mente lo puede aprender casi todo, tan sólo es cuestión de ponerte manos a la obra.

4. Tener un sistema de seguimiento es útil.

La División del Diamante de Andin International se encontraba en el cuarto piso de nuestro edificio en Manhattan; empezando en la planta baja y ascendiendo varias plantas había una gran sección de fabricación de joyería. Producir joyas no es como hacer un coche, que tiene muchas partes móviles; sólo constan de dos partes: la montura y la piedra.

No obstante, sorprende ver las diversas etapas por las que un anillo, por ejemplo, tiene que pasar antes de llegar a la tienda. Empieza en la sección comercial, donde se esboza un nuevo diseño para el diseñador. Este coge el esbozo y lo dibuja a escala real, lo muestra a los peces gordos, lo ajusta un poco y lo lleva al especialista, que mira la pieza desde el punto de vista técnico: ¿Es la montura lo suficientemente fuerte para soportar un uso normal? (En una ocasión, una cliente nos devolvió un anillo totalmente aplanado; nos dijo que era defectuoso pero, tras insistir nosotros, admitió que lo había roto al caerle encima la tapa de un retrete mientras lo limpiaba. En cualquier caso, lo reemplazamos). ¿Hay suficiente metal alrededor de la piedra para evitar que salte?

¿Puede fabricarse a gran escala sin problemas? ¿Recibe la piedra suficiente luz de los lados y de detrás para que pueda brillar bien? Etc, etc.

Seguidamente, la pieza llega a la persona encargada de los costes, que decide si es viable económicamente. ¿Recibe el cliente lo suficiente por lo que paga? ¿Parece el diamante tan grande como es o incluso mayor? ¿Cuál es su precio comparado con otras piezas similares en el mercado? ¿Podemos escatimar un poco de oro de alguna parte, sin cambiar su aspecto ni hacer que se rompa en el dedo de alguien? ¿Cuáles son los riesgos de fabricar una buena cantidad y tenerlos en stock?

Después, se hacen un par de piezas y se comprueban. El proceso de vertido del oro para hacer el anillo no ha cambiado nada, literalmente, desde hace miles de años, desde los días de los orfebres egipcios. Se le denomina "proceso de cera perdida". El modelador coge los dibujos y esculpe cuidadosamente un original en una cera fina pero consistente. La cera se coloca en un pequeño cuadrado de caucho líquido que se endurece a su alrededor. A continuación, entra en escena un cortador de moldes, que con un fino escalpelo de cirujano corta con cuidado los lados del caucho cuadrado, como si se tratase de una hamburguesa redonda, hasta poder extraer con cuidado la cera original. Después se hace un surco desde un lado del cuadrado de goma que recorre la superficie hasta el hueco en forma de anillo que quedó una vez retirada la cera. Este será el molde para hacer copias de cera del primer patrón: estos clones se denominan "ceras".

Un técnico en cera coge las dos partes del nuevo molde, las une con una fuerte cinta de goma, y las encaja a la boquilla de una máquina que escupe cera caliente a presión. La cera desciende por el canal hasta la cavidad en forma de anillo y la llena. Cuando la cera se enfría se quita la cinta de goma y se extrae con suavidad la cera del molde. Si hay rasguños u otras imperfecciones en ella, el encargado de hacer los acabados coge un cepillo diminuto y la suaviza; es mucho más fácil hacerlo con cera que cuando la pieza ya es de oro.

A continuación, un "constructor de árboles" coge un manojo de "ceras" y las engancha a una varilla (también de cera). Las ceras sobresalen de la varilla como las ramas de un árbol de Navidad, están unidas a ésta por la ramita de cera que se formó cuando la cera era empujada por el canal del molde (esta ramita se denomina "bebedero"). El árbol se coloca en una pequeña cuba llena de yeso, bocabajo, con la base de la varilla encaramándose por la superficie.

Una vez endurecido el yeso, se coloca en un horno especial para que el árbol de cera se derrita, lo cual deja solo yeso con una red abierta de canales que desembocan en cavidades cuya forma es la de futuros anillos. Aquí es cuando aparece un fundidor diestro, que mezcla sus aleaciones para dar el color y la dureza adecuados al anillo. Las aleaciones vienen en pequeñas bolsas de tela repletas de oro o plata puros.

El desafío para el fundidor no se limita a lograr la mezcla correcta para conseguir el aspecto y la fortaleza de la pieza acabada; es incluso más importante encontrar la proporción *exacta* de oro u otras aleaciones para alcanzar una mezcla auténtica de catorce o dieciocho quilates; es decir 14/24 de oro o 18/24 de oro; ni una pizca de más ni de menos. Aquí yace una de las claves del beneficio de una compañía joyera. Los costes del trabajo en los principales mercados del mundo son prácticamente idénticos. El coste del oro es fijo, y se supone que todo el mundo paga los mismos impuestos. Por ello, la precisión con que se puedan controlar cosas como el porcentaje de oro en los anillos es lo más importante: tienes que lograr un 14/24 de oro legal, catorce quilates, si esto es lo que vendes, o en caso contrario perderás tu reputación en el mercado. Por otro lado, intentas *no* dar ni una mínima fracción que sobresalga del 14/24, ya que en este caso perderías mucho dinero. En la actualidad hay sofisticados espectroscopios analizadores que cuestan cientos de miles de dólares, pero que te pueden indicar con exactitud el porcentaje exacto del anillo acabado.

Utilizamos uno de ellos para determinar si un proveedor tailandés nos ponía suficiente oro en sus piezas, y quedó sorprendido cuando le mostramos cuánto dinero perdía por entregarnos más oro de la cuenta. Ya ves, quieres que tus proveedores tengan beneficios también porque, en caso contrario, subirían sus precios y su incompetencia te haría menos competitivo a ti en el mercado.

Las aleaciones se mezclan, y al derretirse forman un líquido que se inyecta a presión por los canales de yeso. Una vez el oro ha enfriado se rompe el yeso, lo que deja un árbol de Navidad dorado, con anillos en los vértices de sus ramas en vez de regalos navideños. Ahora es cuando entrará en acción el "joyero", nombre que no tiene nada que ver con la persona que lleva una joyería: en la fabricación de joyas, se refiere a la persona que, una vez terminado el vertido, corta, lima o pule el oro.

El joyero coge una especie de tijeras pesadas, o tal vez una herramienta de cortar neumática, capaz de cortar, además de un pedazo de oro, tu dedo. Y así empieza a cortar los anillos de la rama del árbol. El objetivo aquí es simple: cortar lo más cerca posible del anillo acabado para no desperdiciar ni una pizca de oro, pero no tan cerca como para que el anillo de compromiso de la Señorita Smith tenga una estría en uno u otro lado. En este punto, los anillos se denominan "muestras", y están listos para llegar al baño nocturno en el tambor girador.

Cuando el árbol de oro se enfría, dentro del yeso, su parte exterior se oxida un poco formando una capa realmente fea, como la corteza de un árbol. De modo que, en este punto, las "muestras" no son los maravillosos anillos brillantes normalmente asociados con el oro, sino cositas opacas y chamuscadas que precisan ser despellejadas. Por tanto, o se bañan en ácido y arsénico, o se colocan en el tambor volteador.

El tambor volteador es un pequeño cilindro repleto de bolitas especiales de metal o plástico, así como de un líquido lechoso. Depositas un montón de "muestras" cortadas de los árboles, pones en marcha el tambor y lo dejas en movimiento hasta la mañana siguiente. Cualquier proceso que se pueda hacer de noche, sin supervisión, es preferible, puesto que el tiempo límite para entregar los anillos al cliente se puede medir en horas.

Las muestras emergen con un brillo opaco, y de ahí van al engastador. Los engastadores son una raza extraña, un clan aparte. A menudo son tipos grandotes y amistosos que se sientan uno o dos pies por encima del suelo, en un pequeño taburete (esto les obliga a mantener la espalda recta mientras trabajan). Delante de ellos tienen una mesa de la que sobresale en su dirección una lengua de madera, y sobre la mesa hay un complicado sistema de soportes de taladros con una variedad de brocas.

El engastador coge un pequeño montón de diamantes del departamento de piedras y los coloca en un depósito pequeño. Seguidamente coge un taladro, y crea en la muestra un pequeño pero bonito hogar para la piedra; esto puede entrañar un nuevo agujero o simplemente una hendidura en algunas horquillas que ya estuviesen presentes desde la etapa del diseño. Después, coge un cono diminuto de cera y coloca la parte superior del diamante en su punta; es parecido a mantener en equilibrio una manzana en la punta de un bastón. Con maña y observando a través de un visor especial como si fuera un cirujano del corazón, hace voltear el cono e inserta la piedra en el agujero. En realidad, en este negocio, los engastadores son los que han de tener las manos más firmes.

Seguidamente, con un pequeño instrumento parecido a un abrelatas, empuja la piedra dentro del oro. Esto sólo requiere fuerza bruta, razón por la que, de cintura para arriba, muchos engastadores parecen gorilas. No obstante, dicha fuerza requiere, a la vez, tacto, debido a que aquí la piedra se puede romper en trozos, y el engastador tendrá que pagar una parte del coste de cualquier piedra dañada. Precisamente por lo arriesgado que resulta colocar algún tipo de piedras, los engastadores cobran un sueldo mayor. Es aquí, por ejemplo, donde, por ser las más blandas de todas las gemas, más de un cuarto de las esmeraldas que se usan en una fábrica de joyas pueden resultar dañadas.

Del engastador el anillo se va al pulidor, que bruñe el oro hasta conseguir un brillo hermoso y elimina cualquier estría imprevista que el engastador haya podido añadir a la pieza. Esta irá después al baño de hervor ultrasónico, que elimina cualquier arenisca del disco del pulidor y mueve la piedra de un lado a otro miles de veces, simulando el uso que le podría dar un quinceañero hiperactivo durante los primeros meses después de la compra. Si la piedra no se desprende, el anillo está listo.

Aunque en la confección de un anillo de diamantes hay muchas más etapas de las que se podría imaginar, aún así, sólo hay que unir dos partes. Es sorprendente pues que, en una fábrica normal, quizá el treinta por ciento de todos los anillos producidos tenga que regresar a alguna de estas fases por culpa de problemas de calidad. El beneficio en un anillo puede ser sólo de un par de dólares, y cada vez que uno ha de regresar a los talleres para volverlo a trabajar, puede resultar más costoso que el beneficio total. Lo cual es un modo educado de decir que proporcionarás al cliente el anillo gratis.

Imagina que estás sentado en la mesa del despacho con doce vicepresidentes y los dueños. La mesa está cubierta de cientos de preciosos anillos brillantes, en una cascada de colores: topacio, rubí, turmalina, diamante, perla y amatista. Cada anillo tiene algún pequeño rasguño que lo inutiliza para ser enviado a un cliente: tendrá que ser desguazado -lo cual es un proceso desolador por el que se echa a perder esta maravillosa creación, junto con todo el sudor y la sangre invertidos en producirla-, será introducido en un ácido hirviente que disuelve el oro sin afectar a la gema (después se filtrará el ácido para volver a usar el oro).

Tras varias horas de discusión acalorada (nadie quiere admitir que los rasguños se producen en su departamento), tienes una idea muy clara de dónde vienen los defectos. Pero resulta que en ese departamento hay varios empleados testarudos que se las podrían arreglar para hacer más rasguños si les riñeras públicamente por su pobre calidad. Por ello, en Andin inventamos el sistema denominado "contar".

Haces correr la voz hasta los dirigentes *culturales* del departamento (los trabajadores que tienen más influencia sobre los demás, en contraste con los dirigentes *políticos,* los encargados, que a menudo no son tan populares entre los trabajadores) de que quieres *contar* el número de anillos que salen de su departamento con este tipo particular de rasguño. Simplemente quieres hacer un seguimiento de los rasguños. No se acusa, no se culpa ni se castiga a nadie, sólo se quiere saber cada semana cuántos anillos salen del departamento con rasguños.

Sabéis lo que sucede entonces: una vez empieza el seguimiento, tras varios días, los rasguños cesan y nadie se siente mal. Se producen resultados sin sentimientos de culpabilidad, ya que éstos a menudo crean más problemas. ¿Qué tiene que ver todo esto con las impresiones mentales?

Puedes entender perfectamente la teoría: todo tiene un potencial escondido y, en consecuencia, las cosas pueden convertirse en cualquier otra, y las impresiones que he sembrado en mi mente en el pasado juegan un papel en este potencial y deciden cómo lo veo *todo,* incluyendo mis propios pensamientos. Pero en realidad, adecuarse a este conocimiento y convertirlo en éxito en tu propio trabajo es una cuestión del todo diferente. El mejor modo consiste en, sencillamente, instalar un sistema de seguimiento o "contar", libre de juicios y sentimientos de culpabilidad; un sistema que usas sólo para *registrar* en todo momento cómo lo estás haciendo.

En tibetano, este sistema de seguimiento se conoce como *tundruk.*, o "seis veces al día". Lo llamamos "libro de las seis veces". Si lo pones en práctica obtendrás resultados; si no lo haces, no los tendrás. Esta es realmente una de las cosas más importantes de este libro, por ello, si realmente deseas tener éxito, presta atención.

Compra una pequeña agenda de bolsillo, repasa los cuarenta y seis problemas de negocios del capítulo anterior, y elige tres que, de modo especial, se puedan aplicar a ti. Son los tres problemas principales en los que te vas a concentrar. Cuando un problema particular desaparezca o mejore, reemplázalo por el cuarto problema de mayor importancia para ti de la lista, y así con el resto.

Divide varias páginas de la agenda en seis apartados con un espacio suficiente para escribir cinco o seis frases en cada uno. Enumera los apartados y escribe varias palabras que te recuerden la solución a cada problema, una solución en cada uno de los tres primeros apartados. Repite el proceso en los tres siguientes. Debes usar los tres primeros antes de la comida del mediodía; los tres restantes serán para después.

Antes de ir a trabajar por la mañana revisa la solución del primer apartado. Digamos, por ejemplo, que experimentas el problema de negocios número 36: tanto fuera como dentro de la empresa la gente suele engañarte. La solución a este problema consiste en evitar el orgullo y el deseo insano de ser reconocido; en el lado positivo, has de escuchar y aprender de todos los que te rodean, y encontrar maneras de reconocer a quien se lo merece.

En el lado izquierdo del apartado, pon un pequeño signo "más (+)", y escribe a su lado todo lo que hayas pensado, dicho o hecho en el último día, más o menos, que haya abordado con éxito este problema concreto: quizá hayas dedicado un momento a pensar en algo bueno que suele hacer regularmente un empleado y le hayas abordado para agradecérselo. No escribas una larga historia, ya que te cansarías y lo dejarías. Que sean sólo unos segundos de reflexión honesta, y escribe algo, breve y rápidamente.

No hace falta generalizar, no funciona. No es necesario anotar: "Soy un buen chico con los compañeros de trabajo", sino: "A las tres y cuarto del martes, me acerqué a la mesa de Susan, y delante de todos le agradecí su excelente manera de llevar el inventario los últimos seis meses". Este tipo de seguimiento consciente de tus pequeños éxitos crea una impresión muy fuerte en la mente, y pronto te darás cuenta de que ese problema con gente que te engaña, imperceptiblemente, empieza a desvanecerse.

Debajo del signo más (+) escribe un signo negativo (-) y busca en los últimos días algo que no hayas hecho bien en relación con este mismo problema. Podrías escribir por ejemplo: "De pie junto a la mesa de Mark a las dos y media, rehusé escuchar su sugerencia sobre la política de compras". De nuevo *sé específico,* es el único modo de que el libro de las seis veces funcione. Recuerda que las impresiones crecen mientras se incuban en el inconsciente: grandes resultados sobrevendrán incluso de impresiones menores, pero tienes que ser específico.

Finalmente, debajo del signo negativo, escribe, en letras pequeñas, "por hacer". Este es un pequeño plan de trabajo diario, fácil pero simbólico, sobre el cambio que quieres producir en ti. Podría ser tan simple como: "Piensa en dos sugerencias buenas que Robert te haya propuesto", o: "Dale las gracias al menos a una persona hoy en el departamento de color de las gemas". Asegúrate de que los deberes en el "por hacer" sean modestos, y que todo lo que pones en tu libro de las seis veces sea breve y dulce (eres una persona ocupada, y si lo alargas terminarás agotado).

Sobre todo recuerda por qué tienes el librito. No es para

sentirte culpable de lo que haces mal (en tibetano no existe una palabra para "culpable", lo que más se acerca es "arrepentimiento inteligente en base al cual decides hacer las cosas de un modo diferente"). Es un propósito frío y calculado de preparar tu realidad futura, de hacerla más provechosa y significativa, y no hay nada malo en ello, especialmente si se produce por medio de ser amable y bueno con los demás.

Ahora, te encuentras inmerso en el negocio adicional de la jardinería mental: elegir las semillas o impresiones que quieres depositar en tu mente por medio de estudiar qué impresiones crean lo que deseas conseguir; plantarlas conscientemente y sentarte para disfrutar del extraordinario éxito que te sobrevendrá.

Anota pues algo cada dos horas, más o menos, a lo largo del día. Hazlo en tu mesa tranquilamente (los demás pensarán que eres un gran ejecutivo que examina su ajetreada agenda), o si hay demasiada gente a tu alrededor o el teléfono está loco, vete a algún rincón tranquilo cerca de la máquina de café, y hazlo allí. En alguna ocasión, me he excusado incluso en reuniones con el pretexto de ir al lavabo, para así escribir mi siguiente anotación. Es importante que las anotaciones se distribuyan a lo largo del día, ya que por esta razón se denomina el "libro de las seis veces".

La idea es la de un seguimiento continuo, observarse cada par de horas antes de que tu mente vaya a peor. Si anotas algo a las ocho de la mañana, durante el descanso para tomar café a las diez y media haz otra anotación. Introduce otra a la hora de la comida, otra por la tarde, y quizás una más, de regreso a casa. Por la noche termina con la sexta y luego, justo antes de acostarte, revisa el día y haz una anotación aparte con las tres cosas mejores y peores que hayas hecho.

Recuerda, no te estás juzgando ni debes sentirte culpable: simplemente *haces un seguimiento* de lo que has hecho, dicho o pensado a lo largo del día. Por medio de este seguimiento definitivamente cambiarás. Al cambiar, tu realidad se transformará en todo lo que hayas podido soñar. Si persistes en ello durante un buen periodo de tiempo, los resultados te sorprenderán.

5. Comprender lo que haces lo vuelve infinitamente más fuerte.

De este modo puedes comprender por qué los que son íntegros en su vida de negocios parecen no recibir su recompensa a tiempo. Tienes que ser correcto *constantemente*, con persistencia y a lo largo del día, aunque sea con pequeñas cosas. Y tienes que hacerlo durante mucho tiempo. Por último, has de dejar que crezcan las plantas (ésta es la naturaleza de la causa y el efecto, y de las impresiones que actúan en el potencial). Hay otros detalles que acelerarán considerablemente el proceso. Si *comprendes* todo el proceso mientras sigues el libro de las seis veces, funciona mejor. Es decir, párate de vez en cuando para reflexionar sobre lo que sucede realmente. Estás teniendo problemas en tu vida laboral —exactamente en el mismo mercado, empresa o departamento en que mucha otra gente *no tiene* dicho problema— porque tienes impresiones en tu mente que te hacen ver las cosas de un modo diferente a los demás. Y lo que pretendes es detectar dichas impresiones e inutilizarlas plantando las impresiones opuestas.

Saber cómo funcionan las cosas y mantener la mente en ese conocimiento hace que todo vaya más deprisa y sea mucho más poderoso. Esto también explica por qué a algunas personas que son muy íntegras en los negocios parece que no les vaya tan bien en un momento dado. No es suficiente llevar una vida de negocios con un estricto código ético, si sólo lo haces por instinto o coaccionado por la ley, o por la costumbre en tu industria, por el comportamiento de tus iguales, o simplemente debido al consejo de otra persona que no te puede explicar cómo funciona todo. *Tu manera ética de vivir y de hacer negocios debe ser guiada por un cono-*

cimiento claro y consciente de qué tipo de impresiones plantará ese comportamiento en tu inconsciente, y cómo determinará la realidad misma del resto de tu carrera de negocios.

6. Termina siempre con el acto de la verdad.

Esto nos lleva de vuelta al acto de la verdad. Una cosa es saber que para tener éxito en la vida o en los negocios *debes* conducirte con integridad, y otra es actuar según este conocimiento, hora tras hora, día tras día. Un nivel más elevado consiste en conocer claramente el proceso gracias al que esas cosas *realmente funcionan*. Hay una etapa más para conseguir que este poder trabaje para ti de inmediato, de tal modo que le puedes atribuir sin lugar a dudas tu nueva manera de ver el mundo y de comportarte en él.

Se trata del acto de la verdad. Al final del día, quizás de vuelta a casa, saca tu libro de las seis veces. Revisa todos los "positivos" que hayas anotado durante las últimas veinticuatro horas. Piensa en cómo cada uno de ellos ha plantado impresiones muy poderosas en tu mente para poder ver un mundo nuevo en el futuro, para conseguir un éxito en tu negocio y en tu vida incluso mayor de lo que puedas imaginar ahora. Disfruta también de tus logros menores al intentar seguir el sendero de la integridad personal total.

Imagina lo que implica dicha integridad. Imagina que observas el pasado, un día de trabajo, y puedes afirmar con completa sinceridad que has sido totalmente honesto durante cada minuto del día —en tu modo de relacionarte con los demás, en cada una de las palabras cuidadosamente consideradas que has dicho, e incluso en tus pensamientos más íntimos—. Has sido bueno con todos los que te rodean, honrado, y has llevado una vida personal de honestidad completa, de modo que al mirar atrás puedes afirmar: "Sí, he sido totalmente íntegro".

Siempre que tengas un día así (lo cual llevará un poco de práctica), o incluso algo que se le acerque, pasa al *acto de la verdad*. Invocar el poder de un acto de la verdad lleva todas las impresiones del día a un nivel de fuerza totalmente nuevo. Y es algo así:

Si es cierto que, durante este día, he estado atento a lo que he dicho y he hecho a los demás, incluso a mis pensamientos hacia ellos, y he actuado a lo largo del día con honestidad total hacia todas las personas con las que he entrado en contacto, que nazca un nuevo poder. Y por su fuerza, que yo y todos aquellos de mi mundo logremos, gracias a nuestro trabajo, felicidad verdadera y prosperidad.

Cuando los tibetanos llevan a cabo un acto de la verdad como éste, imaginan también que de su corazón emergen poderosos rayos de luz dorados, como si el sol estuviese en su pecho. Imaginan una luz que se dirige a todos aquellos que les rodean (primero a los que van con ellos en el autobús, y luego a cada persona que regresa a casa en ese momento, y a todos aquellos que esperan su vuelta).

Desea a todos el tipo de éxito personal y laboral que tú también esperas obtener. Si los principios que has leído aquí (los conceptos del potencial escondido y de las impresiones en la mente) son infalibles, entonces la prosperidad podría sobrevenir a todos aquellos que los usaran, a todos nosotros al mismo tiempo: habría más que suficiente para todos y la copa de cada uno estaría llena a rebosar.

Segundo Objetivo

Disfrutar del dinero, o gobernar el cuerpo y la mente

Capítulo nueve

Ajustar el día con un tiempo de silencio

Supongamos que has entendido la esencia de *El Tallador del Diamante*: comprendes que nada existe del modo en que aparece, por su propio lado, o si no todas las cosas parecerían exactamente lo mismo a todo el mundo. Comprendes también que el modo en que aparecen las cosas no puede venir de la nada, es decir, sólo puede venir de tu propio lado. Y comprendes que el modo en que percibes las cosas es provocado por semillas o impresiones que tú mismo depositaste en la mente previamente, cuando hiciste, dijiste o pensaste algo, bueno o malo, sobre otra persona. Por último entiendes que, en consecuencia, es posible diseñar tu propio futuro simplemente haciendo un seguimiento de cómo actúas y piensas durante el día. Has logrado lo que cualquier persona a lo largo de los tiempos y en la historia de los negocios siempre ha esperado conseguir: controlar el propio destino. Sabes cómo se puede lograr el éxito.

Me gustaría hablar un poco aquí sobre diferentes métodos para ir incluso más allá y extraer el máximo placer de tu éxito. Según los pensadores budistas, una cosa es tener éxito, conseguir éxito material, por ejemplo, y otra totalmente diferente es disfrutarlo. En éste y en los siguientes capítulos hablaremos acerca de diversos modos de mantener una felicidad diaria sostenida mientras te implicas en la labor de conseguir éxito. Empieza aprendiendo a "ajustar el día".

Los sabios tibetanos llaman a este proceso *penpa tang*, una expresión que significa ajustar tu humor para el día pasando unos minutos tranquilo por la mañana. La expresión se aproxima a otra que significa "disparar una flecha". Este momento de paz matinal, sentado en silencio para preparar tus pensamientos del día, es parecido al libro de las seis veces: es esencial para activar la labor de crear éxito completo, personal y laboral, para los años venideros. Las raíces de esta práctica se encuentran en enseñanzas antiguas del Buda como el *Libro de la Luz Dorada*, pronunciadas hace más de dos mil años. Desde entonces algunos detalles del mundo pueden haber cambiado, pero no así los principios básicos de cómo ajustar el día, que han pasado de maestro a discípulo como una práctica profunda y personal, en una tradición ininterrumpida a lo largo de estos siglos. Así es como lo puedes hacer tú también cada mañana.

Una profunda versión de esta práctica afirma que deberías empezar la noche previa. En primer lugar, una vez en la cama revisa, como se describía antes, el día que ha terminado. Identifica las tres mejores cosas que hayas hecho, dicho o pensado, y después las tres peores. Concéntrate en las buenas, y a medida que te duermes, que entras en el mundo de los sueños (que según los grandes maestros tibetanos se parece a la penumbra entre tu muerte en esta vida y tu despertar en la siguiente), imagina los primeros pensamientos que tendrás cuando despiertes, los primeros momentos, cuando te estires, bosteces y abras los ojos. Como podrás haberte fijado ya, esos minutos son muy importantes para hacer que el día tenga un inicio positivo. El mejor modo de hacerlo empezar bien es ajustar el día con un periodo de silencio y reflexión personal.

A lo largo de los siglos, los grandes maestros del Tíbet y los anteriores, han desarrollado técnicas básicas para llevar a cabo este periodo personal de silencio. Si las conoces y las sigues, el periodo de silencio personal, aunque sea tan sólo de varios minutos diarios, se convertirá con toda seguridad en una de las partes más apreciadas e importantes de tu vida. La técnica empieza encontrando un lugar en tu casa o piso en el que pasar ese periodo de tranquilidad. Es importante tener un lugar aparte en el que practicar. Deberíamos decir, en primer lugar, que es una mala idea hacerlo en la cama, un lugar en el que pasas mucho tiempo durmiendo, y que aún está impregnado de los sentimientos de oscuridad y pesadez. La cama es un lugar en el que a lo largo de tu vida has estado condicionado para quedarte en silencio y después dormirte, por lo que si practicas tu periodo de silencio allí es muy probable que te duermas. Es importante dejar la cama y empezar a moverse.

En el Tíbet los monjes se despiertan, se lavan el rostro, y se suenan la nariz con intensidad para poder respirar con tranquilidad durante su periodo de silencio matinal. Cada mañana, en nuestro monasterio parecía oírse como una gran sinfonía de narices sonándose. Seguidamente te limpias los dientes, así la boca tendrá un buen sabor durante el periodo en silencio, lo cual también evita que te distraigas. Busca algo para hidratar tu cuerpo, té o zumo, o un poco de café si es tu costumbre, y bébelo mientras limpias tu rincón tranquilo.

Este es un rincón especial de tu casa que siempre usas para tu periodo de silencio matinal. Lo primero que se debe mencionar de ese lugar es que debe ser tranquilo: un lugar en el que todos los de la casa estén de acuerdo en que pases tu periodo de silencio matinal sin que nadie te interrumpa. Algunos hombres de negocios que conozco limpian un bonito rincón en el sótano y lo arreglan; otros, en viviendas más pequeñas, compran una delicada cortina japonesa y la colocan en una esquina del apartamento; otros llegan a un acuerdo con su familia para poder estar solos en la sala de estar desde, digamos, las siete hasta las siete y media de la mañana. Donde sea que escojas, asegúrate de que todos respetarán ese rincón tranquilo durante ese rato, y de que eliminas cualquier otra fuente de interrupción (lo cual implica desconectar el teléfono de la habitación, asegurarse de que la radio o la tele no estén con el volumen elevado, y ser cuidadoso para minimizar los ruidos externos cerrando las ventanas que den a una calle o carretera ajetreada, por ejemplo). Este periodo y espacio debería ser lo más tranquilo que puedas según tu forma de vida particular. Si el ruido alrededor de la casa es demasiado a las siete, podrías empezar antes, aunque es esencial que hayas dormido tantas horas como necesites personalmente para que tu periodo de silencio tenga éxito.

Si percibes ese lugar como especial, casi como un espacio sagrado, las cosas irán mucho mejor. Debería ser pulcro y ordenado, y de hecho lo primero que has de hacer al entrar por la mañana es barrer, o quitar el polvo, o, si no, ordenarlo. Se aconseja hacerlo, incluso si el lugar ya está limpio, porque esto hace que el cuerpo se mueva un poco. Los sabios tibetanos aconsejan que imagines que limpiar representa limpiar tu negocio, tu vida y tu mente. Si haces de esto una costumbre (tendrá que ser así, en caso contrario no funcionará), comprobarás que no hay mucho que limpiar en tu lugar: quizá tan sólo un poco de polvo aquí y allá, o varios papeles sueltos. Después, a un nivel más sutil, limpia cualquier cosa diminuta que aún se encuentre en el suelo. Este proceso simboliza que estás ordenando tu negocio y tu vida tan bien que sólo hay que hacer un poco de mantenimiento de vez en cuando. Haz este pequeño mantenimiento, y no olvides pensar en lo que representa.

Si el lugar de tranquilidad está ordenado, te ayuda a tener la mente más tranquila. El siguiente paso es encontrar un asiento cómodo para llevar a cabo el silencio. Entrar en este silencio es como entrar en una ensoñación diurna o escuchar tu música preferida: ya sabes, cuando te tumbas y cierras los ojos, o simplemente miras fijamente al espacio y dejas que los pensamientos vaguen libremente mientras el cuerpo está inmóvil y relajado. La idea es encontrar un lugar en el que "aparcar" el cuerpo de este modo, mientras te sumerges en la tranquilidad de tu propia mente. De lo que se trata es de aparcar el cuerpo en una posición cómoda hasta que decidas salir del silencio.

Según las antiguas enseñanzas del Tíbet, es mejor que esta posición incluya varios elementos. Y el más importante es mantener la espalda erguida. Los tibetanos afirman que hay algo en el funcionamiento interno del sistema nervioso que fluye mejor si uno se sienta erguido, lo cual te ayuda además a enfocar mejor la mente durante el silencio. Es bueno sentarse sobre algo blando pero a la vez firme, para alzar un poco la zona bajo el coxis (la parte posterior del trasero) hacia la espina dorsal: esto te ayuda a mantener la espalda recta. Si te resulta cómodo, cruza las piernas, pero si lo prefieres, está bien sentarse en una posición normal, con las plantas de los pies en el suelo, tal como te sientas normalmente.

Coloca las manos en tu regazo con las palmas hacia arriba e intenta relajar el cuerpo. Un buen modo para conseguirlo es hacer varias respiraciones profundas. En tibetano esta práctica tiene el divertido nombre de *ook joong-ngoop*, y se ha mantenido desde hace dieciséis siglos, cuando apareció en un texto denominado la *Casa del Tesoro del Conocimiento Más Elevado*. La idea es enfocar la mente hacia el interior durante el periodo de silencio, bloqueando cualquier otro pensamiento y experiencia: esto se consigue fijando la mente en el aliento que entra y sale.

Se empieza con el que sale y después se sigue con el que entra. Fijas la mente en el interior de los dos orificios nasales. Imagina que eres un centinela colocado en estas dos pequeñas cavidades para vigilar y ver quien entra o sale. A medida que inhalas y exhalas intenta ser consciente del roce del aire en la parte interior de la nariz: el aire fresco y seco que entra y el aire cálido y húmedo que sale. Recuerda que debes permanecer en tu puesto: no permitas que la mente se aparte del interior de tu nariz y de la sensación del aire que entra y sale. Si alguien diese un portazo o hablase fuerte, te podrías distraer un segundo pero, con rectitud, regresa inmediatamente a tu respiración tan pronto como puedas.

Según la antigua costumbre, lo haces durante diez respiraciones, y con el cometido de que si te distraes y pierdes la cuenta tienes que volver a empezar. El aliento que sale es la primera mitad de un número y el aliento que entra es la segunda mitad. Se dice que este modo de contar la respiración (que es contrario al nuestro en el que, por ejemplo en la natación, inhalar, sostener y liberar el aliento se cuentan como una única respiración) tiene el poder adicional de interiorizar la mente, de enfocar los pensamientos en el interior. Si pierdes la cuenta con frecuencia antes de llegar a diez significa que no te resulta fácil concentrarte. Esto afectará todo lo relativo a tus negocios, y deberías tener un cuidado especial para observar de modo más regular tu periodo de silencio matinal.

Siempre y cuando no te distraigas puedes tener los ojos cerrados o abiertos, no es muy importante. Si los cierras podrás constatar que te duermes debido al condicionamiento de toda una vida. Si los dejas abiertos notarás que miras las cosas de la habitación y te pierdes. Los antiguos libros tibetanos dicen que si dejas los ojos abiertos, deberías intentar no enfocarlos en nada en particular: simplemente los dejas fijos en el espacio delante de ti, como si estuvieras en un profundo sueño diurno, sin mirar a ninguna parte. No obstante, es bueno dirigir la mirada un poco hacia abajo, con los párpados ligeramente caídos.

Una vez sentado correctamente, ¿en qué debes pasar ese tiempo de silencio? ¿Cuánto tiempo le debes dedicar? Respondamos primero a la segunda pregunta. Es bueno pasar entre quince y treinta minutos en silencio diariamente. El "diariamente" es importante; estas cosas no funcionan si no se mantienen con regularidad y sin interrupción. La mejor manera de asegurarse el periodo en silencio es hacerlo cada día *a la misma hora*. Yo solía viajar a Nueva York desde la estación central de Nueva Jersey a la misma hora cada mañana.

La última mitad del viaje en autobús era una autopista recta, con un pequeño recodo al final, antes de entrar en el Túnel Lincoln y seguir luego hacia Manhattan. Solía dormitar durante una parte del viaje a Nueva York, para despertarme a la misma hora cada mañana, justo delante del Túnel, a tiempo para ponerme mi corbata y chaqueta.

De vuelta a casa, la cosa consistía en una siesta durante la primera parte del viaje para recuperarme del estrés y de la falta de sueño de la noche anterior, ritual que casi siempre empezaba a la misma hora, digamos a las seis y cuarto. Esto continuó durante más de diez años, de modo que, incluso en mis días libres o de vacaciones, me empezaba a dormir allí donde estuviera, exactamente a las seis y cuarto. Lo mismo empezó a suceder con la comida: durante tantos años habíamos comido a la una del mediodía que, no importa donde estuviera en el mundo o lo que estuviera haciendo, empezaba a sentir hambre a esa hora. Este mismo principio se puede aplicar al periodo de silencio cotidiano.

Empieza a extraer este tiempo, digamos, exactamente a las siete de la mañana, cada día. Al principio resultará un poco difícil hacer que las cosas fluyan. No estás habituado al periodo de silencio, ni tampoco eres muy diestro en ello. Pero si persistes en hacerlo a la misma hora, se empezará a volver un acto reflejo, como comer o dormir. Lo mejorarás hasta que, tras un tiempo, se vuelva tu parte preferida del día.

Ahora, ¿cómo se supone que se hace esta cosa silenciosa? Cuando observas una imagen de Su Santidad el Dalai Lama, sentado y meditando por la mañana, parece que no esté haciendo gran cosa. Pero nada más lejos de la realidad. Desde el principio al final del periodo de silencio pasas por una serie específica de ejercicios mentales, como si fueras un futbolista en su rutina diaria en el gimnasio. Y cuando seas un experto en el periodo de silencio, la mente y tu capacidad para llevar tu negocio serán tan ágiles, veloces y fuertes como lo es cualquier atleta profesional.

Al principio, cuando te sientes, asegúrate de estar del todo cómodo. Si ya no lo estás al principio, seguro que estarás inquieto después. Ajusta la posición, asegúrate de tener la espalda erguida y, durante varios minutos, habitúate al silencio. Intenta estar físicamente tan quieto como puedas; no te muevas en absoluto. Dirige la mente hacia tu respiración y empieza a contar hasta diez lentas y profundas, sin retener ni forzar en absoluto. Intenta, conscientemente, cerrar todos los sentidos: no enfoques tus ojos en nada, no escuches nada, intenta no oler el desayuno, etc. Cuando tengas éxito en llegar hasta diez respiraciones tranquilas, estarás listo para enfocar la mente en el tema seleccionado para ese día. No es de mucho beneficio observar sólo tu respiración, porque únicamente sirve para calmarte un rato. Y dicha calma desaparecerá al topar con el primer problema del día.

El periodo principal de silencio se debería dedicar, pues, a manejar de modo práctico y deliberado cualquier problema que te impida obtener éxito, ya sea en tu vida laboral o personal. Digamos que constantemente topas con el problema de negocios número 18: nadie en la empresa, ni directivos ni empleados, te ayudan cuando lo necesitas. En primer lugar, desciende al silencio de tu mente viajando por la carretera de contar tus respiraciones, y quédate allí un rato, disfrutando de la quietud. Después, de modo consciente, vuelve la mente hacia el problema.

Piensa en primer lugar en algún ejemplo específico de la última semana más o menos (no resultará difícil) en que tu problema haya vuelto a suceder. En este punto, ten cuidado para no generalizar: de hecho piensa en alguna situación específica, cuando alguien en concreto no te haya ayudado cuando lo necesitabas. Observa tu mente e imagina el día, el lugar y la hora exactos, observa la habitación en la que estabas, con quién estabas sentado y quién más estaba allí. Recuerda el modo en que pediste la ayuda que no recibiste, y visualiza con cuidado cómo te la rehusaron. Recuerda los rostros mientras se decían las palabras, y tus sentimientos. De hecho, aquí se requiere un poco de autocontrol para no enfadarse de nuevo, así que ten cuidado.

Seguidamente, revisa la vacuidad o potencial presente en esta situación. Esto entraña revisar mentalmente cómo percibían el suceso las diferentes personas mientras éste se desarrollaba. Obviamente, a la persona que rehusó la ayuda no le importaba mucho que tú tuvieras un problema. De hecho, probablemente no veía ninguno. Pero tú sí, lo veías como un gran problema. Esto significa que, en realidad, el problema no era un problema por su propio lado porque, en caso contrario, todos los presentes también lo habrían percibido. En consecuencia, pues, el "problema" era como una pantalla en blanco, vacío, neutro: unas personas lo veían como un problema y otras no. Esto significa que esa *problemacidad* venía de alguna otra parte y, como hemos visto, no hay otra posibilidad que decir que provenía de tu propia mente.

En consecuencia, ¿estabas creando un problema donde no lo había? No, en absoluto. Que tu mente estuviera creando el problema no significa que no fuese un problema; de hecho, esto es precisamente lo único que se necesita para que algo sea un problema. No significa tampoco que si decidieras no crearlo, no sería un problema. Puede ser cierto que no recibir la ayuda que necesitas sea tan sólo una percepción, pero la percepción y sus ramificaciones son muy reales: no podrás terminar lo que se supone que has de terminar, y la dirección no se lo tomará a la ligera. Puedes desear todo el día que el problema no lo sea e intentar decidir no verlo, pero es un problema y te va a dañar.

Desde el silencio de la habitación y tu mente, dirígete después a la fuente de tu problema, que ya sabes que es una impresión sellada en tu mente cuando, en algún punto en el pasado, provocaste a otro el mismo problema. Tras depositar la impresión, ésta nadó de un lado a otro en el inconsciente de la mente, engordando como un pez voraz, hasta que, en el momento apropiado, flotó a la zona consciente. Coloreó e incluso creó tus percepciones durante el famoso incidente en el que se te negó la ayuda. El villano no era el otro directivo o empleado, eras tú mismo, y tú también eres el que tendrás que arreglar este estado de cosas.

De un modo consciente, lleva la mente hacia el futuro, al día siguiente, e intenta recrear una situación similar que te pueda acontecer. Intenta imaginar dónde podrías estar sentado, con quién y qué palabras se podrían pronunciar durante el siguiente incidente en el que se te niegue la ayuda que necesitas para hacer el trabajo. Juega después diferentes papeles en tu mente: imagina cómo solías reaccionar en una situación como ésa. Tal o cual directivo no te ayudaron, y por ello te aseguraste que no recibieran ayuda alguna de tu departamento en las siguientes semanas.

Pero ahora ya sabes que la reacción "normal" es exactamente lo contrario de la reacción correcta que debes tener. Cuando rehusas ayudar a alguien, en venganza por no recibir ayuda, sellas una impresión nueva en tu mente que hará que en el futuro te nieguen ayuda cuando la necesites. Por tanto, lo último que deberías hacer es negar tu cooperación cuando otro te niegue su cooperación. De hecho, quieres hacer lo opuesto: deseas plantar una impresión para que la próxima vez puedas ver que recibes la cooperación necesaria. *Y esto sólo se puede hacer por medio de cooperar unilateralmente* con la otra persona: dándole ayuda incluso cuando él te la niegue. ¡Imagina lo que sucedería si todo el mundo reconociera que éste es el mejor modo de proceder!

Jugar mentalmente diferentes papeles durante tu periodo de silencio no es tan sólo un noble sentimiento: es un ejercicio calculado para producir éxito personal y laboral. En algún momento durante el día o los dos días siguientes, la situación imaginada sucederá. Y entonces estarás listo para ella. El esquema de comportamiento instalado al haber revisado la lógica de la situación y haber planeado cómo vas a reaccionar ante ella, se activará casi automáticamente. Empiezas a reaccionar contra la vieja manera. La práctica constante durante el periodo de silencio te permite crear un espacio y recordar el nuevo modo de proceder. El ciclo de violencia se rompe desde su núcleo: te niegas a perpetuar los fracasos de tu vida, te niegas a plantar las impresiones que te harán volver a ver que éstos suceden de nuevo.

Te darás cuenta de por qué ese periodo de tranquilidad puede ser muy valioso para el día laboral que estás a punto de empezar, y qué idea tan brillante era, en el antiguo Tíbet, practicar el modo de abordar los problemas antes de que sucedan. La atmósfera propicia de tu periodo de silencio planta una semilla muy firme en la mente para poder reaccionar del modo correcto. Así, los pocos minutos que dedicas al silencio son una inversión sin parangón para las horas posteriores. En el Tíbet existe la costumbre de terminar el periodo de silencio con un paso específico. Dedica un rato al final a imaginar exactamente cómo te gustaría ser. Por ejemplo, imagina que ya ha madurado la recompensa de estudiar este libro, así como los principios del potencial y las impresiones. El dinero fluye constantemente, y lo mejor es que sabes por qué y cómo hacer que siga viniendo. Además, conoces todas las etapas a seguir para asegurarte mentalmente de que también disfrutas de él. Sigues el libro de las seis veces, y observas el periodo de silencio matinal para tratar con nuevos problemas inmediatamente y asegurarte que no florezcan otros nuevos.

No te contentes. Piensa: ¿es esto realmente todo lo que deseas ser? Realmente no creo que haya un ser humano vivo a quien no le gustase ser más. ¿Por qué no te imaginas no sólo rico, sino también como un notorio filántropo? Ganas una tonelada de dinero y regalas mucho también, el mundo te considera alguien que no sólo gana dinero, sino que también sabes cómo usarlo de modo correcto; sabes cómo ayudar a los demás con él, y así obtener una satisfacción última gracias a él. Y, ¿por qué no te imaginas tan sano como un joven de veinte años, porque así es como serás si plantas con esmero las impresiones apropiadas, cuidar la vida y la salud ajenas? Yo incluiría un montón de grandes cualidades: leal, sensible, preocupado por los demás, totalmente íntegro, amigo de todos, modelo ideal para los niños y los demás hombres de negocios del país, un buen marido —o una buena esposa—, padre o madre… Ya sabes. Porque esto es lo que realmente nos gustaría ser.

Los sabios tibetanos dicen que ésta debería ser la última parte del periodo de silencio matinal: imaginarse como la persona de más éxito, la más sabia y compasiva posible. Tómate un par de minutos del silencio que dentro de poco se empezará a llenar de ruido, justo antes de levantarte de tu cojín, y esfuérzate para verte como podrías llegar a ser. Planta una *fuerte* impresión en tu mente para llegar a ser así algún día. Lo verás. Ahora levántate y vete a trabajar: ¡Probablemente llegas tarde!

Capítulo diez

Más claro y sano cada año

Si pones en práctica el libro de las seis veces y el periodo de silencio matinal notarás que, gradualmente, los días laborables cambian. De modo lento pero seguro, tu rechazo a perpetuar el ciclo de negatividad poco a poco empieza a limpiar tu mundo, rincón a rincón. Un problema tras otro desaparece; aquella persona irritante se convierte en un amigo, la otra se cambia de empresa y, al final, empiezas a verte rodeado de gente con la que disfrutas, en un trabajo estimulante y exitoso. El periodo de silencio matinal, además de darte munición para toda una vida de tratar problemas laborales, también tiene el efecto de hacer que la mente esté siempre más contenta y calmada.

En éste y en el siguiente capítulo me gustaría llegar más lejos en lo relativo a cómo obtener la máxima satisfacción de tu éxito, y de modo más específico, cómo asegurar que tu cuerpo y mente estén sanos para cuando seas un experto en estas cosas. Es un hecho triste en la vida laboral que, para muchos, ha sido tras haber sacrificado su salud y vida familiar cuando realmente lo han "logrado". Aquí hablaremos un poco sobre cómo hacer algo parecido a tener el pastel y comértelo a la vez: cómo ser el directivo más notable de la empresa y al mismo tiempo el más sano. Paradójicamente, lo mejor para mantener el cuerpo fuerte y joven es cuidar la mente: protegerla de aquello que los maestros tibetanos denominan las "emociones aflictivas mentales".

En la antigua filosofía budista la definición de "emoción aflictiva mental" es "cualquier emoción que altera la paz de la mente de la persona que la siente". La podrías denominar "mal pensamiento". Hay miles de emociones aflictivas diferentes, pero se pueden reducir a seis que son las peores: gustarte las cosas de un modo erróneo, desagradarte las cosas de un modo erróneo, el orgullo, no comprender cómo funcionan las cosas realmente, la duda perezosa sobre las verdades importantes y una visión del mundo errónea.

El gustarte o desagradarte las cosas de modo "erróneo" tiene un sentido específico. Contrariamente a lo que dicen algunas presentaciones equivocadas del pensamiento de Buda, no hay nada de malo en que existan cosas que te gustan y que otras te desagradan. Es de suponer, por ejemplo, que te gusta tu familia, tus maestros y la bondad. Al Buda le gusta vernos felices, y le desagrada que la mayor parte del tiempo nos hagamos seres tan infelices. No obstante, si te gusta algo de un modo que te altera, o que te impulsa a herir a los demás para conseguirlo, estás ante una aflicción mental: lo llamamos "gustarte las cosas de un modo estúpido". Porque herir a otro para conseguir algo para ti es el mejor modo de *no* llegar nunca a conseguirlo.

La idea principal de este capítulo, y lo que se ha de aprender sobre las emociones aflictivas, es que tienen la función de perjudicar tu salud, hora a hora, mientras pasas el día en la oficina. Hay textos secretos, que se han mantenido guardados en el Himalaya, que describen con detalle el modo en que dichos pensamientos negativos afectan a tu cuerpo. Es suficiente con decir que el proceso de envejecer está íntimamente ligado a ellos. Es decir, cada vez que te disgustas en el trabajo, cada vez que te enfadas, te irritas o sientes envidia de otro vicepresidente o cosas parecidas, algo en tu cuerpo se descompone: un pelo o dos encanecen, una arruga se vuelve más profunda, tu corazón se tensa. Todo se suma y causa que envejezcas y pierdas la fuerza que tenías de joven. Al final, dicen estos libros, esto es incluso responsable de tu muerte.

La idea crucial de este capítulo es proporcionarte claves para relacionarte con este tipo de pensamientos a lo largo del día. Regresemos a *El Tallador del Diamante*, en el punto en que Buda describe un encuentro que tuvo muchas vidas antes. El Buda era un monje llamado "Maestro de Paciencia". Un día se encontraba en el bosque, en un rincón al que el rey de Kalingka y su séquito solían ir a cazar; meditaba con su espalda apoyada en un árbol. La reina y su séquito también habían salido aquel día para recoger flores y pasear por el bosque mientras su marido y los cazadores buscaban su presa. Entonces, la reina entra en un claro y encuentra al monje meditando. Es muy religiosa y ha estado esperando la oportunidad de plantear profundas cuestiones espirituales a un maestro cualificado. Interrumpe al monje y este trata, de la mejor manera, de responder a sus preguntas.

El rey y sus cazadores persiguen a un ciervo que llega al mismo claro. Desde su caballo, el rey ve a la reina hablando entusiasmada con el monje; da por hecho que ha habido algún asunto sucio entre ellos y ordena a sus hombres que aten al hombre santo a unas estacas en el suelo, con los brazos abiertos. Lentamente, empieza a cortar los dedos del monje, nudillo a nudillo, así como los dedos del pie y otras partes de su cuerpo.

El Buda describe el suceso en *El Tallador del Diamante*. Las palabras suenan un poco arcaicas, pero no te pongas nervioso: se revisarán con detalle, y al final del capítulo las comprenderás a la perfección.

¿Por qué es así? Porque, oh Subhuti, hubo una ocasión en la que el rey de Kalingka cortaba las extremidades mayores y menores de mi cuerpo. En aquel momento no vino a mi mente ninguna concepción de un yo, ni de un ser consciente, ni de un ser vivo, ni de una persona; ni tenía concepción alguna ni tampoco dejaba de tenerla.

En primer lugar veamos lo que el Lama Choney dice acerca de lo que explica el Buda; recuerda que las palabras de El Tallador están en negrita.

¿Por qué razón **es así? Porque** hace mucho, **hubo una ocasión, oh Subhuti en la que el rey de Kalingka** tuvo la sospecha maligna de que yo había tenido relaciones con su mujer. Y empezó **a cortar las extremidades mayores y menores de mi cuerpo** (es decir, los dedos de las manos y de los pies).

En aquel momento practiqué la paciencia, con mi mente unida a la comprensión de la carencia de existencia inherente de cada uno de los tres elementos del acto de la paciencia. Cuando me enfoqué en el "yo", que existe nominalmente, **no vino a mi mente ninguna concepción** relativa a la creencia en algún "yo" que exista verdaderamente, y de ese modo no tuve concepción alguna de nada, desde un **"yo"** verdaderamente existente hasta una **"persona"** verdaderamente existente.

En aquel momento **no tuve ninguna concepción** de dichas ideas, de que algo existiera verdaderamente. Al mismo tiempo, no obstante, **tampoco dejaba de tener** ninguna concepción nominal en absoluto.

Lo que el Buda nos dice es lo siguiente: Yo tenía el pensamiento de que tendría que mantener mi paciencia, tenía el pensamiento de aceptar voluntariamente el dolor y no disgustarme por el perjuicio que se me infligía. Y asimismo tenía la concepción que reafirmaba mi conocimiento de cómo había percibido que ningún objeto tiene una existencia verdadera propia.

El Buda a continuación empieza a clarificar el asunto:

- ¿Por qué es así? **Supón, oh Subhuti, que en aquel entonces hubiera aparecido en mi mente cualquier concepción de un yo: en ese caso también hubiera aparecido el pensamiento de perjudicar a alguien. La concepción de algún ser consciente, la concepción de algún ser vivo, y la concepción de una persona habrían aparecido en mi mente. Y a causa de ello, el pensamiento de perjudicar a alguien también habría aparecido en mi mente.**

Lama Choney clarifica:

Aquí está la razón de **por qué es así. Supón que en aquel entonces hubiera aparecido en mi mente cualquier concepción de un yo**, en la que pensase en "mí" como existente de modo último. O supón que cualquier otra de las concepciones mencionadas hubiera aparecido en mi mente. **Entonces hubiera aparecido también el pensamiento de perjudicar a alguien.** Pero el hecho es que no fue así. Parece que estas líneas se reducen a lo siguiente:

El rey cortó mis dedos de la mano y del pie y otras partes de mi cuerpo como castigo por algo que no había hecho en absoluto. Si hubiera considerado a cualquiera de los dos como persona autoexistente, me podría haber enfadado, y podría haber surgido el pensamiento en mi mente de intentar perjudicarle. Pero al no tener dicho pensamiento pude evitar enfadarme.

Todo esto suena muy raro. ¿Qué tiene que ver con no perjudicar a tu cuerpo ceder ante las emociones aflictivas negativas? Hablaremos, en primer lugar, de varios modos en que se podrían malinterpretar estas líneas (en realidad, han sido malinterpretadas a lo largo de los siglos). Después, procederemos a explicar lo que realmente significan.

Una malinterpretación que surgió con libros budistas como éste, libros que afirman que no existe un "yo" o "persona", es que muchos entienden que significa que hay una especie de espacio al que se puede ir cuando uno tiene un problema, un espacio simplemente vacío en el que se ve todo como si fuera irreal, y así el problema desaparece, o no te adhieres a él. Los que lo entienden así dirían que si, por ejemplo, tienes un problema con alguien que está enfadado contigo, podrías pretender que no está allí o rehusar pensar en él, y entonces tu problema desaparecería. Creen que esto es lo que significa el "ningún yo", que el Buda aquí también llama "ningún ser consciente, ningún ser vivo y ninguna persona".

No obstante, de ningún modo es esto lo que el Buda tiene en mente, ni tampoco te ayudaría a trabajar con tus emociones aflictivas negativas en tu oficina. No sirve de mucho, por ejemplo, imaginar que una experiencia negativa particular no te está sucediendo o que, de algún modo, no la experimentas, o que te puedes desapegar de ella. Cuando estás sentado en la silla del dentista que te perfora una muela y toca un nervio, o cuando te empalan con los brazos abiertos en el suelo y lentamente te cortan los dedos de la mano, del pie y el resto, no sirve de mucho imaginar que él no está allí y que tú tampoco. Prueba y lo verás. Esto no es lo que el Buda quería dar a entender.

La parte sobre "no tener concepciones" también es fácil de malinterpretar. Muchos han leído líneas parecidas y creen que el objetivo de un budista es solucionar una situación difícil sentándose e intentando no pensar en nada: vaciar la mente de cualquier pensamiento; o quizá ver los pensamientos, pero no escucharlos ni conectar con ellos. Esto tampoco era lo que el Buda tenía en mente. Lo puedes comprobar si te perforan una muela. No sirve de nada. No es el modo de parar el dolor. ¿Qué quería dar a entender, pues, el Buda?

Vayamos a una situación real en el negocio del diamante. Tu campo de batalla va a ser la fábrica o la sala de reuniones, así que podríamos también tomar un ejemplo real de un negocio real. Mientras yo trabajaba como vicepresidente en Andin solía viajar a Asia a menudo para pasar algún tiempo en el monasterio tibetano donde cursé mis estudios. Llegué a un acuerdo con los propietarios, el matrimonio Azrielants, por el cual yo estaría en contacto telefónico y listo para organizar compras de diamantes, digamos, de Bombay (no muy lejos del monasterio) o de Bélgica.

"Estar en contacto" no era un asunto fácil: el monasterio había empezado con unas cuantas tiendas de campaña, en medio de un frondoso bosque del sur de la India. Estaba formado por unos cien monjes supervivientes que durante la invasión del Tíbet habían logrado escapar a través del Himalaya (nuestro monasterio originalmente tenía ocho mil, muchos de los cuales fueron asesinados y forzados a dejar los hábitos). Cuando yo llegué allí para empezar mis estudios había unos doscientos monjes en simples barracones y una sencilla sala de reunión. El teléfono más próximo para llamar a los Estados Unidos estaba en Madakeri, a unas tres horas de viaje. Una simple llamada para "estar en contacto" llevaba prácticamente todo el día, si podías conseguir línea.

De modo que heme aquí en un pequeño edificio encima de una montaña, en medio de un bosque en la India, inclinándome sobre un antiguo teléfono e intentando oír lo que Ofer me chilla desde el otro lado, en sus oficinas de cristal frente a las luces del World Trade Center y el río Hudson.

- ¡Necesitamos piedras! ¡Tenemos un gran pedido! ¡Hemos de tener diez mil quilates en Nueva York en diez días! ¡Habla con Bombay! ¡Habla con Amberes! ¡Espabila y consíguelo!

Ahora bien, diez mil quilates de estas piedras en concreto significaban tal vez un millón de diamantes diminutos. Y por cada uno que compras en el mercado tienes que mirar dos o tres. Por lo tanto, estamos hablando de comprobar varios millones de diamantes en diez días. Supón que coger una piedra y mirarla con la lupa te lleva diez segundos, son seis piedras por minuto y trescientas sesenta piedras a la hora, por persona. Supón que puedas mantener este ritmo durante cinco horas al día sin destrozar tus ojos, estaríamos hablando de unas dos mil piedras al día como máximo. Así que vas a tener que conseguir al menos mil días de tus hombres para terminar el pedido. Así que pregunto de nuevo:

- Ofer, ¿estás seguro de que son diez mil quilates? ¿Estás seguro de que son diez mil?

- Sí, sí, ¡ponte a ello esta noche! Sigue llamando, despierta a todo el mundo. ¡No importa! ¡Buena suerte! Click.

Anoto en mi diario la cantidad y el tipo de piedra que se requiere y después, durante varias horas, intento ponerme en contacto con todos los compradores internacionales del mundo. Cuando dejo la central telefónica de Madakeri ya es de noche; salimos a un pequeño jardín frente a un valle grande y hermoso, disfruto del aire del anochecer, del olor de las flores salvajes indias, y observo cómo salen las estrellas. Me siento bien: es la buena sensación de mantener una promesa, de hacer algo, aunque sea tremendamente arduo. Después nos amontonamos en el viejo coche del monasterio y regresamos para seguir otra semana de estudios intensos con algunos de los mejores Lamas del mundo.

Cuando los diamantes empiezan a llegar a las oficinas de Nueva York desde todo el mundo, llego yo también, polvoriento y quemado por el sol. Ofer me llama a su oficina y yo, con la confianza plena de un ejecutivo que ha servido la mercancía a pesar de las dificultades, me siento y espero a que empiecen las felicitaciones.

- ¿Qué diablos sucede?- empieza él.

- ¿Qué quieres decir?

- ¿Qué son tantos diamantes? ¿Sabes lo que estás haciendo con la liquidez financiera? ¿Estás loco o qué?

Ya conoces la sensación: "¡Tierra, trágame!". No es tan sólo otra falta de comunicación o error en el negocio, sino toda una afirmación sobre la condición del mundo, el nuestro. ¿Por qué las cosas no pueden ir bien? Supongo que ya tienes una idea. Pero prosigamos:

- Espera un minuto, Ofer. Me dijiste que los comprara, me dijiste que necesitabas diez mil quilates al instante.

- ¡Diez mil quilates! ¿Estás de broma? ¡Te dije mil! ¿De qué me hablas? ¿Por qué diablos querría encargar diez mil?

- De verdad, me dijiste diez mil. Te lo pregunté dos o tres veces, e incluso lo anoté en mi diario mientras estaba al teléfono. Mira, está aquí, dice diez mil.

- ¿Cómo sé cuándo lo escribiste? ¡Podría haber sido esta misma mañana! Nunca dije diez mil.

En el estudio de las emociones aflictivas, cuando te adiestras en el arte de evitar los pensamientos que te harán envejecer antes de hora, éste es el momento crucial. En general los negocios requieren tener la mente tranquila y los reflejos rápidos, pero nada comparado con esto ya que tienes sólo tres segundos como mucho para poner en marcha tus defensas antes de darte de bruces con fuertes sentimientos de indignación, dolor y enfado. En esos segundos tendrás que tomar un curso de acción super- activo, o ya será demasiado tarde. Y dicha acción va a implicar el "ningún yo" y la "ausencia de concepciones" de las que el Buda estaba hablando. Excepto que ahora tenemos que averiguar lo que él realmente quería dar a entender cuando las mencionaba. Conectémoslas a esta situación de la vida real. Usaremos los "tres elementos" que el Buda mencionó en relación con el monje al que el rey de Kalingka cortó los dedos.

Los "tres elementos" se refieren a las tres partes de la situación que funcionan en este momento: el jefe que te grita (Ofer), la persona a la que gritan (desgraciadamente, yo) y el hecho de que el suceso esté teniendo lugar. Cada uno de ellos tiene su propia vacuidad, lo que hemos venido denominando "potencial". De hecho hay un montón de vacuidades en esta situación que contribuyen al desastre, pero que también contribuirán a solucionarlo, razón por la que la vacuidad -el "potencial" de las cosas- es tan maravillosa.

¿Cuál es el potencial en el jefe? En estos momentos parece bastante desagradable, pero recuerda que si su cónyuge -es decir, su esposa Aya- entrara, te diría que lo encuentra maravilloso -pues está salvando a la empresa de un tonto irresponsable que ha enloquecido comprando diamantes que ni se necesitan ni se pueden pagar-. Por tanto, por su propio lado, no es ni un monstruo ni un genio, sólo depende de quién lo observa. Como se ha dicho tantas veces, por su lado es como una pantalla en blanco, un vacío, y que parezca bueno o malo en un momento dado depende meramente del tipo de impresiones que yo haya depositado en la mente en el pasado.

Recuerda también otra cuestión que siempre mencionamos al llegar a este punto: aunque es cierto que el modo en que aparezca precisamente ahora está siendo condicionado, e incluso creado, por mi propia mente, esto no implica en absoluto que pueda, por mis deseos, hacer que ahora sea un buen tipo. Y es así porque yo (a diferencia de su esposa) tengo impresiones en mi mente que me están *forzando* a verlo, justo ahora, como un jefe desagradable y muy irritado. Lo mejor que puedo hacer, entonces, es ser muy cuidadoso para no plantar *nuevas* impresiones en mi mente en este instante. ¿De qué tipo de impresiones *nuevas* estamos hablando? Bien, ¿qué te parece una impresión para ver a un jefe que te grita por hacer exactamente lo que él te dijo que hicieras? ¿Y cómo podría una persona plantar una impresión como ésta? En realidad, sólo hay un modo de obtener este tipo de impresión: gritar a alguien como tu jefe, que está intentando hacer frente a lo que honestamente cree que es un error grave y costoso. Por tanto, ¿cuál sería la cosa más *estúpida* que se podría hacer en ese momento, cuando te está gritando? Lo has adivinado: responderle con más gritos.

Si permites que tu mente siga este proceder, incluso sólo parcialmente, durante los tres segundos antes de que la frustración y el odio barran tu corriente mental, suceden un par de cosas. En primer lugar, evitas una impresión mental que te dará muchos problemas en el futuro. Imagina que vas a coger una taza de café en el extremo de la mesa de tu despacho y, en vez de ello, accidentalmente, coges una taza de ácido clorhídrico (algo que podría suceder con facilidad en una fábrica de joyas si no prestas atención). Estás teniendo una animada conversación con alguien y por eso no te das cuenta. Elevas la taza hasta tu rostro, la empiezas a inclinar y, en el último instante, te percatas de un aroma ácido y sueltas la taza inmediatamente con un suspiro de alivio. El logro de evitar tu frustración y enfado en el último instante es un alivio. Es la victoria de dar una respuesta a tu mente en el marco de los tres segundos posibles en que puedes desprenderte de tu enfado y librarte de la impresión que es la bomba de relojería que está a punto de sellarse en tu mente.

Recuerda: un único instante de enfado, un solo instante en que esta impresión negativa se selle en la mente, puede conducir a días, semanas o incluso más tiempo en el futuro en que tendrás que experimentar el resultado de esta impresión en el mundo a tu alrededor. Cuando seas capaz de usar esta antigua sabiduría para desprenderte incluso de un instante de enfado, el esfuerzo que hayas puesto en comprender las ideas de este libro habrá valido la pena. Te habrás ahorrado un montón de problemas y dolor, habrás cogido una carretera diferente y nunca tendrás el accidente que tendrías si no hubieras cogido ese desvío ahora.

Ahora bien, ¿qué sucede con el "ningún yo" y la "ausencia de concepciones? "Ningún yo" significa que el jefe no tiene autonaturaleza, es decir, una naturaleza propia que venga de su propio lado, una naturaleza con la que haya nacido: ser una persona desagradable que grita en este momento.

Si esa fuese su naturaleza, incluso su esposa le encontraría desagradable, pero ella no lo siente así. Por tanto, "ningún yo" significa que lo que veas en él viene de ti y no de él. No significa que no exista en absoluto, o que sea útil pretender que él no está presente.

La "ausencia de concepciones" significa que dejes de pensar en él de modo erróneo: deja de concebir que es malo por su lado y empieza a pensar en él como en una pantalla vacía que se rellena con una gran película para su esposa, y con una de terror para ti. Y el proyector, desde luego, es tu propia mente alimentada por la electricidad denominada "impresiones de lo que has hecho a los demás en el pasado". De nuevo, la idea no consiste en absoluto en que será de ayuda no pensar en nada, no juzgarlo como bueno o malo, o no apegarse a ninguna de tus sensaciones o emociones. Recuerda: el incidente que está teniendo lugar, cómo te ves a ti mismo y a los demás, y cómo tú y los demás veis a tu jefe (éstos son los tres elementos) es algo ciertamente real. Unas personas de verdad serán dañadas, unas empresas de verdad sufrirán pérdidas, unas personas de verdad perderán sus extras de vacaciones, aunque no por la razón que solías creer: todo proviene de lo que hiciste con anterioridad.

Por tanto, ¿qué se debe hacer? Una cosa es entender con claridad que si respondes negativamente al final de los tres segundos vas a plantar una nueva impresión del mismo aroma y tendrás que comértela más tarde. Esto ya lo hemos cubierto antes. Pero hablemos de las consecuencias inmediatas de la negatividad, enfrentémonos a ello: ponerse furioso no sirve de nada. Una famosa estrofa de un antiguo libro budista dice:

> Si una situación puede arreglarse,
> ¿por qué enfadarse?
> Si una situación no puede arreglarse,
> ¿de qué sirve enfadarse?

Estamos hablando del beneficio inmediato de negarse a ceder ante el enfado. El desafío principal ha pasado: rehusaste responder de modo negativo y por ello evitas que te vuelva a suceder en el futuro. Ahora, entra en tu mente y rehusa hasta el más mínimo atisbo de enfado: de hecho, ve más allá y lleva a la mente hacia una actitud positiva. En vez de pelear sobre de quién fue la culpa de que se comprasen los diamantes, en vez de pelearse sobre quién echó a perder la liquidez financiera, dirige la mente inmediatamente a buscar la solución: *comprobarás que desprenderte del enfado justo antes de que llene tu mente hace que la puedas dirigir de inmediato a solucionar el problema.* Tu mente está clara. Tu rostro en calma. Tu corazón late con normalidad, tu respiración es constante.

Así es como quieres estar cuando trates con un problema serio y, a largo plazo, es lo mejor para tu cuerpo y tu salud. Cada vez que te niegas a ceder a unos cuantos momentos de enfado o de cualquier otra emoción negativa añades más horas de salud y felicidad a tu vida y a tu carrera comercial porque, al final, todo suma. Y para tu negocio a corto plazo es más inteligente abordar tus problemas con un estado mental claro y calmado.

Una nota final como consejo. Probablemente ya te has dado cuenta de que todo el acercamiento presentado en este libro es similar a cuidar un jardín. Nuestra premisa es que los problemas son creados por semillas o impresiones que tú mismo has plantado en la mente en el pasado. Una vez estas impresiones han alcanzado un cierto poder, una vez están a punto de brotar o de crecer en forma de planta, ya es demasiado tarde para hacer mucho con ellas. Y a la inversa, es de inocentes creer que se pueda plantar una semilla por la mañana y esperar un resultado por la noche.

La idea es que debes adiestrarte previamente para ver que los resultados de tus actos no son tan inmediatos. Puedes ser capaz de calmar tu propia mente de inmediato y estar listo para tratar un problema con una fría racionalidad, pero esto no significa en absoluto que los demás en la habitación se vayan a calmar. *Tampoco significa* que la solución que encuentres en tu estado mental calmado vaya necesariamente a funcionar: no olvides que esto depende de las semillas plantadas hace tiempo. No obstante, significa que estás cuidando el jardín para el futuro, *significa* que en tu mundo futuro cada vez ocurrirán menos situaciones tensas.

Capítulo once

El círculo, o trabajar a largo plazo

En el último capítulo hemos visto que observar la mente y evitar emociones negativas no sólo produce una realidad futura más de color de rosa, sino que además contribuye en buena medida, tanto a tu bienestar físico inmediato como a tu salud a largo plazo, en el transcurso de los años de tu carrera. No hace falta mencionar que si puedes detener y, finalmente, vencer todo estado mental negativo, cada día será más agradable.

En este capítulo me gustaría describir otro truco que usan los grandes sabios tibetanos para mantener su salud física, así como un alto grado de creatividad mental a largo plazo: no es extraño encontrar monjes de sesenta y setenta años que despliegan un apetito intelectual y una curiosidad cada vez mayores, y que son físicamente capaces de mantenerse trabajando muchas horas y de descender escaleras de un modo que la gente en occidente ha perdido cuando llega a los cuarenta. El truco se denomina *tsam*, que en tibetano significa "frontera" o "línea divisoria". La palabra describe el arte de apartarte del trabajo de vez en cuando: ir a algún lugar y, en un sentido, crear un círculo a tu alrededor en el que puedas sentarte con tranquilidad y pensar un poco.

Durante los quince años que trabajé en Andin International seguí la norma del Círculo. Mi política, acordada con los propietarios, era estricta en el sentido de que siempre tendría los miércoles libres, para así distanciarme de la oficina para pensar y encontrar inspiración. Al principio, yo mismo pedí una penalización temporal en mi salario. Con el tiempo, cuando los beneficios del Círculo fueron obvios, mi salario se igualó con el de los que no tenían un día libre a la semana. Elegimos el miércoles porque sería menos trastorno para mi trabajo administrativo: siempre tenía dos días seguidos, ya sea lunes/martes o jueves/viernes, para tratar una negociación o algún problema de personal que se pudiera alargar más de un día.

Como medida práctica adiestré también a un segundo de a bordo de confianza, cosa que me dio libertad para entrar en el Círculo y recoger la fuerza que allí encontraba para contribuir a la empresa. También dio a nuestra división un alto nivel de poder administrativo que era útil en las épocas de mucha producción: la gente estaba acostumbrada a aceptar la dirección sobre temas importantes tanto de mí como de mi mano derecha, y de ese modo, administrativamente, era menos problemático cuando, de repente, se tenía que expandir la producción en un 20 o 30 por ciento.

Este es, por cierto, un fenómeno común en la industria del diamante y la joyería, ya que un 60% de las ventas está conectado con el periodo de Navidad: fabricábamos hasta ocho o diez mil anillos por semana en otoño para limitarnos a mil o dos mil después de Año Nuevo. Esto significa que has de poder expandir y contraer tu plantilla de modo radical de mes en mes y tener el poder directivo en el lugar para tratar con una división que podría ser el doble de la que tenías seis meses antes.

Es importante no considerar que el día que pasarás en el Círculo sea como un día de asueto, un premio para un ejecutivo trabajador, aunque a mí me ayudaba a descansar de las dos horas de viaje de ida y vuelta, y de la presión física de entrar y salir de Manhattan diariamente. Para obtener un beneficio máximo, los días del Círculo han de ser estrictamente organizados y ejecutados. Toda la idea consiste en poder romper con la rutina habitual; tener tiempo para pensar en el *por qué* en vez del *cómo* del trabajo; tiempo para planear, para reflexionar y, quizás más importante, *tiempo para recibir nueva energía*, nuevas fuentes de inspiración.

Durante el tiempo que pasé en Andin entrevisté y empleé a cientos de personas, y la mayoría de ellas era gente de bastante éxito. Desde luego, consideraba las cualidades habituales: integridad, lealtad, espíritu de equipo, consideración hacia los demás, inteligencia y honestidad. Para ser sincero, no me interesaba mucho su *habilidad*: mi experiencia es que la mente humana es tan poderosa que a cualquiera le puedes enseñar, en poco tiempo, a hacer cualquier trabajo, pero lleva años romper con malos hábitos personales y características como mentir o la ausencia de preocupación por los demás, que perjudican más a un trabajador que cualquier carencia de habilidad técnica.

Un truco para contratar personal que me gustaría compartir contigo era el examen del tiempo libre: descubrí que la pregunta más importante que le podías hacer a una persona era qué hacía en su tiempo libre. Andin es un lugar de trabajo duro, y el número de horas de trabajo, especialmente durante la ajetreada temporada de vacaciones, puede ser brutal. Cuantas más horas pasas en un lugar, menos horas pasas en otro. Y hay un límite sobre cuántas cosas nuevas se pueden aprender rodeados de la misma gente en la misma habitación, mes tras mes.

Si nunca te mueves, si nunca ves nada nuevo, si nunca hablas con nadie nuevo, por descontado que tu creatividad se resentirá. No es exagerado afirmar que varios minutos de verdadera creatividad creando nuevos sistemas pueden ser mucho más provechosos para cualquier empresa que semanas, o incluso meses, de horas extra impuestas por directivos atascados en sistemas antiguos. Por ello, merece la pena dedicar un rato a averiguar a qué tipo de información creativa potencial está expuesto un empleado en su tiempo libre.

Me di cuenta de que aquellos que responden "principalmente miro la tele" a la pregunta acerca de su tiempo libre son empleados con poca inspiración. Los que leen muchos libros (que no sean novelas románticas) a menudo son empleados más creativos y reflexivos. Los que escriben prosa, y especialmente poesía, tienen una gran imaginación y fácilmente encuentran soluciones originales para los problemas. Hay que señalar que los padres jóvenes tienen que ser excusados de esta pregunta porque, con razón, responden que pasan su tiempo libre cuidando a sus hijos, y digamos de paso que los niños son una de las grandes fuentes de inspiración creativa. Por último, parece que aquellos que consagran cierto tiempo a servir a los demás en su tiempo libre, gente que ayuda en la iglesia o que entrena a niños para la Liga de Cadetes o hace trabajos voluntarios en un hospital los fines de semana, son los empleados más estables y creativos de todos.

Más de lo que nadie se pueda imaginar, el punto clave es cuán esencial resulta que un ejecutivo tenga una doble vida, una segunda pasión -ya sea ésta escribir, la fotografía, los deportes o trabajos voluntarios- para traer al despacho una creatividad renovada. Recuerdo haber regresado de una sesión más larga de lo habitual en el Círculo (que describiré más tarde) y sentarme delante de una caja de depósito de diamantes (una especie de caja de zapatos con un millón de dólares en brillantes en ella), y haber mirado los papeles de los diamantes como si fueran algo que nunca hubiera visto antes. Son pequeños trozos de papel doblado que a lo largo de los siglos se han usado para guardarlos. Para que las piedras no caigan hay un truco para doblarlos del modo correcto, pero la forma básica no ha cambiado en siglos. Tampoco lo ha hecho el modo de escribir en la parte exterior lo que contienen. En la parte superior externa hay una descripción general de lo que se encuentra en el papel, digamos "Cuartos de quilate redondos". En otra parte, en el centro quizá, se indica la cualidad, por ejemplo "Color J blancos". Justo en la esquina inferior de la derecha, se indica el peso del paquete de piedras hasta la centésima de quilate, por ejemplo: "10,27 quilates". Y, desde luego, en algún lugar debajo de la solapa interior hay un diminuto código con el precio de las piedras: algo como ZLD4 podría representar "Pedir dos mil dólares; precio de venta mil ochocientos dólares, y bajo ninguna circunstancia aceptar menos de mil seiscientos dólares."

Antiguamente, en las compañías de joyería, había la norma de que la persona que cogiera una piedra de un paquete debía apuntar en la solapa interior algo como "CM cogió tres piedras para hacer una muestra de anillo en 8/4". Cuando el papel se quedaba sin diamantes, alguien podría intentar sumar aproximadamente todas las piedras para ver si coincidía, pero en principio nadie le prestaba mucha atención a menos que fuera obvia la falta de diamantes. De modo que me encuentro observando fijamente una caja con estos papeles desde la nueva perspectiva que obtuve gracias al Círculo, al tiempo libre semanal, y me surge una nueva idea.

La idea persistió durante unas treinta y seis horas; no pude dormir mucho tiempo, y seguí añadiendo detalles. El concepto básico era que antes de ser doblado se imprimirían en el papel unas líneas especiales que obligarían a los oficinistas del almacén de diamantes, les gustase o no, a hacer algún tipo de anotación y, automáticamente, anotar el balance de piedras restantes. Cuando la gente agotase las líneas también se verían forzados a cambiar el papel y comprobar el número y peso de los diamantes restantes en aquel punto. Hice muchas líneas gruesas adrede, para que los papeles más usados -y por ello en manos de más gente- se comprobasen con más frecuencia.

Después vino la idea de emplear diferentes colores para los papeles según un código, de modo que en pocas semanas flotaba por la división un arco iris de papeles de diamantes. No era necesario entonces coger el papel para ver qué cualidad o qué forma tenían, y la gente podía fácilmente recordar no mezclar los diferentes colores (un desastre cuando tratas con una docena de piedras de clases diferentes). Un par de horas después nos sobrevino la idea de imprimir los papeles de modo que tras su uso se pudieran aplanar y guardar en carpetas. De este modo podíamos tener un control permanente de la firma de quien había cogido cada piedra del inventario, así como un apoyo automático para nuestros inventarios del ordenador en caso de que éstos se perdieran o deterioraran.

Seguidamente jugamos con la medida de los papeles, rayas en ellos para tallados diferentes, y muchas otras innovaciones que hicieron de nuestros sistemas de inventario y control de pérdidas los más sofisticados en el negocio de las piedras. Y una vez más, éste es uno de los pocos resquicios en la industria internacional del diamante en los que definitivamente puedes extraer más beneficio que el otro, puesto que la mercancía en bruto es principalmente manipulada por un monopolio, y el precio de la mano de obra cualificada para el tallado es básicamente fijo en todo el globo.

Era una experiencia muy gratificante estar después sentado en pequeñas oficinas de gemas del mundo y ver que habían copiado (y en ocasiones incluso mejorado) el sistema que habíamos implantado. Si a lo largo de los años este método de seguridad del inventario ha ahorrado incluso un pequeño porcentaje del coste de los diamantes en Andin, estamos hablando de millones de dólares de beneficios extra. Y todo vino de un día en el "Círculo", un día lejos del trabajo para conseguir una perspectiva fresca. Nunca me dejó de sorprender el modo en que otras empresas intentaban exprimir cada hora del tiempo libre de sus directivos, y luego se sorprendían de que estuvieran tan agotados que ya ni tenían nuevas ideas ni se exponían a nada (aparte de la misma vieja oficina) que pudiera inspirárselas. Bien, ahora que seguramente ya te gusta la *idea* del Círculo, veamos qué se hace en él.

Un día en el Círculo conlleva unas normas básicas. La más importante es que el Círculo debe tener lugar regularmente, el mismo día, cada semana o cada par de semanas, y ese tiempo debe ser *inviolable.* Es decir, si eliges el miércoles para tu día del Círculo, *nunca* deberías romperlo y trabajar los miércoles. La razón es simple. La mayoría de las personas más capacitadas en el mundo laboral es adicta al trabajo. Trabajarán tengan que hacerlo o no, y ese trabajo siempre será más del que puedan terminar. Esto hace que el día sea interesante: mantiene el flujo de adrenalina y, como cualquier ejecutivo sabe, la adrenalina es adictiva.

La gente se quedaba en Andin durante años, pudiendo tener un salario mejor en algún otro lugar, simplemente porque la compañía siempre crecía y en todo momento había desafíos, cimas a escalar. Podrías pensar que la idea del Círculo suena bien, e incluso probarlo dos o tres miércoles seguidos, pero puedes estar seguro de que encontrarás una excusa para estar de vuelta en la oficina para alguna emergencia "realmente importante" a finales del mes, y desde entonces todo decaerá. Como tantas otras prácticas profundas y conceptos descritos en este libro, la idea del Círculo *no funcionará* a menos que la adoptes de un modo constante y persistente. Al principio es esencial que entiendas el concepto de que *si dejas de trabajar un día en medio de tu semana laboral,* volverás a la oficina con grandes ideas que resarcirán cientos de veces del tiempo que te tomaste.

Para oír susurrar grandes ideas en tu mente mientras estás en el Círculo, es esencial estar en *silencio.* La primera mitad del día del Círculo, digamos hasta las dos de la tarde, se *debe* pasar en silencio, solo. Sin teléfonos, ni tele, ni ninguno de los otros ruidos que te impidan escuchar las grandes ideas que tienes en la mente: ni radio, ni música, ni periódicos, ni revistas, ni novelas, niños, esposa, animales domésticos o trabajadores reparando algo. Ve a tu lugar tranquilo, el lugar del que hablamos en el último capítulo, y simplemente, siéntate en silencio.

Para muchos ejecutivos ocupados este es un modo desconcertante de pasar el día. La primera reacción natural es esa abrumadora sensación de estar perdiendo el tiempo: la gente en la oficina está esclavizada, corriendo de aquí para allá, quizá hablando por dos teléfonos a la vez y apagando incendios en toda la compañía mientras tú estás aquí sentado y sin hacer nada. Además, mañana acaba el plazo para ese gran proyecto que tienes, y hay pocas posibilidades de que lo consigas; es también para uno de los clientes más importantes, y aquí estás desperdiciando el poco tiempo libre que tienes para tratar el tema.

O si no, tu esposa, amigos e hijos comenzarán a planear las cosas que debes hacer para ellos al saber que vas a pasar el día en casa. "Si vas a estar sentado aquí el miércoles por la mañana, no entiendo por qué no podrías pasar por el banco y estar en casa para la entrega del paquete, no hablamos de más de media hora". Diles a todos que se pierdan de vista. El Círculo ha de ser un espacio de silencio y concentración completos: no funciona si te interrumpen, aunque sea sólo un par de minutos. Estás reservando unos momentos escasos, preciosos e irreemplazables de tu vida para entrar en el silencio de tu mente y encontrar respuestas más profundas a los desafíos, tanto de tu negocio como de tu vida. *Nunca* cometas el error de pensar que no es valioso o que no merece la pena. No sólo te estás abriendo a la creatividad más profunda de la mente, sino que estás activamente previniendo un montón de problemas de salud que tendrías si no tuvieras la previsión de romper la vieja rutina. Y no hace falta ser un genio para ver adónde te llevan los viejos esquemas o rutinas. Lee cualquier ejemplar del New York Times y sus necrológicas, y fíjate en cuántos hombres de negocios inteligentes y con talento han trabajado hasta la muerte. No creas que no puedes ser el siguiente.

Después de una hora o una hora y media de silencio

sentado en quietud, haz algún tipo de ejercicio ligero. Los antiguos libros tibetanos dicen que, a un nivel muy profundo y sutil, el cuerpo y la mente están vinculados: cuanto más pesado y menos erguido esté tu cuerpo más difícil será que fluyan las energías sutiles del pensamiento. Los ejercicios tradicionales para la gente de negocios de los Estados Unidos han sido cosas como el golf, correr o el levantamiento de pesas ligeras. Están bien, descubre el que te vaya mejor y hazlo. Hay más probabilidades de continuar con algo si te gusta. Una vez más recuerda que *no* hablamos de ejercicio porque sí o por algún tipo de vanidad. Si tu cuerpo está sano, tu mente estará más clara; si tu mente está clara, tus asuntos funcionarán mejor. Y, como veremos después, una mente *realmente* clara puede trascender las limitaciones de las motivaciones normales en los negocios, es decir: aprendes a ir más allá del reino del ganar dinero de modo necio y te trasladas al reino de ganar dinero de un modo *significativo*.

Una advertencia: quizá deseas probar ejercicios más exóticos que, por ejemplo, correr por una pista, y que tengan un efecto mucho más poderoso sobre la mente. En los últimos años he conocido a un buen número de hombres de negocios que han roto la barrera de la "vergüenza" y siguen clases de yoga, tai chi o incluso danza moderna. No me refiero aquí a la versión comercial de estas disciplinas, en las que estás un par de semanas y nunca aprendes de verdad. Busca tiempo y gasta dinero para conseguir un maestro en alguna de estas artes que te coja como estudiante personal, y sigue una clase privada. Mantén una relación cercana a lo largo de los meses y los años con un experto auténtico. Aprende a aplicar la disciplina que usas al llevar tu negocio para mantener el cuerpo en buen funcionamiento, no por tu aspecto, sino para objetivos más elevados.

En los días del Círculo, renueva el programa de las comidas. Intenta, por ejemplo, sólo beber líquidos hasta el mediodía: el periodo de silencio matinal y los ejercicios irán mucho mejor. Antes de ingerir tu primera comida, siéntate tranquilamente un rato y lee algún libro de pensamientos sobre el sentido más elevado de la vida, de alguien como Gandhi, Schweitzer, el Papa, el Dalai Lama, la Biblia o algo parecido, pero algo que tenga relación con el *sentido* de nuestra existencia, en vez de sólo con los *medios* para subsistir o ganarse la vida. Estar cerca de esos pensamientos durante el periodo de silencio es parte de la idea del Círculo, escapar del pantano limitado de comprensión de tu oficina y exponer la mente a los pensadores de antaño. La tranquilidad en la que te has ubicado te capacita para oír lo que te susurra la mente, y una lectura constante de los grandes pensadores y los grandes corazones de nuestro mundo hace que esos susurros sean más significativos.

Después de una comida ligera, no te sientas avergonzado de echar una siesta si es necesario. La cantidad apropiada de sueño para tus necesidades personales, así como la comida y la concentración se consideran en los grandes libros de la antigua India como uno de los cuatro tipos de sustento físico. El día del Círculo no sólo refrescará tu mente, sino que también vigorizará tu cuerpo, compensando el desgaste y la pesadez que te proporciona el estrés en el trabajo.

Por la tarde haz algún tipo de estudio práctico: aprender fotografía, informática o cuidar del jardín… La idea es que no sea "útil" para tu trabajo habitual. En otras palabras, no dediques ese tiempo a tratar de dominar una base de datos para usar al día siguiente en tu trabajo; pásalo, por ejemplo, montando un ordenador a partir de las piezas sueltas. De nuevo, es mejor si puedes salir de casa y hacer este estudio codo con codo con alguien que realmente domine el tema. La mejor inspiración viene de aquellos que dominan lo que hacen, ya sea la jardinería, la música o un oficio. La idea es estar expuesto a la creatividad y la excelencia: el beneficio viene más de aprender a *pensar* como un maestro y a tener su *pasión* que de ser muy bueno en lo que sea que te enseñe.

Por la noche haz un esfuerzo consciente para salir y *ayudar* a alguien. Podría ser un equipo deportivo de niños, un vecino anciano, tu esposa o tu familia. Si eres tú quien gana el dinero en casa, puede aparecer una especie de egoísmo: algo te dice que si vas a trabajar a la oficina cada día para mantener a la familia ya estás exento de ayudar en los trabajos más mundanos, bien sea con tu familia, en casa o, especialmente, con los miembros de tu comunidad. Quien gana cientos de dólares a la hora en su trabajo cree que llevar en coche a los ancianos al supermercado por la tarde, un trabajo que cualquier persona no cualificada podría hacer, es un desperdicio de tiempo y talento. Prefieren servir en la dirección de una gran oficina de caridad local. Pero esto nos desvía de nuestra intención. Ir al Círculo en nuestro día libre *está ideado para sacarnos de la rutina de seguir un único esquema mental laboral*, para así poder movernos en direcciones diferentes. Estamos intentando, conscientemente, apartar nuestras mentes de los detalles técnicos de lo que hacemos y, simplemente, las exponemos a recursos frescos de creatividad: silencio, grandes pensamientos del pasado y, quizás lo más importante, apartar la mente del enfoque autocentrado en el que pasamos la mayor parte de nuestra vida laboral. En otras palabras: vigorizar el alma y el intelecto no sólo por medio de pasar un día lejos de nuestros repetitivos esquemas de pensamiento laborales, sino también haciéndolo sin concentrarnos en nosotros mismos.

Para esto no hay nada como servir a diario a los necesitados, lo cual, a lo largo de la historia, ha sido la mayor fuente de fuerza interna y creatividad para los mejores seres que han caminado por este planeta. Deberías entender este hecho, apreciarlo, y luego hacer un esfuerzo consciente para *alejarte de ti mismo* por medio de proporcionar ayuda desinteresada a aquellos que lo necesitan porque son viejos, pobres, están solos, o lo que sea. Según la sabiduría del Oriente, *nada* dará más poder a tu vida laboral al día siguiente.

Al final del día del Círculo, cuando estés a punto de irte a la cama y la casa y la familia se han quedado en silencio, busca de nuevo más silencio en tu lugar tranquilo. Es el momento de revisar el día, tus pensamientos, y terminar tu libro de las seis veces. Intenta no pensar mucho en el trabajo y en aquello a lo que tendrás que enfrentarte al día siguiente. El truco consiste en permitir que el silencio y la influencia creativa externa trabajen en tu mente a lo largo de la noche durante las horas de sueño, sin pensar en los detalles del día siguiente. La inspiración establecida aparecerá entonces, cuando la necesites. Para que las semillas que lo hacen posible crezcan plenamente, requieren la quietud de tu periodo de sueño.

Una última nota sobre los días del Círculo: parece que lo que da creatividad a los días siguientes es el tiempo libre, las horas de tranquilidad y reflexión. Pero como los dos ya sabemos después de haber entrado en contacto con la sabiduría de *El Tallador del Diamante*, la inspiración que "simplemente ocurre" al día siguiente tiene unas causas específicas que no son otras que las impresiones que el silencio, la claridad, la proximidad a las grandes mentes y el servicio voluntario a los necesitados han colocado en la mente. En realidad, no es diferente de lo que ya hemos venido hablando. Nada productivo sucede a menos que una buena impresión hecha en el pasado te obligue a verlo suceder. Siempre estamos implicados en el negocio de preparar el jardín para el futuro.

Esto es, pues, lo que denominamos un Círculo Semanal. Otro tipo de Círculo, que fue realmente una de mis mejores armas secretas a lo largo de toda mi carrera como vicepresidente en Andin, es el Círculo del Bosque, que te recomiendo de verdad. No existe un modo más poderoso de penetrar a fondo en el futuro de tu carrera laboral, ni de dar más deprisa los grandes saltos en tu negocio para conseguir tus objetivos últimos.

Para entrar en el Círculo del Bosque en primer lugar has

de negociar al menos dos semanas libres de trabajo. Aquí no hablamos de unas vacaciones normales, tiene que ser *además* de las vacaciones. ¿Cómo vamos a tener este tiempo extra? En primer lugar, tienes que creer en lo que vas a hacer con él. Por ejemplo, no comemos tres veces al día porque lo necesitemos, sino porque lo queremos. Los monjes en la tradición budista adoptan el voto de pasar la mayor parte del día sin comer, y en vez de estar débiles o delgados, esta costumbre convierte a la mayoría de ellos en fuertes, ligeros y mentalmente muy agudos. Encontramos tiempo para comer tres veces, encontramos la comida y el lugar para ingerirla tres veces, simplemente porque creemos en ello. Si crees en el Círculo del Bosque, encontrarás el modo de conseguir tiempo libre. Este es el poder de la mente.

Permíteme decirte lo que has de hacer en él, y luego discutiremos las estrategias para conseguir tiempo libre. En primer lugar es importante desconectar totalmente del trabajo habitual, dejar de trabajar un día en concreto y a cierta hora. Si eres un ejecutivo en la actualidad, al principio te resultará muy difícil. Has llegado donde estás porque sabes cómo trabajar, te gusta el trabajo, y todos los proyectos que has trazado se están moviendo a una cierta velocidad. Se requiere una gran sabiduría para confiarlos en manos de otras personas, retrasarlos durante dos semanas o, hábilmente, terminarlos el último día en la oficina. Pero cuando llegue el viernes por la tarde para empezar tu Círculo del Bosque, deja el trabajo, física y mentalmente. *Nunca* caigas en la trampa del "otro día más", "otra hora más" para terminar la última fase *tan importante* de un proyecto. En el trabajo *tienes* que pensar claramente hasta el último minuto, comprender *por qué* vas a hacer el Círculo del Bosque. Y es porque, si éste tiene éxito, volverás con ideas y creatividad más que suficientes para compensar los proyectos que hayan quedado un poco maltrechos cuando te marchaste o los dejaste.

Para hacer el Círculo del Bosque tienes que encontrar

un lugar solitario y tranquilo; una choza en el bosque o en la costa en temporada baja. Fuera de la ciudad es lo mejor, un lugar en el que puedas caminar sin encontrar a nadie, donde nadie te llame y no tengas ruidos de tráfico. Cuando llegues a ese lugar, aparta las fuentes habituales de estímulos: empaqueta los libros, las revistas o los periódicos. Pon la televisión y la radio en un lugar cerrado, del que realmente sería laborioso sacarlos en un momento de debilidad, y tampoco aceptes correo ni visitas.

Esta es la clave que hace que el Círculo del Bosque realmente funcione: debes tener el silencio total que aparece en la mente cuando estás solo. Planea las cosas de manera que no tengas que encontrarte o hablar con nadie. Asegúrate de que tu familia y amigos entiendan claramente esto último. Desconecta el teléfono o, aún mejor, encuentra un lugar que nunca lo haya tenido. Compra provisiones que te duren para las dos semanas, y no hagas viajes a la ciudad. El mejor tipo de lugar para hacer el Círculo del Bosque es aquel en el que ni tan siquiera veas signos de vida humana, ni coches, ni niños ni tan sólo campistas. Recuerda: no son unas vacaciones, sino un propósito serio para entrar en contacto con algunas de las cosas más elevadas dentro de ti, y este viaje es más poderoso cuando estás solo.

Una vez solo, ¿qué se supone que debes hacer? Prepara un lugar tranquilo -igual que hicimos en el Círculo Semanal-, una parte especial de la casa o habitación que sólo sea para tu periodo de silencio y para nada más. A ser posible, no comas allí, ni lo elijas cerca de donde duermes. La energía del lugar se tiene que dedicar sólo al periodo de silencio. Digamos también que no tiene que haber necesariamente un asiento formal de meditación en el suelo, ni nada parecido: una silla cómoda con un respaldo que te haga sentarte erguido es igual de bueno.

Un programa básico diario consiste en alternar una hora aproximada de silencio completo -pensando en los temas importantes de tu vida y trabajo-, una hora de estudio de aquellas grandes mentes y corazones que mencionamos (incluyendo quizá un estudio de los principios que se presentan aquí, especialmente de la parte sobre los problemas de negocios y sus soluciones reales), una hora de paseos tranquilos u otro ejercicio, y una hora para tomar una comida ligera y descansar. Es importante que la comida sea sana y ligera: mucha verdura y proteínas, y evitar el azúcar y los carbohidratos, que tienden a hacer disminuir la energía creativa que puedes conseguir en el Círculo del Bosque. Si la tranquilidad es ligeramente excesiva y causa un poco de ansiedad o mareo, asegúrate de hacer suficiente ejercicio e ingiere comida rica en grasas, o con aceite, como macarrones con queso, palomitas de maíz con mantequilla o lasaña.

Después de un día de seguir este modo de proceder te encontrarás con las mismas dudas acerca del Círculo del Bosque que tuviste durante el Círculo semanal (para un ejecutivo ocupado es difícil superar la sensación de que está perdiendo el tiempo *porque no haces nada*). En esos momentos es esencial recordar en qué estás implicado. El silencio y evitar *cualquier trabajo* hacen que la energía creativa vaya hacia el interior. Literalmente, nunca lo has hecho en tu vida, nunca has forzado a la mente a interiorizarse por medio de privarla, voluntariamente, de estímulos externos. Notaràs que ésta trabaja mediante ataques de poder y creatividad en tus principales problemas laborales y familiares. Las respuestas están enmarcadas bajo la mente consciente en el silencio, y surgirán como un flash de conocimiento quizás una semana después. Relájate y confía en el proceso; ha funcionado para cientos de miles de sabios en Oriente durante dos mil años, y funcionará para ti. Pero tienes que probarlo.

Ten un pequeño libro de notas para que actúe como diario y pasa mucho tiempo con él. Háblale. Anota las pequeñas ideas que tengas al principio del Círculo del Bosque, y manténte listo para los ataques mayores de inspiración y conocimiento tras once o doce días. Un fenómeno normal, y que forma parte del proceso, es tener algunos días bajos al cabo de una semana en el Círculo. Los lados bueno y malo de la mente se acentúan e intensifican durante el Círculo del Bosque, de modo que encontrarás que por un lado te obsesionas con la amabilidad de tu familia y por el otro con la tardanza de tu proveedor principal. Aprende a aceptar los primeros y a no perder el equilibrio por los segundos.

Los últimos tres o cuatro días del Círculo del Bosque son un tiempo especial para revisar tu vida y tu trabajo. Consagra una parte de cada día a anotar las grandes ideas que hayas tenido para tus proyectos, y empieza a idear un nuevo programa diario con una corta lista de propósitos factibles para la vida. Debido a la influencia del silencio, tu mente estará más clara e intensa que antes, y de modo automático se te ocurrirán ciertos cambios en tu estilo de vida, trabajo y situación en el hogar. Es importante comprender que ésta puede ser una de las únicas veces en tu vida en que tu mente esté realmente funcionando con una precisión y claridad completas: *debes* reconocer este hecho, confía en él y confía "tu vida después del Círculo" a las decisiones y determinaciones que vengan a ti durante este.

Cuando regreses en el tren a tu casa y tu vida laboral, algunas de las decisiones acerca de la vida y de los negocios que tomaste en el Círculo parecerán poco realistas e incluso inocentes. No lo creas. Así parece la visión que nace del silencio a una mente que ha regresado al mundo del ruido. El objetivo del Círculo del Bosque es regresar dispuesto a crear un nuevo mundo, y los nuevos mundos no se construyen sin un poco de riesgo o coraje.

Tan sólo un apunte final sobre las buenas ideas que tendrás en el Círculo del Bosque. Recuerda que las ideas, como las cosas externas, también vienen de impresiones que plantaste en tu mente en el pasado al ser bueno con los demás. En la atmósfera propicia del silencio y la introspección dichas impresiones nadan más deprisa hacia la superficie, la mente consciente, y los pensamientos pacíficos que tienes de estar en contacto con la naturaleza las ayudan. Una o dos semanas antes de ir al bosque no perjudica en absoluto hacer un esfuerzo especial para tratar a tus compañeros de trabajo y a los miembros de tu familia de una manera especialmente reflexiva y considerada, y solucionar cualquier tema personal que tengas abierto en aquel momento. Tras esto, tendrás las impresiones adecuadas en tu cabeza yendo al Círculo, y seguro que madurarán allí.

Por cierto, prometí algunas sugerencias aquí acerca del método para tener tiempo libre. Para ser directos, el único modo de lograr varias semanas extra es pagarlas, es decir, ofrecer el importe de tu salario o un poco más. Esto es mucho más fácil en una compañía privada que en una pública, pero el principio general es que si personalmente deseas hacer un sacrificio, y estás lo suficientemente determinado a ir al Círculo del Bosque, encontrarás el medio de hacerlo. Ten en mente el hecho de que no sólo está en juego tu carrera, sino tu salud, tu paz mental, tu felicidad y tu creatividad. Esto es más valioso que un par de semanas de salario, y tu jefe se dará cuenta de tu seriedad si, a cambio de tiempo, estás dispuesto a aceptar una importante reducción de salario.

Siempre que cogí tiempo para el Circulo del Bosque acepté una reducción de salario a cambio, ¡una oferta que era aceptada con simpatía! En cualquier caso, esto envía a la dirección el mensaje de que crees en aquello que intentas lograr en el Círculo. También debes conseguir el permiso de tu familia y, en cualquier caso, una consideración im-portante es lo bien que puedas cubrir tus responsabilidades regulares de modo que no haya ninguna imposición sobre tus compañeros de trabajo, esposa e hijos. Es importante que todos comprendan tu objetivo y apoyen la experiencia del Círculo sinceramente, así la energía es mejor y el éxito más probable. No obstante, esto no significa que no deberías seguir con la idea de entrar en el Círculo si encuentras un poco de resistencia. No es un lujo, ni una actividad de tiempo libre, sino un trabajo interno que ayudará a determinar si toda tu vida y tu carrera van a tener éxito y ser de beneficio para todos los que te rodean, aunque al principio ellos no lo vean así. Por tanto, sé fuerte y determínate. Lo haces para ayudar a todo el mundo.

Hay otros detalles acerca del Círculo del Bosque que es mejor aprender directamente, como en los deportes: aprendes más efectivamente con un entrenador de carne y hueso. Si eres sincero en el uso del Circulo Semanal o del Circulo del Bosque como métodos para hacer despegar vertiginosamente tu vida y tu carrera, examina la sección "Seguimiento" al final del libro para entrar en contacto con la plantilla del EBI que podrán guiarte durante una o dos sesiones.

Capítulo doce

La vacuidad de los problemas

Una exposición sobre cómo mantener el cuerpo y la mente sanos mientras se gana dinero quedaría incompleta sin la antigua técnica budista denominada "convertir los problemas en oportunidades". Se puede poner en práctica a dos niveles: el inmediato y el último.

¿Recuerdas la historia que se relató en el Capítulo 10, en la que compramos diez mil quilates de diamantes y casi arruinamos a la compañía? La clave allí era tratar con éxito la fuerte reprimenda que provenía del jefe, intentar parar el enfado y frustración propios incluso antes de que tuvieran tiempo de apoderarse de tu mente, durante los segundos inmediatamente posteriores a recibir los gritos. El resultado inmediato era que dejabas la oficina del jefe con un estado claro de mente, equipado y listo para tratar con el problema presente y solucionarlo. El resultado a largo plazo fue que evitaste depositar impresiones nuevas en la mente para volver a ver a un jefe enfadado: tu vida de oficina irá mejor y será más fluida de aquí en adelante.

Imagina que dejamos la oficina como si nada hubiera ocurrido, ¿qué hacer con los diez mil quilates de diamantes extra? Al poner inmediatamente tus pensamientos en la vacuidad -o el potencial escondido inherente a cualquier problema- consigues proteger tu mente de inmediato, y a largo plazo evitas más desgaste y lamentos para tu cuerpo. Esta vacuidad significa que el problema sólo es un problema mientras tus impresiones te lo hagan percibir como tal. Y el mero hecho de *conocer* esa vacuidad te permite transformar cualquier problema en una oportunidad.

En este momento es importante comprender que los diez mil quilates pueden ser percibidos de un modo *válido y correcto* como un problema, o como el inicio de una nueva oportunidad. Si los ves como un problema, de inmediato te pones nervioso y mentalmente adoptas una posición defensiva que anula tu creatividad. Decide que la semana pasada debiste tener una idea genial y necesitabas los diez mil quilates para llevarla a cabo; sólo que ahora no puedes recordar cuál era tu idea. Así que imagínala.

La estrategia que solíamos usar en Andin era volver a diseñar un producto para hacer encajar el material que, por accidente, habíamos comprado de más. No entrar en pánico ante este tipo de situaciones significa que evitas paralizar el precioso espacio mental creativo (lo cual retrasaría dar con la idea que solucionaría el problema); también impide impresiones negativas que a lo largo de los siguientes días o semanas, emergerían hasta la mente consciente y, de hecho, bloquearían la percepción de una oportunidad. Es importante pues permanecer fresco y concentrarse en recordar lo que ibas a hacer con esos diez mil quilates. Supón que todas las piedras son esa pequeña mezcla del color del agua sucia de lavar los platos, o una mezcla de todo tipo de formas y tallados. Son las más difíciles de vender en el mercado, pequeñas rocas que solían terminar cubriendo las puntas de los perforadores de pozos de petróleo, esto es, hasta que los ocurrentes tratantes indios descubrieron un modo barato de tallarlas. Y ahora van a ser las famosas "corazón de un quilate".

Esta pieza es un don del cielo para los tratantes de diamantes y empresas de joyería que se atascan con un gran revoltijo de piedras, y nosotros en Andin llevamos el concepto a la expresión más elevada. Funciona así. En primer lugar depositas todas las piedras (y hablamos de un *millón* de puntas de diamantes) en las cribas de diamantes. Durante todo el día las piedras son golpeadas con pequeñas barras de metal contra diminutos cilindros de hierro que hacen pasar los diamantes a la fuerza por una serie de pequeños agujeros que, al final, conducen a todos los brillantes microscópicos del mismo tamaño al mismo montoncito. Luego haces un trabajo sutil con pesas ultrasensibles para diamantes, y averiguas el peso medio de cada piedra en cada montón (recuerda que estás hablando de algo que es una *millonésima* de libra por diamante).

Coges cinco montones dispuestos así, con piedras que sólo difieren en tamaño microscópicamente. Después introduces un colgante de oro con cincuenta diminutos agujeros repartidos por toda su superficie, en pequeños orificios. La pieza será una colección de diamantillos con forma de corazón dorado, que disimula un poco el color marrón de las piedras. Te sientas allí con una calculadora, y averiguas qué combinación de cincuenta piedras de los cinco montones encajaría perfectamente para un peso de 99'5 por ciento de un quilate, o cualquiera que sea el peso mínimo legal de un quilate. Al final del día, el resultado es una reluciente y exquisita creación de diamantes que puedes ofrecer a un buen precio, debido a la precisión del control en los ingredientes: en el oro y en los diamantes. Y el fondo de la cuestión es que, cuando la pieza sea un éxito en los grandes almacenes, habrás convertido el error de los diez mil quilates en el gran golpe de los diez mil quilates. Ya sabes qué pasa después. El jefe te dirá que consigas otros diez mil quilates del mismo material, pero quizá ya no lo podrás repetir.

La idea está clara. Cada objeto en el mundo es vacuo, lo cual significa que ninguno es bueno o malo por su propio lado; lo que es bueno para uno puede ser veneno para otro. Un objeto *se vuelve* bueno o malo según tus percepciones, y ésas son dictadas de un modo preciso por las impresiones buenas o malas que hayas depositado en la mente en el pasado. Los problemas no son problemas por su propio lado, sino que, más bien, algo en tu mente te hace ver el problema como tal. *Cada problema* se puede convertir en una oportunidad, porque ninguno es un problema en o por sí mismo.

Intenta este ejercicio. La próxima vez que surja un problema laboral, la próxima vez que un competidor te cause algún problema, imagina que la empresa competidora está compuesta de hadas madrinas que pueden ver el futuro, que aman a tu empresa, que te están ayudando a tener éxito. Ven que te deben empujar en una dirección diferente de aquella que has estado siguiendo. Para conducirte en aquella dirección tienen que impedir que sigas en la vieja dirección. En vez de sentirte preocupado y disgustado por lo que deseabas que sucediera, ábrete totalmente a la nueva dirección, intenta ver la nueva autopista y adónde deseas llegar en lugar de mirar atrás con anhelo hacia el viejo y conocido sendero.

¿Es realista este modo de mirar la situación? Quizá sí, quizá no, pero en realidad no importa mucho; el resultado final es el mismo en cualquier caso. Disgustarse y preocuparse implanta impresiones negativas en la mente, y el espacio mental que esto ocupa significa que queda mucho menos espacio para encontrar una solución creativa. Sólo empeora las cosas. Concentrarse en cómo descubrir la oportunidad escondida en el problema vigoriza la mente y planta impresiones positivas que en el futuro te harán ver el éxito. Por ello, tiene sentido total avanzar y *ver* las cosas de ese modo.

Al principio de este capítulo hablamos de dos niveles para transformar los problemas en oportunidades: el inmediato y el último. La oportunidad última que se deriva de *cada* problema es un conocimiento en primera instancia del potencial escondido en todas las cosas: su vacuidad. ¿Cómo funciona esto?

Los problemas son la oportunidad más elevada que se pueda encontrar. La antigua sabiduría del Tíbet nos dice que lo peor que nos puede ocurrir es que las cosas nos vayan siempre bien, porque nunca nos cuestionaríamos por qué nos suceden realmente. Cuando a alguien le va bien la vida nunca se tira de los pelos y grita "¿Por qué me sucede esto?" Resulta incómodo reflexionar sobre de dónde vienen las cosas realmente.

Nada es más triste, ni un problema mayor a la vuelta de la esquina, que una empresa o un ejecutivo que se ha vuelto autocomplaciente, que ha tenido éxito demasiado tiempo y con demasiada constancia. Las cosas siempre cambian, y la autocomplacencia no es un lugar desde donde la gente emprenda la profunda y difícil búsqueda del por qué suceden las cosas realmente. Por lo tanto, no es tan sólo un sentimiento noble decir que el hecho del problema es en sí nuestra mayor oportunidad. El dolor nos empuja a descubrir lo que hace funcionar realmente el mundo a nuestro alrededor, y si lleva a dar con las leyes del potencial escondido y las impresiones es lo mejor que nos puede suceder.

Tercer objetivo

Mirar atrás y saber que mereció la pena

Capítulo trece

Shirley

Hasta ahora nuestro viaje por la sabiduría de *El Tallador del Diamante* nos ha llevado a recorrer dos grandes terrenos. Uno es el mundo del potencial escondido y las impresiones en la mente, la estructura que compone la realidad a nuestro alrededor hecha por una pantalla en blanco en la que nuestras percepciones proyectan imágenes de éxito o fracaso personal y laboral que, a su vez, dependen enteramente de cómo nos hemos comportado con los demás en el pasado. En resumen: sabemos de dónde procede realmente el dinero y se nos ha dado un método infalible para conseguirlo.

El dinero, por sí mismo, carece totalmente de sentido si no podemos disfrutarlo; y hemos aprendido, también, a mantener nuestro cuerpo y mente sanos -tanto en la oficina como fuera de ella-, a cómo seguir con nuestra profesión año tras año con vigor juvenil y creatividad. Al final, no obstante, debemos hablar sobre lo inevitable, es decir, no importa el éxito que tengas ganando dinero y manteniendo el corazón claro para disfrutarlo como es debido, un día llegará el fin de tu negocio y de tu vida. En la tradición budista un hombre de negocios no triunfa por haber ganado mucho dinero, ni siquiera por haber ganado mucho dinero y saber cómo disfrutarlo plenamente. El final es tan importante como el inicio y la mitad del camino: debes poder llegar a ese final, el inevitable final, y mirar hacia atrás, a tu vida y a tus negocios, y poder decir honestamente que ha merecido la pena, que todas tus horas y años de esfuerzo intenso han tenido sentido.

El propósito de conseguir que tu negocio tenga algún sentido y beneficio para el mundo no se producirá a menos que puedas mirar a tu vida y a tu profesión desde la perspectiva de su inevitable fin. No puedes resolver que tu existencia ha tenido un sentido a menos que puedas verte en las horas finales de tu vida, a menos que puedas ponerte en este lugar y practiques el mirar atrás para ver lo que has hecho con tu vida. Por este motivo en este capítulo hablamos de Shirley.

Para llegar a Shirley hemos de regresar a *El Tallador del Diamante*. Quizá las líneas más famosas del libro antiguo son las que se encuentran al final. Juntas se conocen como "Versos sobre la Transitoriedad", y se consideran tan importantes en el mundo budista que los monjes tibetanos las recitan los días de luna llena y luna nueva. Reza así:

Aprende a ver que todo lo que es
producido por causas es
como una estrella,
un problema en tu ojo,
una vela,
una ilusión mágica,
el rocío,
una burbuja en el agua,
un sueño,
un relámpago,
o una nube

El Lama de Choney explica los versos como sigue. Una vez más las palabras del libro original están en negrita. Puedes comprobar que él encuentra en los versos no sólo una instrucción sobre la transitoriedad, sino también una fuerte conexión con el concepto del potencial escondido de las cosas o vacuidad.

Seguidamente viene una conclusión resumida que muestra cómo todas **las cosas producidas por causas** están vacías de tener una naturaleza propia, y también son transitorias. Todo esto está incluido en los versos sobre la "estrella, un problema en tu ojo, una vela" y el resto.

Podríamos tomar, por ejemplo, las cinco partes de las que consta una persona (el cuerpo físico y demás) o cualquier otro objeto. Todos ellos se pueden describir con las siguientes metáforas.

Las estrellas aparecen de noche y después, durante el día, ya no vuelven a aparecer. Las partes de una persona y demás cosas producidas por causas son idénticas. Si la mente de una persona está llena de la oscuridad de la ignorancia, las estrellas o estas partes parecen existir en un sentido último. Supón, no obstante, que sale el sol, el sol de la sabiduría que percibe que nada existe por sí mismo, entonces dichos objetos ya no parecerán existir en un sentido inherente o último. Por ello deberíamos ver las cosas **como** si fuesen **una estrella**.

Supón que tus **ojos** se vean obstruidos por algún **problema**, por motas de polvo o algo parecido. Lo que estás intentando mirar, entonces, no parece existir del modo en que realmente es, sino que lo percibes de otro modo. Es exactamente igual con el ojo de la mente cuando es obstruido por culpa del problema de la ignorancia: las cosas producidas por causas aparecen a esta mente como algo diferente de lo que realmente son.

La llama de una **vela**, sostenida por una delgada mecha, resplandece y repentinamente se apaga. Las cosas causadas, cada una de ellas sostenida por diversas causas y condiciones, también pasan por un continuo proceso de surgir y desaparecer rápidamente.

Una ilusión es aquello que parece diferente de lo que realmente es. Las cosas producidas por causas también le parecen existir por sí mismas a un estado equivocado de la mente.

El rocío desaparece con rapidez, y las cosas que tienen causas igual, desaparecen rápidamente, sin durar ni tan siquiera hasta el segundo instante de su existencia.

Las burbujas en el agua surgen al azar cuando se agita el agua o algo parecido, y luego estallan y desaparecen tan deprisa como aparecieron. Las cosas causadas funcionan del mismo modo: cuando las diversas condiciones se reúnen aparecen de repente, y luego desaparecen con la misma prontitud.

Los sueños son un ejemplo de una percepción alterada causada por el dormir. Las cosas producidas por causas también son percibidas de manera equivocada: parecen existir de un modo verdadero a la mente que se ve afectada por la ignorancia [del potencial escondido].

Un relámpago centellea y se apaga en un instante. Las cosas causadas también surgen y mueren de repente, en dependencia de las condiciones que se reúnen para producirlas.

Las nubes se reúnen y desaparecen en el cielo, según los deseos de los seres serpentinos y otros. Con las cosas producidas por causas sucede lo mismo, según la influencia de las impresiones- sean o no las mismas para diversos miembros de un grupo- surgen y se desvanecen.

Cada metáfora mencionada también simboliza el hecho de que ningún objeto producido por causas tiene existencia propia.

La explicación dada se aplica a las cosas producidas por causas. Una aplicación más restringida la extrae de los sutras el Maestro Nagaryuna:

> Tu cuerpo físico es una burbuja que se forma,
> La sensación se parece a la espuma de una ola,
> El discernimiento es como un espejismo,
> Los otros factores son como una caña hueca,
> Y la consciencia es similar a una ilusión.
> Así lo dijo el Primo del Sol.

(Estas son las cinco partes de una persona y el Primo del Sol es otro nombre que se le da al Buda).

El Maestro Kamalashila relaciona las tres metáforas finales con los tres tiempos (el pasado, el presente y el futuro). Esto es ligeramente diferente de la explicación dada aquí, pero no es de ningún modo contradictorio.

Para resumirlo, el Noble Buda nos dice que deberíamos "ver que toda cosa producida por causas es transitoria y vacía de cualquier naturaleza propia, como los nueve ejemplos expuestos". Deberíamos considerar estas líneas como indicadoras tanto de la carencia de naturaleza inherente de la gente como de las cosas.

La estrofa abarcada se refiere principalmente a la transitoriedad de una persona, al hecho de que, como individuos, llegaremos al fin de nuestra carrera y de nuestra vida. A un nivel más profundo (y que no es nuestro objetivo por el momento) esto también se puede explicar en términos de las impresiones y del potencial escondido. Es decir, en nuestra mente hay impresiones que crean nuestras percepciones del mundo a nuestro alrededor, e incluso de nuestro propio cuerpo y mente. Estas impresiones son como cualquier otra forma de energía, como cualquier otra cosa que se pone en movimiento gracias a condiciones y circunstancias.

Es decir, *el hecho de que las cosas se pongan en movimiento,* el hecho de que ciertas cosas como las impresiones produzcan la apariencia de otras cosas, como el mundo a nuestro alrededor e incluso nuestros propios cuerpos y mentes, *necesariamente significa que esas cosas en algún punto deben llegar a parar,* **por el hecho mismo de que han empezado**. Según el Budismo, para que una cosa cese no le hace falta nada más que haber empezado. En el instante en que golpeas una pelota de béisbol con un bate te aseguras que, en algún punto, la pelota dejará de rodar. Tu carrera de negocios terminará porque cogiste aquel primer empleo; tu vida terminará porque naciste, y no se requiere razón adicional alguna. Intentar asegurar que tu vida personal y laboral terminen teniendo algún sentido depende de estar absolutamente convencido de que un día acabarán.

El día que entré en Andin para mi primer trabajo de verdad me encontré con Shirley; no fue difícil porque entonces era la única empleada. Yo salía de ocho años de concentración unipuntualizada en los estudios y en la meditación en un pequeño monasterio con mi Lama; el ruido y agitación de Nueva York literalmente me producían náuseas al venir en el autobús durante dos horas cada mañana, pero ver cómo Shirley se movía a lo largo del día lo contrarrestaba todo. Era una jamaicana fuerte y orgullosa, con el pelo negro suelto y una sonrisa de la medida de una habitación. Al haber crecido en Arizona, yo nunca había conocido a nadie de las islas, y quedé en trance cuando vi aquella viva luz del sol recorrer los pasillos cantando alguna canción con un precioso deje británico. Shirley y su marido Ted fueron rápidamente como de la familia; sufrimos juntos con los propietarios —Ofer y Aya— mientras Andin despegaba doblando, triplicando, las ventas año tras año hasta llegar a su volumen actual de más de cien millones de dólares al año. Con el tiempo, Shirley y yo dirigíamos grandes secciones de la empresa: ella en distribución, yo en diamantes.

El inamovible amor y humor que Shirley vertía sobre aquellos que la rodeaban eran legendarios; podíamos estar trabajando hasta la una o las dos de la mañana y ella, al final del día, estaba tan animada como al principio. Nunca dejaba de tener una canción en los labios, incluso bajo la presión de tener que dirigir a casi cien empleados y empaquetar y enviar diez mil piezas de joyería fina a diario y con plazos casi imposibles de cumplir. Solía ser la primera en entrar y la última en salir, y habría dado la vida por su gente. Estos y otros rasgos le ganaron el amor y la lealtad feroz de aquellos que trabajaban para ella. La fuerza interna que brillaba en sus ojos y la profunda convicción de su modo de vida cristiana la hacían una montaña de fortaleza para todos nosotros.

Recuerdo cuando sobrevino el primer problema; algo iba mal con Shirley, decía la gente, y queríamos ir al hospital a verla. Este fue uno de aquellos sustos tremendos que recibes cuando alguien que creías invencible demuestra ser más que frágil: el sentimiento que tuve cuando mi madre tuvo un gran tumor en el pecho; o cuando mi padre se desmayó mientras cazaba y cayó de una montaña y yo, un niño pequeño, intenté evitar que su cuerpo grandote cayera por un precipicio. Parece que Shirley tenía un caso serio de diabetes, pero todo iría bien si se lo tomaba con calma, comía bien y de modo regular, e ingería varias medicinas en el momento apropiado del día.

Se ha de tener en cuenta que la empresa arrasaba en el mercado; éramos invencibles y estábamos por encima de un mundo que no parecía saber cómo hacer las cosas. Shirley y yo llegamos al punto de jugar con cientos de miles o incluso millones de dólares a la hora. Nuestros salarios aumentaban casi tan salvajemente como nuestro trabajo y plantilla; nos convertimos en pequeños dioses en el reino de las oficinas, discutiendo el futuro de una persona o de una habitación llena de gente durante la comida, como si fuesen muñecos o soldados de juguete que poseíamos y podíamos mover de aquí para allá a voluntad. Andin, que era como una pasión devoradora y una amante, nos pedía cosas imposibles y actuar por encima de nuestras posibilidades, sólo para recompensarnos con tanto dinero como nunca hubiéramos podido soñar. Shirley empezó a quedarse cada vez hasta más tarde por las noches, en trance, como hasta cierto punto lo estábamos todos.

No había nada tan importante como el trabajo. Cada vez con más frecuencia se olvidaba de la comida un día y de la cena otro. Quizás recordaba tomar su medicina, o quizá no, pero el envío monstruoso a J.C Penney saldría sin un minuto de retraso. Las horas y el abuso de su cuerpo empezaron a cobrarse su inevitable impuesto, pero ella rehusaba aflojar. Creo que una de las lecciones más importantes de la vida laboral la aprendí entonces. Los buenos empleados realmente seguirán forzándose hasta el punto de perjudicarse, y se requiere una gran sabiduría y autocontrol por parte de los directivos para saber cuándo obligar a la gente a aflojar, aunque alguna operación se vea resentida.

Llegó el día en que Shirley no estaba lo suficientemente en forma para dirigir a un gran grupo de gente pero, por puro afecto, los propietarios crearon un trabajo (un departamento de servicio al cliente) que ella podría llevar a un ritmo más suave. Fue entonces cuando se trasladó a New Hampshire, para descansar y seguir un caro tratamiento de diálisis. Andin continuaba expandiéndose y resultaba difícil mantener el contacto. Mi día iba a mil por hora, a veces con tres, o cuatro llamadas a la vez, piedras preciosas que volaban por la sección, no en pequeños paquetes, sino en bolsas de basura y cubos, no en cientos sino en miles y decenas de miles. El día de Shirley, sin embargo, cada vez se desarrollaba con más lentitud.

La última vez que hablé con ella la llamé por casualidad justo cuando acababa de regresar del hospital, después de la amputación de sus dos piernas. Como siempre, estaba increíblemente simpática, y se preocupaba más por mí que por ella, y por vez primera se preguntaba en voz alta qué le iba a ocurrir. Murió al poco tiempo.

Con la noticia de su muerte, ante la certeza de que la mujer que durante tanto tiempo había estado a nuestro lado, compartiendo penas y alegrías la mayor parte de nuestras horas diurnas, ya no estaba presente, y ya no podría volver a estar con nosotros de nuevo, por vez primera miramos hacia atrás a nuestra vida en la empresa con los ojos de alguien que ha llegado a un punto de inflexión permanente. Era inevitable que empezáramos a preguntarnos si merecía la pena. Era divertido, más que divertido, te consumía, pero la ilusión de grandeza e importancia se desvanecía ante el hecho de la muerte, al que nos enfrentaba forzosamente su irreversible desaparición. La lujuriosa guerra por el dinero no volvería a ser lo mismo. Ahora se trataba de algo serio, algo a tener en cuenta. Aquí estábamos usando nuestra vida real que, al final, se consumiría. Nadie podía seguir ignorando el hecho de que, a pesar del poder en aumento de nuestra empresa, y a pesar del dinero y autonomía que acumulábamos en nuestros cargos a medida que crecía Andin, varios días después de la jubilación esto no sería más que un sueño recordado sólo a duras penas. Nos obligaba a cuestionarnos por qué estabamos allí.

Según el acercamiento budista a los negocios, cada mañana deberíamos entrar en la oficina preguntándonos: "Si tuviera que morir esta noche ¿pasaría así mi último día?" Esto no es para deprimirnos, ni un modo de pensar tétrico. Es muy práctico, te libera y contribuye a hacer grandes negocios, negocios de los que puedas sentirte orgulloso cuando llegues al fin inevitable de tu carrera y mires atrás. Así es como funciona.

En los monasterios tibetanos hay una práctica denominada "meditación en la muerte". La idea que te viene a la mente cuando oyes esto es probablemente la de estar tumbado sobre una fría mesa, con muchos tubos saliéndote de la nariz, los familiares llorando a tu lado y los monitores conectados al corazón sonando de repente con un sonido "bip". Pero esta no es la idea. Simplemente consiste en despertarse por la mañana, y sin abrir los ojos, quedarse en la cama, tumbado, mientras te dices: "Esta noche voy a morir. ¿Cuál sería el mejor modo de emplear el resto de mi tiempo?"

Un par de cosas pasarán por tu mente de inmediato. Es como tener un día libre sorpresa, y puesto que te vas a morir esta noche, bien, prueba a hacer aquello que siempre quisiste, pero te resultaba inalcanzable, o incluso peligroso, ¿qué importa si te vas a morir esta noche? Supongo que sentirás la necesidad de probar el esquí acuático, de ir a cantar a un karaoke o de comprar las entradas más caras para una obra de Broadway (siempre y cuando haya una sesión matinal).

La práctica de la meditación en la muerte se tiene que hacer de modo regular y a lo largo de un periodo de tiempo extenso, ya que así tendrá un efecto mayor. Un resultado que notarás de inmediato es que te incita a ordenar tu vida: suprimes aquellas cosas, que haces o posees, que te ralentizan. Este es un tipo nuevo de libertad física y mental. ¿Cuántos pares de zapatos tienes? Y, ¿dónde están las fotos de tus vacaciones pasadas, que ya no miras? Cuando oyes estas preguntas, mentalmente empiezas a imaginar tus diferentes zapatos: la mente va al armario y observa los que usas más a menudo; luego va a un cajón a observar varios montones de sobres de fotos, abre uno o dos y mira un par de ellas.

Esto prueba que en algún lugar y nivel tienes un inventario mental de todo lo que posees. Y también significa que una parte del espacio de tu mente está ocupado con estos detalles. Recuerda que la mente es como el disco duro de un ordenador, sólo tiene una cantidad concreta de espacio. Ya sabes qué sucede cuando un disco duro está casi lleno: los programas dejan de funcionar, todo es más lento y los sistemas se paran. Y también sabes lo divertido que es usar un ordenador nuevo, con mucho espacio en el disco duro: todo vuela. La idea de la meditación en la muerte es que todo vaya fluido. Un modo rápido y burdo de lograrlo es empezar a tirar aquellas cosas que hay en tu casa que no necesitas o no usas. Es decir, el setenta y cinco por ciento de las cosas que tienes allí. Una buena norma es preguntarse: "¿Lo he usado durante los últimos seis meses?". Si no es así, tíralo.

A medida que practicas esta meditación, empezarás a hacer con tu horario lo que has hecho con tus cosas. Si realmente tuvieras que morir esta noche, ¿te sentarías a leer el periódico del domingo o la mayoría de las revistas a las que estás suscrito? ¿Harías zapping desesperadamente delante de la tele para encontrar algo de un mínimo interés? ¿Saldrías a comer o a cenar para pasar un par de horas cotilleando acerca del resto de los directivos? Decide pues: *si no lo hago el día de mi muerte, ahora tampoco*. Porque, francamente, ésta podría llegar hoy mismo.

En algún punto empezarás también a examinar tu carrera. ¿Es éste realmente el trabajo que te gustaría hacer si tuvieras que morir esta noche? ¿Existe alguna otra cosa que preferirías hacer, pero que temías probar porque no estabas seguro de ganar suficiente dinero, o porque eres un poco perezoso para moverte? La vida es muy corta y tus años laborales, es decir, los de máxima energía, salud y agudeza mental son limitados. Quizás merecería la pena ganar menos dinero si pudieras vivir cada día haciendo lo que realmente crees que es importante.

En el punto álgido del desarrollo de la meditación en la muerte, este modo de pensar florece en forma de una atracción instintiva hacia aquellas cosas de la vida humana que realmente son de mayor belleza y tienen más sentido. A través de un proceso de pensamiento interno y meditación, has llevado tu pensamiento hacia el final de tu vida y tu carrera. Probablemente ya has ganado una buena cantidad de dinero y puedes cubrir tus necesidades básicas y las de tu familia cómodamente. Ocupas un puesto de trabajo en el que, aunque tu energía física y tus poderes mentales puedan haber menguado en relación a lo que eran, tu gran experiencia te hace capaz de completar cualquier tarea con éxito.

Al llegar a este punto de reflexión muchos exitosos hombres de negocios ya mayores se empiezan a sentir atraídos hacia la filantropía. Esto no sucede porque no tengan nada más que hacer, sino porque a lo largo de sus vidas estas personas han extraído un tipo de sabiduría que les ha señalado el uso más significativo que se puede hacer con el dinero, el poder y la experiencia acumulados. Se encuentran en el punto del que hablábamos antes: miran hacia atrás a su carrera desde el punto de vista del fin de ésta, y empiezan el inevitable proceso de preguntarse: "¿Ha merecido la pena?".

La idea es anticipar dónde vas a estar en pocos años, y tomar ahora decisiones que te permitan mirar atrás con alegría y satisfacción totales. Saber que lo podrás hacer no sólo convierte el objetivo, sino el viaje entero —toda tu carrera— en algo infinitamente más divertido e interesante. Por tanto, prueba la meditación en la muerte ahora y auguro que terminarás con el estado mental que describimos en el siguiente capítulo, lo que llamamos "cambiarse por los demás".

Tienes que pasar por el proceso de, mentalmente, adelantarte en tu vida y poder mirar hacia atrás y saber con satisfacción que has hecho las cosas más importantes y significativas, no sólo con tu carrera laboral, sino con todos tus asuntos. Las empresas no son diferentes de la gente. Nacen, viven y luego, lentamente, mueren por culpa de la naturaleza misma de las cosas. Tienes que evaluar tu negocio desde el punto de vista con que solías evaluar tu vida: ir hasta su muerte y mirar hacia atrás.

Los negocios mueren; la persona que reconoce este hecho, incluso en medio del éxito más salvaje, está en una posición más poderosa para hacer negocios. Esta actitud mantiene la cabeza clara y las prioridades vitales en su justo orden. El Buda mismo previó el fin de su propio negocio (el fin del Budismo), y a menudo habló sobre dicho fin para mantener su propia claridad y la de sus seguidores. *El Tallador del Diamante* incluye un trozo de una de sus conversaciones; empieza con una pregunta que Subhuti, el dios de la sabiduría disfrazado de monje común, formuló a Buda:

- Oh Conquistador, ¿qué sucederá en el futuro, durante los días de los últimos quinientos, cuando la santa enseñanza del Buda se acerque a su destrucción final? ¿Cómo podrá alguien en aquellos tiempos llegar a ver con precisión el sentido de la explicación que se da en libros antiguos como éste?

Y el Conquistador respondió:

- Oh Subhuti, nunca deberías formular la pregunta que acabas de hacer: "¿Qué sucederá en el futuro, durante los días de los últimos quinientos, cuando la santa enseñanza del Buda se acerque a su destrucción final? ¿Cómo podrá alguien en aquellos tiempos llegar a ver con precisión el sentido de la explicación que se da en libros antiguos como éste?"

La pregunta es si habrá **alguien en el futuro** que crea o que tenga gran interés **en libros antiguos como éste**, libros que **explican** la naturaleza del *cuerpo de la realidad* y *el cuerpo físico* de un Buda. Para tocar este tema, Subhuti formula la pregunta que empieza con **"Oh Conquistador, ¿qué sucederá en el futuro, durante los días de los últimos quinientos, cuando la santa enseñanza del Buda se acerque a su destrucción final?"**

En respuesta, el Conquistador dice: **"Oh Subhuti, nunca deberías formular la pregunta que acabas de hacer"**. Lo que da a entender aquí es que Subhuti no debería tener dudas acerca de si habrá o no alguien así en el futuro, y que si no tuviera dichas dudas, nunca habría formulado la pregunta.

Y de nuevo el Buda habló:

- **Oh Subhuti, en el futuro, durante los días de los últimos quinientos, cuando la santa enseñanza del Buda se acerque a su destrucción final, habrá santos guerreros que serán grandes seres, que poseerán moralidad, que poseerán la cualidad distinguida y que poseerán sabiduría.**

Y estos santos guerreros que serán grandes seres, Oh Subhuti, no serán los que han honrado a un solo Buda o que han acumulado montones de virtud con sólo un Buda. En lugar de ello, Oh Subhuti, serán los que han honrado a muchos cientos de miles de Budas y acumulado montones de virtud con muchos cientos de miles de Budas. Esos son los santos guerreros, los grandes seres que vendrán.

El texto dice: **Oh Subhuti, en el futuro, incluso cuando el santo Dharma se acerque a su destrucción final, vendrán santos guerreros que serán grandes seres. Poseerán** la forma extraordinaria de adiestramiento en **moralidad; poseerán la cualidad distinguida**, que es la forma extraordinaria de adiestramiento en concentración **y poseerán** la forma extraordinaria de adiestramiento en **sabiduría.**

Y estos santos guerreros que serán grandes seres, no serán los que han honrado a un solo Buda o que han acumulado montones de virtud con solo un Buda, sino que en lugar de ello, Oh Subhuti, serán los que han honrado a muchos cientos de miles de Budas y que han acumulado montones de virtud con muchos cientos de miles de Budas. El Conquistador dice que este hecho lo puede percibir en ese mismo instante.

El Maestro Kamalashila explica del siguiente modo la expresión **"días de los últimos quinientos"**:

"Quinientos" aquí quiere decir un grupo de quinientos, y se refiere al conocido dicho: "Las enseñanzas del Conquistador permanecerán durante cinco veces quinientos".

"Cinco veces quinientos", pues, se refiere al espacio de tiempo que las enseñanzas permanecerán en este mundo: dos mil quinientos años. En relación a la pregunta sobre cuánto tiempo sobrevivirán las enseñanzas en el mundo, existen explicaciones diferentes en los diversos libros antiguos y sus comentarios. Estos afirman que las enseñanzas del Capaz [el Buda] durarán mil años, dos mil, dos mil quinientos o cinco mil años. Si se entiende su intención, estas diversas afirmaciones no son contradictorias.

No hay contradicción porque algunos de estos trabajos se refieren al periodo de tiempo en que la gente aún obtendrá realizaciones, o que aún practicará; otros se refieren a la extensión de tiempo en que la enseñanza permanecerá en su forma física en nuestro mundo. Algunos, finalmente, parecen referirse al tiempo que durarán las enseñanzas en la Tierra del Realizado [India].

Hay muchos ejemplos de santos guerreros como los que se mencionan en el texto. En la Tierra del Realizado vivieron las "Seis Joyas del Mundo de Dzambu" y otros parecidos. En el Tíbet ha habido seres elevados como Sakya Pandita, Buton Rimpoché o Los Tres Nobles (el padre, Je Tsong Khapa, y sus dos hijos espirituales).

Para los occidentales resulta sorprendente leer una conversación en la que el fundador de una de las grandes religiones, durante su vida misma, predice para unos dos mil años después la desaparición de ésta. La tendencia constante en todas nuestras instituciones, negocios, política, familias e individuos, es creer profundamente que cualquier cosa que va bien siempre continuará así. El Budismo, no obstante, dice que las cosas son producto de nuestras impresiones, por las percepciones a las que nos fuerzan dichas impresiones. Y las impresiones son como los árboles: se plantan sus semillas, surge el brote, crece el árbol y las flores e, inevitablemente, mueren, a medida que la energía de la semilla se agota. Puesto que el mundo a nuestro alrededor y nosotros mismos somos creados por percepciones que son producto del poder de las semillas mentales, que actúan exactamente igual que las semillas físicas, nosotros, como seres individuales, y nuestro mundo, inevitablemente llegaremos a un fin.

Incluso cuando estamos en la cima de nuestra carrera, cuando nuestra empresa arrasa en el mercado, debemos tener presente este conocimiento. Para vivir nuestra vida y conducir nuestros negocios desde la perspectiva más clara, debemos viajar hacia delante mentalmente, hasta el día de nuestra jubilación, de nuestra muerte y de la de la empresa, y mirar hacia atrás, a lo que hemos hecho. ¿Ha merecido la pena? ¿Ha tenido sentido? ¿Ha sido la mejor manera de pasar una corta y preciosa vida humana?

En el siguiente capítulo abordaremos maneras de asegurarnos de que *haya sido* significativa. Y no te preocupes, la idea es que puedas tener el pastel y comértelo a la vez. El objetivo es: 1) ganar mucho dinero, 2) tener mucha salud física y mental para poder realmente disfrutarlo, y 3) usar el dinero de un modo que puedas mirar atrás y sentirte orgulloso. La mejor manera de usar el dinero resulta que también es la mejor manera de dirigir una gran empresa, tu familia y tu vida.

Capítulo catorce

El instrumento empresarial último

No creo que exista un solo ejecutivo en América que no tenga una idea clara de la diferencia entre lo que es significativo y lo que no lo es. De vez en cuando es posible perder los estribos por posesiones o relaciones egoístas, pero su naturaleza hace que rápidamente nos cansemos de ellas, y su falta de sentido es obvia para cualquier persona que piense. Los antiguos libros budistas dicen que, en lo más profundo de nosotros mismos, las personas deseamos llegar a descubrir lo que es realmente significativo, y somos incapaces de ser felices hasta encontrarlo. *El Tallador del Diamante* es bastante claro en cuanto a lo que, en un sentido último, es significativo. Empezaremos con el texto raíz:

-Subhuti, así es como aquellos que han profundizado en el sendero del santo guerrero deben pensar al sentir el Deseo de conseguir la Iluminación:

»Llevaré al nirvana a todos los seres conscientes, a cada uno del rango de los vivos: a los que nacieron de huevos, a los que nacieron del seno materno, a los que nacieron por el calor y la humedad, a los que nacieron de modo milagroso; a los que tienen forma física, a los que no la tienen, a los que tienen concepciones, a los que no las tienen y a aquellos que ni tienen concepciones ni dejan de tenerlas.

»Por muchos seres conscientes que existan, en cualquier reino en que puedan estar -cualquiera que se pueda etiquetar con el nombre de "ser vivo"-, a todos conduciré

al nirvana total, a la esfera que está más allá del dolor y en la que no queda en absoluto ninguna de las partes de la persona.

»Y aunque me las arregle para conducir a este número ilimitado de seres vivos al nirvana total, no habrá seres vivos en absoluto que hayan sido llevados al nirvana.

La sensibilidad que hay detrás de esta parte es clara, pero muchas de las expresiones que se usan en ella no lo son tanto. Busquemos ayuda en la explicación del Lama de Choney, y después veamos cómo aplicarlo a nuestra vida laboral.

Lo que señala el texto raíz es: **"Subhuti, así es como aquellos que han profundizado en el sendero del santo guerrero deben pensar al sentir el Deseo de conseguir la Iluminación":**

En cualquier reino que puedan estar y por muchos seres vivos que existan, alcanzan el infinito, son incontables. Si se clasificara a **cada uno del rango de los vivos** por su tipo de nacimiento, habría cuatro: **los que nacieron de huevos, los que nacieron del seno materno, los que nacieron por el calor y la humedad y los que nacieron de modo milagroso.**

También hay seres vivos que moran en el reino del deseo y en el reino de la forma: **los que tienen forma física.** También hay seres en el reino sin forma: los **que no tienen forma física.**

Existen aquellos **que tienen concepciones**, refiriéndose a los seres que viven en cualquier nivel excepto los conocidos como "el gran resultado" y la "cima de la existencia". Además, existen aquellos **que no tienen** concepciones, refiriéndose a una parte de los seres que residen en el nivel del gran resultado. Además, existen los seres que han nacido en el nivel de la cima de la existencia: **aquellos que no tienen** el tipo burdo de **concepciones** pero que, por otro lado, **no dejan**

de tener concepciones sutiles.

La idea, en resumen, es que se refiere a **todos** los seres vivos: **cualquiera que se pueda etiquetar con el nombre de "ser vivo". A todos estos conduciré al nirvana total, a la esfera más allá del dolor,** donde uno ya no permanece en ninguno de los extremos y **donde** no **queda en absoluto ninguna de las** dos clases de obstáculos ni ninguna de las **partes** de sufrimiento **de la persona".**

Para resumir, estos santos guerreros desarrollan el Deseo de llevar a todos los seres conscientes al estado de ese Nirvana, donde uno ya no permanece en ninguno de los dos extremos; llevarles al cuerpo del dharma, el cuerpo de la esencia del Buda.

Aquí se hace referencia a alguien que siente el Deseo por vez primera o a alguien que ya lo ha podido desarrollar. El primero ha estado practicando el sentimiento de la gran compasión, que desea proteger a todos los seres vivos de los tres tipos diferentes de sufrimiento que puedan estar experimentando. Esto ha preparado a la persona para su primera experiencia del estado de mente que pretende dirigir a todos los seres conscientes al nirvana último. El segundo, el que ya ha desarrollado el Deseo, reenfoca su mente en su misión y así incrementa la intensidad de su Deseo.

No te preocupes por la parte donde se mencionan los diferentes tipos de seres. Según los libros antiguos de Budismo existen reinos y criaturas a lo largo y ancho del universo de los que no tenemos ni idea. El punto principal es que el Buda describe a la persona que desea llevar a todo ser vivo, esté donde esté en el universo, a la felicidad última, al nirvana más elevado. Este Deseo particular es reconocido en el Budismo como la fuente de la felicidad. Pero, ¿qué tiene esto que ver con dirigir un negocio? y ¿qué hay sobre la última parte, aquella en la que Buda viene a decir: "Aunque me las arreglara para conducir a cada ser consciente a la felicidad completa, absolutamente nadie llegaría allí"?

Recuerda que hemos estado hablando de darle un sentido a la vida laboral y personal. En el capitulo anterior cubrimos la muerte: el fin de tu carrera, de tu empresa y, en última instancia, de tu vida. La muerte es un hecho de la vida y a nuestra vida la juzgaremos en retrospectiva, desde el punto de vista de su consumación. Tienes que poder mirar atrás y decir, no sólo que ganaste dinero y que disfrutaste ganándolo y gastándolo, sino que mientras ganabas dinero y tamb"ién después aportaste algo al mundo.

Y éste es, quizá, el mayor secreto de los libros antiguos del Budismo: una técnica simple y cotidiana para darles un sentido a tu vida y a tu carrera para que se conviertan en algo más que en un desvanecimiento gradual de poder, riqueza y vitalidad que llevan a la vejez y la muerte. Y precisamente también resulta ser el mejor instrumento empresarial de todos los tiempos. La División del Diamante de Andin estaba compuesta de personas procedentes de más de diez nacionalidades diferentes que trabajaban juntos en la misma planta: expertos en rubíes y zafiros de Tailandia, gente del topacio de Ceilán, clasificadores de esmeraldas de la India, medidores de perlas de China, engastadores de gemas de Puerto Rico y la República Dominicana, compradores de diamantes de Israel, montadores de piedras de Vietnam y Camboya, controladores de calidad y compradores de piedras de colores de Barbados, compradores y coordinadores de la Guayana y más aún. Ya puedes imaginar lo que suponía oír hablar a la vez diez idiomas diferentes en una habitación clasificadora, que hubiese diez olores diferentes de comida exótica en los microondas a la hora de comer, satisfacer simultáneamente diez conceptos diferentes de "buenos modales" (no señales con los pies a los tailandeses; no ofrezcas para comer nada que haya crecido debajo del suelo a alguien de Gujarat; no olvides ofrecer algo de oro para la novia en una boda cantonesa).

Pero la sección funcionaba como una sola persona, y algo que puedo decir honestamente es que fue un placer trabajar con todos, a pesar de tener un bagaje cultural tan diferente (lo más frustrante era que *ningún* chiste americano normal parecía gracioso *a todo el mundo* y, puesto que nadie había crecido en los Estados Unidos, no podías hacer referencias a los antiguos programas de la tele, canciones o cualquier otra cosa). A pesar del abismo inarticulado entre nosotros, terminamos con un profundo sentimiento de amor mutuo y respeto que a su vez hizo que la división funcionase como una máquina bien engrasada. Esto se debía a *la ausencia de problemas personales que podían haber ocurrido pero que nunca llegaron a ocurrir.*

Creo que en parte lo conseguimos debido a la filosofía inicial de la empresa, cuyo corazón era la antigua práctica budista denominada "cambiarse por los demás". Si realmente deseas que tu negocio tenga éxito, te sugiero probar esta práctica. Es sencilla, extremadamente poderosa y gratis, es sólo una actitud que empiezas desde arriba, contigo, y luego amplías hacia toda la plantilla. No se requieren agendas ni anuncios ni reuniones.

Lo que el Buda estaba diciendo antes, el Deseo de obtener la Iluminación, tiene como núcleo el cambiarse con los demás. Implica tres etapas esenciales y la tercera incluye la respuesta a la pregunta de por qué el Buda dijo: "Nadie llega allí cuando los has llevado a todos allí". Esta profunda práctica tiene más de dos mil quinientos años y la presentaremos según el modo clásico, pero con ejemplos de la vida moderna.

A la primera etapa me gusta llamarla el Método Jampa. Jampa es un monje tibetano joven y tímido que vive en el pequeño monasterio mongol de Nueva Jersey donde llevé a cabo una gran parte de mi adiestramiento. Es el cocinero, corta el césped, se ocupa de los Lamas ancianos, además de hacer un millón de trabajos desinteresados de modo constante y tranquilo. Siempre que aparece un visitante en la pequeña cocina que está junto a las habitaciones del abad, pone en funcionamiento el Método Jampa. Lo practica contigo y nunca te das cuenta de ello. Abre la puerta con una sonrisa tan radiante que sientes el sol en la cara y ya lo está haciendo ¿Haciendo qué?

Jampa fue adiestrado en nuestro monasterio original en Sera Me, ubicado ahora en la India después de la invasión del Tíbet, por algunos de los mejores grandes Lamas: Gueshe Lothar y Gueshe Tubten Tenzin. Nada más entrar te hace sentar en una silla junto a la mesa de la cocina mientras empieza a moverse delante del fogón y el refrigerador para prepararte algo para beber, al tiempo que le relatas el motivo de tu visita al monasterio. Mientras se mueve por la habitación, observa tus ojos y tu lenguaje corporal. Mira cómo tus ojos recorren la habitación, quizá se paran y descansan en la tetera sobre el fuego o tal vez titubean ante el refrigerador cuando él está a punto de abrirlo. Es decir, ¿te gustaría beber algo caliente o frío? Hay un cuenco con caramelos en la mesa de la cocina junto a un plato de galletas y el eterno puchero de sopa en el fogón. ¿A cuál de ellos se dirigen tus ojos más a menudo?

En pocos minutos Jampa ya lo sabe todo de tí: sabe si te gusta el té o el café, caliente o frío, con leche y azúcar o sin ellos, galletas dulces o saladas, o quizá fideos, y una docena más de detalles sobre tus apetencias y desagrados. La próxima vez que aparezcas encontrarás tu bebida preferida sobre la mesa antes de poder decir nada, porque él se acuerda, se obliga a recordarlo. Y lo hace así porque *realmente quiere darte lo que tú quieres.*

El Método Jampa consiste en aprender a ser muy observador acerca de lo que los demás necesitan y les gusta y se hace para darles lo que quieren. Puede sonar un poco inocente, pero el simple ejercicio de dedicar tiempo a *educarte sobre los gustos y deseos de los demás* tiene un profundo efecto en tu mundo de negocios. La naturaleza de los negocios y de la vida laboral es que los ejecutivos tienden a concentrarse en los temas del momento, se supone que actúan como individuos y son recompensados como individuos. ¿Cuándo fue la última vez que a ti y a otro vicepresidente os dieron un extra de vacaciones por haber hecho un buen trabajo juntos? El enfoque individual hace que nos concentremos en nosotros mismos en vez de prestar atención a los demás.

El Método Jampa, la primera parte de cambiarse con los demás, nos aparta del enfoque exclusivo sobre nosotros mismos y nos hace tener más sensibilidad con respecto a los otros. Esto conlleva todo tipo de beneficios inmediatos en el trabajo y en tus finanzas, y también planta las impresiones más poderosas y provechosas en tu mente. Así es como lo aplicamos en el ambiente laboral.

Mientras paseas por tu departamento, observa a la gente que trabaja para ti. La mayoría de nosotros damos mucha importancia a ser "expertos" en las finanzas para dirigir nuestras operaciones, en las normativas de empleo que afectan a nuestro negocio y en el estado de los proveedores que proporcionan los servicios y materiales necesarios para sacar nuestro producto. Aquí la idea es que te adiestres conscientemente en ser "experto" en otra materia: lo que gusta y desagrada a los que te rodean. Nos estamos refiriendo a *todo*, cada detalle sobre lo que les hace felices: cómo se preparan el café, qué tipo de cojín les gusta en su silla, qué tipo de bolígrafo prefieren, cuántos niños tienen, cómo se llaman y cómo les va; cuándo tuvieron sus ultimas vacaciones, dónde fueron y cómo se lo pasaron.

Luego siéntate en tu oficina y *memoriza* los detalles de cada una de las personas cerca de ti. Si es necesario, toma apuntes. Creo que un ordenador portátil es muy útil: puedes sacar el archivo de camino a casa y revisar lo que aprendiste. Inevitablemente este ejercicio conduce a mejoras en tu comportamiento hacia la persona, aunque sea tan sólo ofrecerle sacarina en vez de azúcar la próxima vez que estés de pie a su lado, en la cafetería. A nivel profundo, la gente nota este tipo de cosas; en cierto modo todos somos como el perro de la casa: él sabe si a la persona que entra en la habitación le encantan los perros, también sabe cuándo es una persona que odia a los perros la que entra y actúa en consecuencia, incluso antes de que ésta diga o haga nada.

La gente tiene un instinto que les informa de cuándo a los otros les trae sin cuidado lo que a ellos les gusta o les disgusta, y también de lo opuesto. Al principio puede parecer un poco artificial el buscar sus gustos y necesidades de un modo tan burdo, pero es parte del proceso, al principio es artificial. Más tarde se volverá una segunda naturaleza, pero sólo porque al principio se hizo de modo artificial.

Es cierto que a la mayoría de tus empleados lo que realmente les gustaría es tener seis semanas de vacaciones o el doble de salario, pero éstos no son el tipo de gustos o desagrados de los que estamos hablando. No estamos sugiriendo que hagas ningún gran movimiento financiero o personal. Sólo que mires y observes tranquilamente y que, según tu capacidad, proporciones a los que te rodean aquello que parece agradarles más. Inevitablemente las tornas comenzarán a cambiar y todos se contagiarán del espíritu de hacer lo mismo para ti. Imagina la atmósfera de una sección que actúa así.

Llegué a un punto en Andin en el que me di cuenta de que la razón principal por la que me pagaban un salario tan ridículamente elevado era porque podía conseguir que la gente trabajara en conjunto. Noté que mi papel más importante era el de árbitro entre dos o tres personas que trabajaban para mí, que la hora más importante del día era la comida cuando, casi siempre, me acercaba a dos supervisores que no se llevaban bien. Este tipo de fricciones desangra a una empresa en silencio, pero de modo eficaz: el supervisor A tiene una pequeña discusión con el supervisor B; a partir de entonces evita hablar con él a no ser que sea absolutamente necesario. Un pequeño problema aparece en un pedido importante: puede arreglarse fácilmente en su etapa inicial el lunes, pero se convertirá en un desastre el viernes. El supervisor A conoce el tema el lunes pero no dice nada al supervisor B, que lo podría haber solucionado. No es el tipo de problema que debería o podría haberse tratado el lunes en la reunión de la plantilla, sino algo que los supervisores A y B se podrían haber mencionado si tuvieran la buena costumbre de pasar un rato juntos cerca del aire acondicionado para respirar aire fresco de vez en cuando. Lo que intento decir es que un poco de buena voluntad entre los miembros de la plantilla es más valioso de lo que se cree. Y el método Jampa es el primer paso.

De nuevo no hacen falta ni anuncios ni afirmaciones políticas, simplemente empiézalo a hacer y los demás te seguirán. Recuerdo cuando Su Santidad el Dalai Lama visitó mi lugar de origen, Arizona, para dar una serie de charlas y uno de mis amigos de instituto le formuló una pregunta: "¿Cuál es el mejor método para enseñar a los niños a llevar una vida ética?" "A esa edad", dijo Su Santidad, "no importa lo que les digas que hagan, te observarán y te imitarán, harán lo que tú hagas y, en consecuencia, te enfrentas al trabajo más difícil: ser ético tú." Tienes que empezar a espiar a la gente que trabaja para ti, una manera de espiar bella: ver lo que les gusta, lo que consideran importante en sus propias vidas y luego ayudarles a conseguirlo.

El segundo paso en la práctica de cambiarse por los demás es imaginar que pones tu mente en su cuerpo y entonces abres los ojos, te miras y ves qué es lo que a ti (ellos) te gustaría de ti (tú). Si crees que esto suena confuso, ¡imagina lo difícil que es traducir un libro antiguo sobre este tema del sánscrito al tibetano!

Este paso, denominado Cambiar Cuerpos, es más profundo y difícil que observar a la gente a tu alrededor y ver lo que les gusta o no. Recuerdo haberlo probado con un hombre joven de la Guyana que se había unido a nuestra sección. Vino recomendado por un amigo de su madre que ya trabajaba para nosotros (la gente que trabaja con las piedras siempre viene recomendada; es imposible evitar que salgan a la calle con un centenar de ellas en cualquier momento del día, por tanto han de tener un pasado claro). El primer día le sentamos delante de un montón de astillas de diamante y le hicimos contar cientos (o miles) para pedidos específicos de anillos.

Al final del día había aprendido un poco más de él: era agradable con la gente que le rodeaba, aprendía rápido, era tranquilo, humilde y veloz. Al salir aprendí una cosa más: miré su rostro y vi una mezcla de deleite por el lugar y un atisbo de desesperación al pensar que tendría que estar sentado y contar pequeñas piedras durante los siguientes años de su vida. Después practiqué el "cambiar de cuerpo": me puse en su cuerpo, miré mi rostro y me pregunté qué me gustaría que yo (yo mismo) me dijese a mí (él). Así que le dije: "Entra en mi oficina por la mañana y veremos si puedo encontrar algo un poco más excitante". Sentí que mis ojos descendían tímidamente y una sonrisa cruzaba mi (su) rostro.

Desde entonces puse mi mente repetidamente en su cuerpo. Le conseguimos (a mí) algo que yo (él) había soñado siempre: una oportunidad para trabajar con ordenadores. Le pusimos al servicio de uno de los mejores programadores que teníamos y, tras haber demostrado él su determinación, le ayudamos a asistir a una serie de cursos especiales. En el negocio del diamante este tipo de escuela nocturna es tradicionalmente algo vetado: durante la temporada alta todo el mundo trabaja hasta muy tarde e incluso fuera de temporada no quieres a gente cansada que pueda liar sensibles sistemas de inventario o montones de diamantes. Pero cada vez que le veía sabía qué era lo que yo (él) quería cuando miraba mi rostro (el mío) y sabía el sentimiento de plenitud que esto daba. Así encontramos modos de trabajar alrededor de su (mi) ausencia en días de clase. Al final se convirtió en nuestro mejor programador y, lo que es incluso más importante, en un empleado que era consciente de que habíamos hecho lo que sabíamos que era mejor para él, aunque esto perjudicara un poco a la empresa. Habíamos creado, pues, a alguien que se entregaría cuando fuese necesario y que, a lo largo del día, buscaría modos de ayudar a la empresa y a los de su alrededor.

Personas así en tu departamento no tienen precio, gente que constantemente busca modos de superar problemas con los pedidos, los sistemas o la gente antes de que ni tan siquiera te enteres. Y cuando el día termine, cuando llegues al final de tu carrera y mires atrás, lo que recordarás no serán las ventas que hiciste o los proyectos que completaste, sino el rostro del joven mirándote con respeto y el hecho de saber que le diste algo precioso para toda su vida. Si mantienes este modo de pensar, de ponerte en el cuerpo de tus empleados y buscar ayuda, encontrarás que crece en ti una profunda satisfacción, el contento que tienes en momentos muy raros y especiales, a excepción de que aquí, cuanto más lo haces, con más frecuencia viene ese sentimiento. De hecho, esto es un signo de que tu trabajo *está tomando un sentido verdadero*. Creo que es importante volver a señalar que este modo de pensar no sólo es *correcto* sino también *provechoso*, a medida que tu departamento y tu empresa empiezan a funcionar y a ser llevados por gente a quienes realmente les importa, porque a ti ellos te importan tanto como tú mismo. El dinero y la felicidad. Puedes tener el pastel y también comértelo.

¿Estás listo para la última etapa? Esta lleva un poco de práctica y es importante saber que antes de probarlo tienes que dominar las dos primeras. Pero no creas que el esfuerzo no merece la pena. Es el desarrollo final de la práctica de cambiarse por los demás y, de hecho, según los libros antiguos del Budismo, es el desarrollo final del corazón y la mente humanos. Es difícil de hacer e incluso de quererlo hacer, pero para convertirte en un ejecutivo y una persona triunfadora no existe nada igual.

A este tercer paso lo llamamos el Truco de la Cuerda, y lo puedes hacer con cualquiera de tus empleados. Simplemente colócate junto a un individuo frente a su escritorio, imagina que tienes un gran lazo corredizo como el de Roy Rogers en tu mano y lo dejas en el suelo de manera que os rodee a los dos. Seguidamente imagina que los dos, literalmente, sois uno.

En las dos primeras etapas hicimos unas cosas bastante radicales en relación a aprender a observar y pensar sobre lo que les gusta a aquellos que te rodean, incluso llegamos a cambiar cuerpos con otros y a mirarse a uno mismo y ver lo que nosotros (ellos) queremos de nosotros (nosotros). *Pero aún había una distinción entre "tú" y "yo"*. Se trataba de que "yo" te observaba a "ti" o "yo" intentaba entrar en "tu" cuerpo. Con la tercera etapa llevamos la práctica de cambiarse con los demás a un nivel más radical. Tú *eres* tu empleado y él o ella eres tú: sois una sola persona.

En la tercera etapa tu mente se libera totalmente del talante egoísta de tantos ejecutivos, de ese egoísmo al que tanto anima nuestro sistema laboral de recompensa. No se trata de que yo consiga un premio, ni siquiera es cuestión de que aquella persona reciba un premio, la cuestión se convierte en: ¿Cómo podemos *nosotros* recibir *nuestros* premios? Aquí estás tanto en la mente de los que trabajan para ti que, de hecho, tratas tu bienestar y el suyo como uno y el mismo. Es como si te hubieses vuelto su hermano siamés. Ahora tienes dos bocas en la cara que alimentar, dos grupos de dos piernas y cuatro pares de zapatos a comprar cuando vas al supermercado (quizá un par de sandalias y unos de tacón). Ahora son cuatro orejas las que tienen que oír al Gran Jefe gritar si cualquiera de los dos olvida pedir aquellos diamantes princesa de medio quilate.

Si eres un hombre de negocios americano normal encontrarás que esta línea de pensamiento es demasiado. Sus implicaciones son enormes y aparecen de inmediato dos problemas en la mente: el primero es que el proceso de cambiarse por los demás, en este punto, se ha vuelto algo artificial, es decir: ¿cómo podrías *realmente ser* otra persona?, o con más exactitud: ¿cómo podríais los dos convertiros en una sola persona? Pero es del todo posible que pueda suceder y la clave se esconde en aquello que el Buda dijo al principio del capítulo, la afirmación de que "el día que yo lleve a todos los seres a la felicidad total no habrá nadie en absoluto que llegue a la felicidad total".

Para comprenderlo, vayamos a la explicación sobre ganar dinero, volvamos a las razones de por qué te sucede todo lo que te sucede. Hemos dicho muchas veces que las cosas a tu alrededor son como una especie de pantalla en blanco, neutras. Este es el potencial escondido en las cosas. Un jefe que te grita en el trabajo te resultaba desagradable, pero quizá le resultaba agradable a tu vecino y allí yace su "va-cuidad" o potencial, es decir, que básicamente él es neutro y que lo experimente como agradable o desagradable, que interprete los sonidos y formas que vienen hacia mí como algo bueno o malo no procede de "allí afuera", de él, sino que es una función de las impresiones en mi propia mente, impresiones que coloqué en mi propio inconsciente en el pasado al actuar de un modo positivo o negativo hacia los demás. Y estas impresiones ahora suben flotando hasta mi mente consciente y colorean —de hecho *crean*— el modo en que veo mi mundo (el jefe que grita es tan sólo un pequeño trozo de él).

Olvida un momento al jefe que grita, volvamos a la pobre persona a la que gritan, volvamos a mí. Si esto del potencial escondido, de las impresiones que he plantado en mi mente para ver lo que veo, es cierto entonces *yo soy lo mismo que el jefe que grita*. Es decir, el modo en *que me veo a mí* lo de-termina el mismo tipo de causas que desembocan en cómo veo al jefe que grita. *Me veo* del modo que soy por el mismo tipo de razones por las que lo veo a *él* del *modo que es*. Me veo del modo que soy a causa de impresiones que suben a mi mente consciente, florecen y determinan lo que veo. Y aquí la idea importante es entender que no sólo determinan *cómo* te ves, sino el *hecho* mismo de que te veas. Es decir, te defines como lo haces, dibujas los límites entre tú y las otras cosas y personas sólo debido a hábitos e impresiones pasadas. Estás habituado a pensar en ti como alguien que termina al final de tu piel y por ello plantas impresiones que posteriormente te hacen verte de ese mismo modo. "Tú" terminas donde terminas no porque sea un lugar natural donde terminar, sino sólo porque es donde estás habituado a creer que terminas.

Ya hablamos sobre esto antes. Cualquiera puede ver, sólo pensando un poco, que hablar del lugar donde "yo" termino y "ellos" empiezan es un tema resbaladizo. Cuando las madres dan a luz a sus hijos, su sentido del "yo" de repente se expande para abarcar a otro cuerpo diminuto. Perjudica a *este* niño en concreto y puedes esperar que *esta* mujer en concreto reaccione con toda la pasión que mostraría si atacases su propio cuerpo. La gente con casos realmente graves de diabetes actúa de modo opuesto: se forman llagas en sus pies, las llagas se gangrenan y los médicos les dicen que tienen que amputárselas o morir. En el instante en que decides que perder la pierna es mejor que perder tu vida, en realidad has *encogido* tu definición de la frontera del "yo". Esto prueba que tienes el poder de expandir o contraer el "yo" a zonas mayores o menores, por tanto no me digas que es imposible hacer el Truco de la Cuerda y colocarla alrededor de otra persona hasta volveros una sola. Son sólo las impresiones de tu pasado, tu *hábito y elección* de pensar que el fin de tu persona está al final de tu piel o estómago, lo que te impide convertir a otro en ti. Imagina sólo por un momento qué sucedería si todo el mundo pensara y actuara como si los demás fuesen ellos mismos. Los podríamos llevar a todos a la felicidad total y "nadie" llegaría a la felicidad total (porque "todos" seríamos sólo uno de nosotros: nosotros).

Esto nos lleva a la segunda objeción, la segunda duda que debes tener en la mente sobre esta propuesta. Supón que realmente hago el Truco de la Cuerda; supón que cojo la frontera del "yo" y la estiro alrededor de una o de incluso más personas. ¿Dónde dibujo la línea? ¿Cuál es el límite? La vida es dura tal y como es, parece imposible cubrir con éxito las necesidades físicas y emocionales de una persona que tenga un único cuerpo y mente, es decir, mi yo normal. Si cuidar de mí mismo, si intentar evitar que mi cuerpo se derrumbe y que mi mente decaiga cada par de días es un esfuerzo tan grande, entonces: ¿qué esperanza puedo tener de ocuparme de una o más personas *como si ellas fuesen realmente "yo"*? ¿Dónde podría encontrar los recursos para hacerlo? La ironía aquí es que *los recursos vendrían del hecho mismo de expandirte hasta incluir a los demás*, es decir, la capacidad misma de manejar física y emocionalmente el trabajo de cuidar de mucha gente como si fueran el "yo" viene de *la verdadera decisión de hacerlo*. Si la idea del potencial escondido y de las impresiones que crean nuestra realidad es cierta, entonces no puede haber un método mejor *de crear riqueza* que *compartirla de modo indiscriminado*. De manera simple: si el único modo de poder *ver* un dólar es haber plantado una impresión por *haber dado* un penique, el acto mismo de asegurar que todos a mi alrededor tengan dinero *como si fuéramos todos una única persona* me reportaría recursos prácticamente ilimitados. Imagina pues, para resumir, un mundo donde la gente considerara a los demás su responsabilidad, como si todos fuesen "yo". Y no hay ninguna razón por la que no pueda ser posible.

Cualquier persona inteligente que lea estas líneas justo ahora puede sentir, puede olerse que hemos dado en la diana. Superar la tendencia a *no* pensar en los demás, extender la idea que tienes de ti hasta llegar a incluir a todos tus empleados y los demás a tu alrededor, trabajar *no para los demás*, sino *como si no existieran los "demás"*, sería la felicidad y plenitud auténticas. En lo más profundo de ti sabes que sería correcto, también sabes que es correcto empezar ya, y sabes que si pasas tu vida y tu carrera laboral de ese modo, intentando conscientemente trabajar para beneficio de los que te rodean con el mismo énfasis con que trabajas para ti mismo, podrías mirar hacia atrás con orgullo, ya que éste es el sentido real de una vida humana. Esta es la riqueza última.

Capítulo quince

La fuente real de la riqueza y la economía de lo ilimitado

Si piensas en el concepto de economía de cualquier sistema económico, desde el capitalismo al socialismo o al comunismo, todo se reduce a cómo compartir nuestros recursos y riqueza. Cuánto para mí y cuánto para ti y las normas para dividir lo que tenemos. Y si piensas más profundamente, nuestros sistemas tienen precisamente estas dos premisas en común: que *hay* un "yo" y un "tú" que "comparten" cosas y que *tenemos* que buscar un sistema para hacerlo porque las *cosas* son *limitadas*. Bien, como ya hemos demostrado ahora puedes dejar de lado estas dos premisas. Para entenderlo, regresemos al *Tallador del Diamante* para ver algunas palabras del Buda que hacen estallar el cerebro:

-¿Por qué es así? Piensa, Oh Subhuti, en las montañas de mérito acumuladas por cualquier santo guerrero que lleva a cabo el acto de dar sin permanecer. Este mérito, oh Subhuti, no es algo que se pueda medir fácilmente.

Para contar con un poco de ayuda sigamos, como es habitual, con la explicación del Lama de Choney. Hay que admitir que la persona que sigue estando atrapada por las cadenas del aferramiento a la idea de que las cosas tienen una cualidad inherente aún puede acumular una gran cantidad de méritos llevando a cabo actos como la generosidad y demás.

Pero supón que una persona se libera de estas cadenas y se pone a practicar esos mismos actos de generosidad y otros. Su mérito ciertamente será mucho mayor que en el caso anterior. Y para enfatizar este punto el Buda dice: **¿Por qué es así? Piensa, oh Subhuti, en las montañas de mérito acumuladas por cualquier santo guerrero que lleva a cabo el acto de dar sin permanecer. Este mérito no es algo** cuyo límite **se pueda medir fácilmente.** De hecho, sería muy difícil de medir.

Y el Buda prosigue:

-Oh Subhuti, ¿qué crees? ¿Sería fácil medir el espacio del universo que se encuentra al Este de nosotros?
Y Subhuti respondió:
-Oh Conquistador, no lo sería.
El Conquistador volvió a hablar:
-Del mismo modo: ¿Sería fácil medir todo el espacio del universo al Sur, al Norte, encima, debajo o en cualquiera de las direcciones a nuestro alrededor? ¿Sería fácil medir todo el espacio del universo, en cualquiera de las diez direcciones, a partir de donde estamos ahora?
Y Subhuti respondió:
-Oh Conquistador, no lo sería.
Finalmente, el Conquistador dijo:
-Del mismo modo, Oh Subhuti, no sería fácil medir las montañas de mérito acumuladas por cualquier santo guerrero que lleve a cabo el acto de dar sin permanecer.

Algunas de las ideas aquí son muy obvias, pero hay al menos una que no lo es tanto. El Buda intenta describir en primer lugar la idea de que el "mérito", la bondad o el poder de ciertas impresiones en la mente podrían ser ilimitadas. En segundo lugar, nos señala que para que este poder *sea* ilimitado, nosotros, "guerreros de los negocios", tenemos que "llevar a cabo el acto de dar sin permanecer" ¿Qué diablos significa "dar sin permanecer" y qué es un "santo guerrero"? La respuesta a estas dos preguntas forma la base de lo que llamamos la Economía de lo Ilimitado.

Empezaremos con "dar sin permanecer". Este es realmente el envoltorio de todas las ideas de las que hemos hablado. Cualquier hombre de negocios competente admitirá la verdad del azar aparente de las estrategias de mercado: en ocasiones, un movimiento financiero conservador fracasa, pero otras veces es lo único que funciona; a veces un arriesgado movimiento financiero tiene éxito mientras que otras veces conduce al desastre. Esto mismo ocurre tanto con la gente de negocios inteligente como con la que no lo es tanto: hay ocasiones en que los inteligentes tienen éxito, pero también hay inteligentes que fracasan; sucede que los que no son tan inteligentes fracasan, pero también hay algunos que tienen éxito. Si somos honestos, hemos de aceptar que ningún criterio habitual parece funcionar de un modo predecible o seguro. Para un budista esto es, en primer lugar, una indicación definitiva de que *no hemos encontrado la causa real* de la riqueza. No sabemos realmente qué la crea.

Si piensas con cuidado en la distribución misma de la riqueza entre la gente de nuestro propio mundo, puedes ver una verdad profunda. La riqueza viene y va al tiempo que los individuos llegan al poder y mueren; viene y va cuando países e imperios prosperan y decaen; parece que se esparce por el mundo en tiempos de gran prosperidad para luego encogerse en tiempos de depresión o guerra. Inventos como la penicilina, la pistola o el ordenador personal pueden en sólo un par de años causar un incremento o disminución del bienestar, de la riqueza "absoluta" de toda la población mundial. Lo que intento decir es: la cantidad de riqueza a nuestro alrededor no es fija y nunca lo ha sido. Fluctúa. Esto vierte sospechas sobre el concepto entero de que existe sólo una cantidad concreta de riqueza y recursos en el mundo y que tenemos que buscar un buen sistema de compartir, sea cual sea la cantidad disponible. Quizá hay otra posibilidad. Quizá, si descubrimos *la causa real de la riqueza*, podemos *incrementar la cantidad entera de riqueza del mundo*, es decir, quizá todo el mundo podría tener lo suficiente o incluso más que suficiente.

Ya ha quedado demostrado, bastante bien creo, que un jefe que chilla es algo que crean tus propias percepciones. Volvamos a esta lógica brevemente. Si hablamos desde el modo científico más estricto, un jefe que chilla realmente sólo es un conjunto de colores (¡principalmente rojo!), formas (principalmente moviéndose hacia ti), decibelios (normalmente elevados) y vocales y consonantes (a+b+c, que te llegan de un modo constante). Tu mente, bajo la influencia de las impresiones que has plantado allí hace tiempo, se ve forzada a interpretar dichas formas y sonidos como un jefe desagradable que chilla.

Y recuerda a la persona que se sienta a tu lado (a la cual tal vez no le gustes mucho) o a la esposa del jefe: perciben el mismo grupo de formas y sonidos como algo agradable, algo correcto. Lo "desagradable" y lo "agradable" no pueden ser algo que *pertenezca* al jefe, debe ser algo que venga de alguna otra parte porque, en caso contrario, todos encontraríamos al jefe agradable o desagradable. La única posibilidad es que *las cualidades de agradabilidad o desagradabilidad estén siendo impuestas sobre la imagen* por nuestras propias mentes. Y también es obvio que esto no es algo que haríamos *voluntariamente*. El jefe que grita puede ser sólo una percepción orquestada por nuestras propias mentes, pero no parece que tengamos ningún poder para desenchufar dicha percepción. Algo en nuestra mente nos está forzando a percibirlo y este algo no es otra cosa que las impresiones que suben a la parte consciente de nuestras mentes desde la parte inconsciente.

Por último, algo dolorosamente obvio es que el que exista

realmente un jefe que chilla allí afuera por sí mismo o sea un resultado de mi grupo particular de percepciones no afecta en absoluto a la realidad de su existencia. Es decir, en cualquier caso si está muy enfadado recortará mis extras de vacaciones, ya sea estar enfadado una cualidad inherente a él o algo que abastezco desde mi propia mente. Para lo que realmente resulta útil saber que él es mi percepción no es para cambiar lo que ocurre en ese momento, porque eso ya está sucediendo, sino para determinar cómo voy a reaccionar ante este jefe que grita. Es decir: ¿Quiero realmente volverle a ver de este modo? Porque lo que me forzaría a ello es pagarle con la misma moneda con que me está pagando él a mí ahora. La única cosa que puede crear la percepción de un jefe que chilla es una impresión que produzca un jefe que chilla y lo único que puede plantar una impresión de un jefe que chilla en mi mente es, como seguramente ya lo habrás adivinado, *devolverle los gritos al jefe*. ¿Qué tiene esto que ver con la economía?

Si todo esto es correcto (y sucede que lo es) entonces, en teoría, podré *evitar un jefe que me grite en el futuro* si comprendo lo que sucede y rehuso devolverle los gritos. Más tarde, en algún punto en el futuro, entrará en la habitación y nosotros, *tanto yo como la persona que se sienta a mi lado* (recuerdas, el tipo al que no le gustabas y que disfrutaba viendo al jefe gritarte), le encontraremos agradable. Si piensas en ello cuidadosamente entenderás la idea: la *riqueza* que hay en la habitación, la cantidad de felicidad o bienestar de la habitación, *simplemente se ha doblado* y *no ha sido a costa de nadie*. No es que sea feliz a costa de mi compañero de oficina. Ahora habrá el doble de felicidad que antes. Y con el dinero sucede igual.

Cuando le das algo a otra persona, cuando ayudas a cualquier ser con tus manos, tiempo o recursos, se planta una impresión en tu mente; el acto es *siempre* grabado por la consciencia del acto y la consciencia siempre está enchufada grabando. La impresión se queda en el inconsciente acumulando fuerza, creciendo en poder como cualquier planta física o árbol. En algún punto se abre camino hasta la superficie de tu consciencia, hasta tu mente consciente y colorea, incluso crea, la impresión que tienes del mundo a tu alrededor y de ti mismo.

Las transacciones comerciales y las decisiones de negocios son como una pantalla en blanco: que las veas funcionar o no, que tengan éxito o no, no viene determinado por factores como la atmósfera de los negocios, tu inteligencia o la cantidad de riesgo que eliges correr, sino más bien únicamente por las percepciones de la transacción o la decisión forzadas por las impresiones de tu mente. Que los factores externos no determinan el éxito de tus transacciones o decisiones es obvio si consideras algunos datos: por ejemplo que las mismas estrategias no siempre funcionan o, si lo piensas bien, el mero hecho de que algunos productos nuevos sean un éxito o que algunos productos viejos empiecen a decaer. ¿Por qué, de repente, la gente decide que una escena de un cómic de Andy Warhol es valiosa o que un dibujo de Picasso, que cualquier niño podría hacer, no tiene precio? ¿Por qué algunas canciones idiotas o programas de la tele son un éxito mientras que otros más sofisticados o más idiotas fracasan de forma miserable? Algo sucede. El éxito, a nivel último, no lo decide nada de lo que creíamos.

Si todas estas teorías son correctas, la razón por la que cualquier aventura particular (brillante *o* idiota) es un éxito y hace ganar dinero *sólo* es debido a las buenas impresiones en la mente de su creador. Los que tienen éxito llegan a verse ganando dinero *sólo* porque en algún punto en el pasado plantaron en su mente una impresión para verse así. Y esta impresión particular *sólo* se puede plantar *al observarse a uno mismo dando todo lo que pueda a los demás.* Como hemos visto, la generosidad empieza y debería empezar de un modo limitado: pequeñas amabilidades con la gente de tu propio departamento o de tu propia familia, basadas en la observación de cerca para ver lo que quieren y necesitan.

La generosidad después se gradúa hasta niveles más amplios, digamos a cada departamento de tu empresa, y tu ofrecimiento adopta proporciones mayores, financieras, sí, pero también en términos de ofrecer tu propio tiempo, tu apoyo emocional y profesional, así como de ayudar a la gente con *ideas*. Para entonces tu generosidad también es inducida por la práctica profunda de trasladarse al cuerpo de los demás para ver lo que esperan de ti. En su culminación, tu generosidad llega a un punto en donde seriamente inviertes todos tus recursos y habilidades personales a nivel financiero, emocional y profesional y también los de tu empresa, en un plan bien pensado para aportar felicidad a toda tu familia, tu empresa, tu comunidad e incluso al mundo, porque conscientemente has reajustado las fronteras del "yo" de modo que pueda incluir a "ellos" y tú estás ahora básicamente cuidando de un "yo" mucho mayor.

Recuerda que esta última etapa no se puede realizar con éxito y, de hecho, ni siquiera puedes estar seguro del éxito personal y financiero últimos, descritos en este libro, a menos que realmente dediques un tiempo a comprender el principio del potencial escondido y las impresiones que juegan un papel en él. Sólo entonces apreciarás verdaderamente cómo se puede crear la riqueza ilimitada siendo generoso y sólo entonces puedes verdaderamente reconocer cómo el "yo" debe volverse algo que se puede extender más allá de tu limitado yo actual.

Supón que una persona ya entiende todo esto y lo ha usado para tener éxito financiero. Supón después que lo enseña a otro, que a su vez usa esta información para convertirse en alguien con éxito financiero. Son como los dos tipos que sentados observan al maravilloso jefe que antes solía ser un jefe que chillaba. Ahora hay *dos* personas ricas dónde sólo había una. Y *debido a que la riqueza* es el resultado de una impresión, debido a que una transacción de negocios o decisión que en sí solo es neutra (en blanco o potencial) de repente ha tenido éxito, *podemos decir que la nueva riqueza no ocurre a expensas de la riqueza preexistente*. Es decir, *en términos absolutos* hay el doble de riqueza de la que había antes. Supón que el segundo tipo lo enseña a un tercero, bien, ya sabes.

En términos profundos, se puede decir que *el hecho de que algunas personas sean ricas ahora y otras no* es una prueba de que, si comprendiéramos cómo se llega a dicha situación, *todo el mundo podría ser rico*. En otras palabras, la riqueza puede llegar a ser ilimitada en el mundo porque la riqueza ahora es limitada. Puedes simplemente despedirte de la idea de compartir recursos limitados y, de paso, haz lo mismo con la idea de la pobreza en sí. La riqueza es una percepción (y *por tanto*, una realidad) forzada sobre cualquiera que haya sido verdaderamente generoso en el pasado. Por tanto, está disponible para todos.

La mente, una mente lisiada por las suposiciones y, hablando sin paliativos, por los cuentos de hadas transmitidos por las buenas intenciones de los padres a lo largo de la historia de nuestra civilización, se resiste a la posibilidad de que *cada persona pueda tener más riqueza de la necesaria*. Este estado mental dice que, puesto que esto no es algo que haya sucedido antes en nuestra historia conocida, no puede suceder ahora. Ya hemos oído antes este razonamiento; no era cierto entonces y tampoco lo es ahora. Mira, Cristóbal Colón, te vas a caer al llegar al fin del mundo porque el mundo es plano; el hierro no podría volar o flotar por el espacio; no es posible que prácticamente cada persona del mundo pueda tener acceso a la información mundial, pasando ésta por cables hechos de vidrio o emitida desde un lugar que está más alto de lo que puede volar el pájaro más poderoso. ¿De dónde vinieron esas cosas? ¿No alteraron la *cantidad absoluta de riqueza* en el mundo? ¿De dónde viene realmente la nueva riqueza? Ahora ya lo sabes.

Tan sólo un par de apuntes sobre la mecánica de la Economía de lo Ilimitado y luego pararemos para que dejes a un lado el libro y empieces a practicarlo. El proceso de *crear nueva riqueza* funciona infinitamente mejor si comprendes cómo sucede. Es decir, debes leer este libro una y otra vez hasta tener una imagen clara del potencial escondido, de las impresiones y de cómo operan al unísono. Ser generoso con este conocimiento es lo que quería dar a entender el Buda al decir, "da sin permanecer" en la ignorancia de cómo funcionan las cosas. Los libros antiguos de sabiduría dicen que, para lanzarte a esto con la cantidad de esfuerzo que se requiere para llevarlo a cabo, *debes* empezar con una firme convicción de que funciona. Dicen que sólo puedes conseguir una firme convicción si has descubierto satisfactoriamente que, por lógica, *debería* funcionar. Y hay otro detalle que vas a necesitar.

¿Recuerdas al "santo guerrero"? Puede que no te sorprenda que "un santo guerrero" sea, simplemente, cualquiera que haya pasado por las tres etapas de la práctica de cambiarse por los demás que esbozamos en el capítulo anterior. ¿Tiene sentido, verdad? La única persona que realmente podría dar lo suficiente a los demás como para plantar las impresiones en su mente que le hicieran ver una gran cantidad de riqueza en su camino después sería alguien que no hiciera distinción entre él mismo y los demás. La persona que tiene la mejor oportunidad de ser verdaderamente generosa con los demás es una persona que ha descubierto el mayor secreto de la vida, la mayor fuente de felicidad: una persona que ha descubierto que trabajar simplemente por un solo "yo", una única boca y un único estómago es muy aburrido, falto de inspiración y falso con respecto a la totalidad del destino humano.

Es mucho más *divertido,* es una alegría interminable y no explorada expandirse hasta llegar a incluir otros cuerpos para después cuidarlos. Y si todo esto sobre el potencial escondido y las impresiones es cierto, la mejor manera de cuidar de los demás es que sepan cómo hacerse ricos, cómo disfrutar de la riqueza. Si piensas en ello, el acto mismo de compartir riqueza de este modo (la proliferación ilimitada del conocimiento sobre cómo crear riqueza) es el modo más profundo de plantar semillas en tu propia mente para tener una riqueza inimaginable.

Esto nos lleva al tema de formas enteras de riqueza más allá de lo que podemos incluso imaginar, algo así como caminar por un jardín para encontrar una flor y marchar cargado de tesoros que no podíamos ni imaginar cuando entramos. Pero este es un tema para más adelante.

Seguimiento

Como puedes ver, mucha de la información contenida en este pequeño libro de sabiduría se ha transmitido a lo largo de los siglos principalmente de boca a oreja, de maestro a estudiante dentro de los monasterios budistas del Tíbet y de la India. Y hay una razón: poner en práctica las instrucciones dadas aquí, en particular los detalles sobre cómo hacer el Círculo Semanal y el Círculo del Bosque, se puede hacer mejor con la guía de un maestro vivo. Necesitas que alguien compruebe tu comprensión, que alguien te ayude a comprobar tus progresos, necesitas correcciones sutiles de tu comportamiento que vengan de alguien vivo, al igual que el volante mantiene el coche en línea recta sólo bajo una mano que hace constantes y diminutos movimientos a la izquierda y a la derecha.

Somos un pequeño y creciente grupo de gente de negocios que hemos usado realmente los métodos descritos en este libro para lograr nuestros objetivos. Nos gustaría compartir nuestro conocimiento contigo, ya que éste es el tipo de conocimiento que necesita ser compartido. Si este sistema funciona y la experiencia de Andin International (que empezó con un préstamo de cincuenta mil dólares hasta llegar a una operación anual de cien millones de dólares en ventas por año) indica que así es, entonces una mayor prosperidad para más gente será el resultado de que más gente sepa cómo hacerlo funcionar para ellos mismos.

Nos gustaría venir a enseñarte; hemos organizado lo que llamamos EBI o Instituto de Negocios Iluminado y a lo largo del año llevamos a cabo seminarios por todo el mundo. Tenemos la sede en Manhattan y una Escuela de Negocios en "La Montaña del Diamante", un lugar bello y grande cerca de Tucson, Arizona. Este es un lugar donde puedes retirarte una semana o un fin de semana para emprender actividades como montar a caballo, practicar el golf o pasear por la montaña y aprender algunos trucos sobre cómo mantenerse sano en la vida laboral con una dieta especial y ejercicios y, lo más importante, recibir una buena dosis concentrada de la filosofía de negocios de El Tallador *del Diamante*. Contacta con nosotros por correo electrónico o mediante la dirección de abajo si deseas saber cuándo se celebrará algún seminario cerca de tu hogar o ciudad, cómo podrías ayudarnos a organizar tú mismo un seminario o cómo asistir a los programas en el Centro de Conferencias. Nos encantaría trabajar contigo.

O en España: edicionesamara@gmail.com